重庆市社科规划青年项目

“标准必要专利反垄断问题比较研究”（项目批准号：2021NDQN26）

重庆市教育委员会人文社会科学研究一般项目

“ICT领域标准必要专利反垄断规制研究”（项目批准号：21SKGH062）

重庆邮电大学社会科学博士启动基金项目

“标准必要专利反垄断核心争议探究及制度构建”（项目批准号：K2020-210）

标准必要专利

BIAOZHUN BIYAO ZHUANLI
FANLONGDUAN WENTI
BIJIAO YANJIU

反垄断问题比较研究

畅君元　著

法律出版社 LAW PRESS · CHINA
北京

图书在版编目(CIP)数据

标准必要专利反垄断问题比较研究 / 畅君元著. --北京 : 法律出版社, 2023

ISBN 978 -7 -5197 -7167 -6

Ⅰ. ①标… Ⅱ. ①畅… Ⅲ. ①专利-反垄断-研究 Ⅳ. ①D913.404

中国版本图书馆 CIP 数据核字(2022)第 184723 号

标准必要专利反垄断问题比较研究
BIAOZHUN BIYAO ZHUANLI FANLONGDUAN WENTI BIJIAO YANJIU

畅君元 著

责任编辑 翁潇潇
装帧设计 汪奇峰

出版发行 法律出版社
编辑统筹 法规出版分社
责任校对 张红蕊
责任印制 耿润瑜
经　　销 新华书店

开本 710 毫米 ×1000 毫米　1/16
印张 17.5　　**字数** 240 千
版本 2023 年 3 月第 1 版
印次 2023 年 3 月第 1 次印刷
印刷 北京建宏印刷有限公司

地址:北京市丰台区莲花池西里 7 号(100073)
网址:www.lawpress.com.cn
投稿邮箱:info@lawpress.com.cn
举报盗版邮箱:jbwq@lawpress.com.cn

销售电话:010-83938349
客服电话:010-83938350
咨询电话:010-63939796

书号:ISBN 978-7-5197-7167-6　　**定价**:68.00 元

凡购买本社图书,如有印装错误,我社负责退换。电话:010-83938349

目录 Contents

绪　论

一、研究背景

在人类经历了以蒸汽机技术为代表的第一次技术革命，以电力技术为代表的第二次技术革命，以计算器、信息通信技术为代表的第三次工业革命之后，又一次全球范围内的技术革命在工业智能领域快速展开。此次科技浪潮拥有高密度的知识产权及全球性的特点，以“万物互联”的姿态直接将人类社会推向了一个全新的知识经济时代。世界知识产权组织（World Intellectual Property Organization，WIPO）公布的《2019 PCT 年鉴》（Patent Cooperation Treaty Yearly Review – 2019）[①] 和《2019 世界知识产权报告》（World Intellectual Property Indicators 2019）[②] 显示，与 1978 年以来的申请活动相比，2018 年的申请更加集中，前五名来源国的 PCT 申请量已经占据全球总申请量的 77.5%。在前五大来源国中，中国是所占份额增长最快的国家，从过去 40 年累计占 8.1% 上升到 2018 年占 21.1%。[③] 根据 2020 年 4 月 7 日 WIPO 公布的最新数据，我国在 1999—2019 年这 20 年间，通过 PCT 途径提交的专利申请增长了 200 倍，并于 2019 年正式超过美国，成为国际专利申请量最多的国家。[④] 世界主要经济体不断加强知识产权全球布局，大国竞争日趋激烈。在此基础上，我国要积极参与国际标准的制定，将其具有知识产权的技术加入标准之中，进一步巩固其竞争优势。

标准是人与技术的共同语言，在市场经济和社会发展中起着非常重要的作用。如今，以网络、软件、传感器为基础的信息通信产业将全球联通，通过物联网、智能终端实现万物互联。这些产品及服务需要统一的通信协

---

① See WIPO, Patent Cooperation Treaty Yearly Review – 2019 The International Patent System.

② See WIPO, World Intellectual Property Report 2019: The Geography of Innovation: Local Hotspots, Global Networks.

③ See WIPO, Patent Cooperation Treaty Yearly Review – 2019 The International Patent System.

④ See WIPO, PCT The International Patent System, PCT Newsletter No. 04/2020 (April 2020).

议、技术规格以实现相互间的互联互通。而技术标准的制定是实现这一目的的必由之路。在标准制定时，一般会选择不涉及专利的技术，但现代科技发展迅速，新技术以迭代的形式不断出现，标准为了适应技术的进步不可避免地加入相关的专利技术，以获得更广泛的认可。

随着科学技术的高速发展以及经济全球化，技术标准在国际经济及产业发展中的地位和作用日趋凸显，被国际社会广泛认可的国际标准正成为科技创新的指南针，进一步引领新兴产业的进步和发展，对创新体系建设和国际经济发展起到了非常大的推动作用。在主客观因素的双重影响下，技术标准和知识产权更加紧密地结合在一起，呈现出专利标准化趋势。专利权人所拥有的知识产权权利及产业支配力，通过技术标准的特定效应和强制效应进一步扩大，对相关经济和产业影响深远。由于各国科技发展水平存在较大差异，世界各国尤其是科技发达国家纷纷采用技术标准战略对其自身进行贸易保护。国际通过技术标准进行的产业竞争、贸易竞争日趋激烈，技术标准已然成为影响和决定国际竞争优势的核心因素和重要手段。我国“十三五”规划中指出要积极参与国际标准的制定，增强国际标准制定中的话语权。虽然我国在标准工作上已经取得了显著的成果，但与发达国家相比仍显薄弱，需要更多的企业或专家参与其中。

随着，技术发展日新月异，专利技术申请量逐年增高，涉及的国际标准也越来越多，标准必要专利（Standard – Essential Patent，SEP）滥用的情况在信息与通信技术（Information and Communications Technology，ICT）领域尤为突出。2014 年 6 月，欧盟《竞争政策简报》（Competition Policy Brief）中指出，过去的 30 年来，欧盟与标准必要专利有关的诉讼越来越多。ICT 领域出现了越来越多备受瞩目的标准必要专利诉讼，涉及许多重要的行业参与者，如 Apple、Motorola、Samsung、Google、Microsoft 和华为等企业。根据统计，基于标准必要专利的诉讼也同样发生在许多其他行业中。[①]

涉及标准必要专利纠纷的案件越来越多，国外典型案件，如德国最高法院 2009 年审理的橘皮书案[②]；美国 2010 年审理的 Ericsson 公司诉 D - Link 公司案[③]、2012 年审理的 Microsoft 公司诉 Motorola 公司案[④]、2019 年审理的 TCL 公司诉 Ericsson 公司案[⑤]以及美国联邦贸易委员会诉 Qualcomm 公司案[⑥]；欧盟 2012 年对 Samsung、Motorola 两家公司调查案[⑦]、欧盟法院 2015 年审理的华为公司诉中兴公司案[⑧]；英国法院 2017 年审理的 Unwired Planet International 公司诉华为公司案[⑨]等。在国内，2013 年深圳市中级人民法院审理的华为公司诉美国交互数字公司案，是第一个由我国法院审理并作出终审判决的标准必要专利反垄断诉讼案件。[⑩] 此后，该类案件逐渐增多，而且基本为涉外案件，如深圳市中级人民法院 2016 年审理的华为公司诉 Samsung 公司案[⑪]、北京知识产权法院 2017 年审理的齐鲁制药与四环制

---

① See European Commission, *Standard - essential patents*, Competition policy brief, June 2014, Issue 8.

② German Federal Supreme Court, 6 May 2009, KZR 39/06 - "Orange - Book Standard".

③ Ericsson, Inc. v. D - Link Sys. Inc., et al., Case. NO. 6: 10 - CV - 473, (States District, Aug. 6, 2013).

④ Microsoft Corp. v. Motorola, Inc., 854 F. Supp. 2d 993, (W. D. Wash. 2012).

⑤ TCL Communication Technology Holdings Ltd. v. Telefonaktiebolaget LM Ericsson, No. 2018 - 1363, 2018 - 1732 (Fed. Cir. Dec. 5, 2019).

⑥ Federal Trade Commission v. Qualcomm Incorporated, Case No. 5: 17 - cv - 00220 - LHK (2019).

⑦ European Commission Decision of 29. 4. 2014, Case AT. 39939 - Samsung - Enforcement of UMTS standard essential patents.

⑧ Huawei v. ZTE, Court of Justice of the European Union, judgment dated 6 July 2015, Case No. C - 170/13.

⑨ Unwired Planet International Ltd v. Huawei Technologies Co. Ltd & Anor, [2017] EWHC 711 (Pat) (05 April 2017), Case No: HP - 2014 - 000005.

⑩ 参见王晓晔：《标准必要专利反垄断诉讼问题研究》，载《中国法学》2015 年第 6 期，第 218 页。

⑪ 华为技术有限公司诉三星（中国）投资有限公司等侵害发明专利权纠纷案，广东省深圳市中级人民法院（2016）粤 03 民初 816、840 号民事判决书。

药垄断纠纷案[①]、北京市高级人民法院 2018 年审理的西电捷通诉索尼专利侵权案[②]、南京市中级人民法院 2019 年审理的华为诉康文森确认不侵权及标准必要专利使用费纠纷案[③]以及 2015 年国家发展改革委因美国 Qualcomm 公司对其标准必要专利收取不公平的高价许可费，对其作出罚款 60.88 亿元人民币的决定，是我国目前最高的反垄断罚款金额。[④] 这些涉外案件表明标准必要专利的反垄断问题已经成为国内乃至国际知识产权与反垄断交叉领域的热点与难点问题。

虽然涉及标准必要专利的跨国反垄断案件频发，但在标准必要专利权人相关市场地位的认定、是否滥用市场支配地位、标准必要专利许可费的确定、如何更好地履行“公平、合理、无歧视”（Fair，Reasonable and Non-discriminatory，FRAND）承诺、禁令救济的限制条件等方面还没有统一且具有可操作性的认定标准，以至于各国司法机关和反垄断执法机构在办理相关案件时难度很大。鉴于各国反垄断执法机关和法院在办理涉及标准必要专利案件的实际困难，与技术标准相关的机构如国际标准化组织是否可以在这方面多做些努力？各国在标准必要专利国际反垄断中如何加强合作与协调，促进各国标准必要专利反垄断制度的趋同，乃至相关国际条约的形成等方面值得进行深入的研究。

二、研究意义

在科技飞速发展及市场经济全球化时代下，对标准必要专利反垄断问

---

① 齐鲁制药有限公司与北京四环制药有限公司垄断纠纷案，北京知识产权法院（2017）京 73 民初 42 号民事裁定书。

② 索尼移动通信产品（中国）有限公司与西安西电捷通无线网络通信股份有限公司侵害发明专利权纠纷案，北京市高级人民法院（2017）京民终 454 号民事判决书。

③ 华为技术有限公司、华为终端有限公司、华为软件技术有限公司与康文森无线许可有限公司确认不侵害专利权及标准必要专利使用费纠纷三案，江苏省南京市中级人民法院（2018）苏 01 民初 232、233、234 号民事判决书。

④ 参见新华社：《是什么让高通“认罚”60 亿元——揭秘中国史上最大金额反垄断罚单》，载中央政府门户网：http：//www.gov.cn/xinwen/2015-02/10/content_2817573.htm。

题的研究，有利于我国建立更为完善的竞争保护机制，以应对知识产权战略、标准化战略全球化的冲击。

（一）研究的理论意义

在经济全球化背景下，国际标准是被国际上普遍接受的统一规范，各国国内标准的制定通常也会借鉴国际标准，标准必要专利纠纷尤其是标准必要专利反垄断问题在国际层面尤为显著。标准必要专利不同于一般的专利，其具有技术标准的公共性及知识产权的私权性的双重属性。对于标准必要专利反垄断的研究，目前学术界主要对专利权人滥用市场支配地位，不遵守 FRAND 承诺、收取过高的专利许可费、滥用禁令等垄断行为进行了分布式的研究，并未出现按照标准必要专利声明周期对其进行体系性的研究成果。学术界主要侧重于单一国家标准必要专利的反垄断问题，并未从国际层面进行整体性的研究。随着技术标准的国际化，标准必要专利借助标准的影响力将其垄断行为从一国境内发展至跨国、跨区域垄断。对标准必要专利反垄断的研究已经不能局限于单一国家或区域的反垄断政策，还应当结合国际标准化组织以及国际知识产权组织的专利及反垄断的法律和政策。但各国际标准化组织相互独立，组织间的政策零散且不协调，很难形成国际统一的、具有共识的制度规范。同时，国际标准化组织的政策对其成员也没有强制的规范作用，无法有效规范标准必要专利权人的具体行为，也不能为反垄断执法机构和司法机关提供有效帮助。

本书拟通过对标准必要专利反垄断问题的比较研究，在一定程度上促使学界客观、理性地看待标准必要专利问题。首先，要认识到标准和专利结合对促使技术创新、规范服务质量等的正面效应，也要认识到标准必要专利在抑制技术创新、建立市场壁垒、限定消费者选择等的负面效应。其次，为实现标准的公共利益与专利权人的私人利益之间的平衡，应该对其进行反垄断的规制，此方面的研究可以在一定程度上丰富我国的知识产权理论。最后，因产业发展水平与反垄断法体制的不同，世界各国在标准必要专利垄断行为的规制上存在差异，世界标准组织的作用也未完全发挥出来，因此，加强对世界各国标准必要专利反垄断制度融合以及国际标准制定组织相关职能的研究，有利于标准必要专利反垄断制度国际统一性的形成。

综上所述，标准必要专利反垄断问题的比较研究具有一定的合理性，也具有一定的创新性。本书的研究对丰富标准化、知识产权以及反垄断理论有积极的作用，对推动标准必要专利反垄断系统化、体系化的研究大有裨益。

（二）研究的实践意义

由于各国涉外的标准必要专利反垄断案件频发，标准必要专利国际反垄断问题已经成为知识产权与反垄断交叉领域的国际热点问题。信息与通信技术的高速发展加快了经济全球化的脚步，ICT 作为世界联通的桥梁和科技的基础，对其制定国际标准的需求也达到了前所未有的程度。由于技术标准的影响力，曾经主要用于保护自身权利、防止他人进入相关市场的消极防御性武器——专利技术，现在也时常成为一些企业直接获取财富的主要工具。在实施标准、运用标准必要专利时，标准必要专利权人对其标准必要专利权的滥用问题成为一个急需解决的现实问题，其所引发的国际反垄断问题也已经引起世界各国的广泛关注。

随着跨国贸易的不断增加，跨国企业滥用标准必要专利导致垄断的行为会对一国境内的市场环境产生反竞争的效果。各国开始制定并使用反垄断法来规制标准必要专利的跨国垄断行为，各国及国际标准化组织制定了一系列标准必要专利反垄断的国际规范保护全球市场的公平和自由。

我国对标准必要专利反垄断制度的立法并不完善，《反垄断法》中没有直接规定标准必要专利问题的法律条文，仅在第 68 条对知识产权法与反垄断法之间的关系进行了较为原则性的规定。《国务院反垄断委员会关于知识产权领域的反垄断指南》虽然在第27条设置了标准必要专利涉及的特殊问题专条，但规定不够具体，可操作性不足。北京市高级人民法院、广东省高级人民法院相继出台了《专利侵权判定指南（2017）》及《关于审理标准必要专利纠纷案件的工作指引（试行）》，对标准必要专利有了可操作性较强的规定，但主要对审判过程中出现的标准必要专利纠纷问题进行指引，涉及面单一，且受地域的限制，法律位阶较低。因此，学界、立法、司法及执法实务机关需要继续针对标准必要专利反垄断问题进行研究，推进标准必要专利反垄断法律、法规、规章、司法解释以及相关指南、工作指引的制定与完善。

基于我国及国际标准必要专利反垄断制度不断完善的需要，本书立足于我国国情，充分分析欧美及世界主流国家、地区标准必要专利反垄断的司法实践，探索不同国家和地区对标准必要专利反垄断规制的路径，以国际的视角对标准必要专利反垄断进行双边、区域、多边层面协调、融合与规范。本书的研究对于我国公平参与工业标准行业国际竞争，提升在标准必要专利反垄断领域的国际竞争力，促进全球经济贸易公平、有序、自由、健康发展，以及对标准必要专利反垄断领域国际话语体系的确立及立法建议的提出，均具有重要的实践意义。

第一章

标准必要专利反垄断制度的基础问题

随着科技的飞速发展以及知识产权战略和标准化战略的不断推进，技术专利化、专利标准化、标准垄断化的趋势正不断推进。科技发达国家强化其知识产权战略，以期在全球竞争中保持垄断地位，而其主要的手段就是通过标准中的“必要专利”实现垄断控制。标准必要专利是在知识经济运行中必然产生的，它不仅可以帮助商品具备在更广泛的区域内的通用性，提升市场适应性，还关乎标准必要专利权人、标准实施者的个人利益以及消费者乃至社会的整体利益，所以需要对标准必要专利权人违反反垄断法的行为进行必要的规制。但对标准必要专利进行反垄规制并非易事，目前国际社会尚未在此问题上达成共识。本章先对标准必要专利反垄断制度的理论基础进行梳理及分析，界定相关概念，厘清相关基本问题，为标准必要专利反垄断制度研究奠定基础。

第一节　标准必要专利反垄断制度相关概念与理论基础

一、标准必要专利相关概念的界定

（一）标准及标准化

1. 标准

《布莱克法律大辞典》中对“标准”的解释分为两个层面：一是指为权威、许可或习惯所接受的正确的模式；二是衡量精确度、质量或可接受性的准则。[①] 不同国家、地区以及标准制定组织对“标准”的解读有一定的差异。国际标准化组织（International Organization for Standardization，ISO）和国际电工委员会（International Electrotechnical Commission，IEC）联合发布的指南 ISO/IEC Guide 2: 2004《标准化和相关活动——通用词汇》中规定，“标准”（Standard）是指“为在一定的范围内获得最佳秩序，对活动和其结果规定重复使用的、共同的规则、特性的文件或指导原则。该文件经协商一致制定并经一个公认的机构的批准”。[②] 世界贸易组织（World Trade Organization，WTO）的技术性贸易壁垒（Technical Barriers to Trade，TBT）协议也进行了界定，其指出：“标准是由公认机构批准的、能够通用或者重复使用的、非强制实施的生产方法或产品及相关过程的准则或规则。其中包括或仅涉及适用于产品、生产方法或过程的符号、标记、标签、包装或术语要求。”[③] 从国际标准化组织对“标准”的定义来看，“标准”属于一种公共产品，具有公共属性，代表公共利益。

我国相关机构也对“标准”进行了界定。2015 年实施的《标准化工作指南第 1 部分：标准化和相关活动的通用术语》第 5.3 条对“标准”的定义为：“通过标准化活动，按照规定的程序经协商一致制定，为各种活动或其结果提供规则、指南或特性，供共同使用和重复使用的文件。”

综上可见，不同机构对标准的定义虽然略有差异，但具有一些共同的内涵及特征：第一，标准是一种经济和贸易的管理手段，本质上具有统一性和一致性，属于特殊的公共产品，代表公共利益。第二，标准制定的基础是科学，需要经过分析、比较、选择才能形成，是科学、技术和经验的

---

① See Bryan Garner, *Black' Law Dictionary*, 8th ed., Thomson West Group, 2004, p. 1412 – 1413.

② ISO/IEC Guide 2：2004，definition 3. 2.

③ Agreement on Technical Barriers to Trade：Annex 1. 注释：ISO/IEC 指南 2 中定义的术语涵盖产品、过程和服务。本协议仅涉及与产品或过程和生产方法有关的技术法规，标准和合格评定程序。ISO/IEC 指南 2 中定义的标准可以是强制性的也可以是自愿性的。就本协议而言，将标准定义为自愿性技术法规，将其定义为强制性文件。国际标准化组织制定的标准基于共识。本协议还涵盖了并非基于共识的文件。

综合结果。第三，标准具有自愿性和强制性，自愿性是标准的自然属性，强制性是标准的社会属性。第四，重复性的事物或概念才能制定标准。第五，获得最佳秩序、促进社会效益与效率的提高是标准化的目标。

技术标准[①]是标准的一种形式，标准包括技术标准。随着科技的发展，尤其是ICT领域的不断革新，标准从对产品和服务质量的要求发展为对产品和服务质量及技术的要求。技术标准已经成为标准的主要形式，狭义的标准指的就是技术标准，与其他标准的核心区别就在于技术创新与知识产权的联系非常紧密，技术标准中一般会包含大量的知识产权。因此，知识产权权利人可以凭借技术标准抢占市场，获取高额利益。[②]

2. 标准化

标准化是标准制定和实施过程的总称，是现代市场竞争的重要构成，能够使社会向着积极的方向发展，有利于保障消费者的基本健康安全，便利消费者的生活，也有利于提高生产厂商的效益，促进竞争。[③] 桑德斯（T. R. B. Sanders）认为："标准化是为了所有有关方面的利益，特别是为了促进最佳的全面经济并适当考虑到产品使用条件与安全要求，在所有有关方面的协作下，进行有秩序的特定活动所制订并实施各项规制的过程。标准化以实验、技术与科学的综合成果为依据。它不仅奠定当前的基础，而且还决定了将来的发展，它始终和发展的步伐保持一致。"[④]

ISO/IEC Guide 2: 2004《标准化和相关活动——通用词汇》中将"标准化"定义为："针对实际或潜在的问题，建立通用和重复使用规定的活动，

---

① 本书中所使用的标准均为狭义的标准——技术标准。

② 参见吕明瑜：《技术标准垄断的法律控制》，载《法学家》2009年第1期，第49页。

③ 参见鲁篱：《标准化与反垄断问题研究》，载《中国法学》2003年第1期，第170－171页。

④ ［英］桑德斯：《标准化的目的与原理》，中国科学技术情报研究所译，科学技术文献出版社1974年版，第14页。

目的是在特定的环境中达到最佳的秩序。”① 我国《标准化工作指南第1部分：标准化和相关活动的通用术语》第3.1条对“标准化”作出了界定：“为了在既定范围内获得最佳秩序，促进共同效益，对现实问题或潜在问题确立共同使用和重复使用的条款以及编制、发布和应用文件的活动。”我国《标准化法》第3条第1款对标准化工作的任务进行了规定，即制定标准、组织实施标准以及对标准的制定、实施进行监督。

由此可见，标准的目的是获得最佳秩序，而标准化的目的是要建立这种最佳秩序。可以说标准化就是为了获得最佳秩序而建立规范的动态过程。② 标准化可以分为两个阶段：第一，标准制定阶段，将现有的先进技术、创新成果制定成规范的、统一的标准。第二，标准实施阶段，对标准进行管理，按照收益、效率控制的方式进行运作。静态的标准是标准化程序的核心，动态的标准化是创造标准，并使之推广、运用的活动。技术标准化是政治、经济、文化等多种因素综合的社会活动，能够产生较大的经济效益和社会效益，对社会的联通与共同发展意义重大。

一个国家的发达程度越高，标准化在其社会发展中的作用越明显，其对标准化程度的要求也就越高。虽然标准化能够为社会发展带来巨大的好处，但在其推广过程中还是会不可避免地出现以下问题：第一，标准制定前，技术呈现市场竞争的状态，而一旦标准制定，被纳入标准的技术获得市场支配地位，没有被纳入标准的技术则失去价值，面临淘汰。第二，专利劫持。标准实施者要实施标准，就不可避免地要使用标准必要专利。标准必要专利权人凭借其支配地位，向标准实施者提出不合理的、歧视性的许可条件，如过高定价、歧视性定价等。标准实施者被迫接受这些许可条

---

① ISO/IEC Guide 2：2004，definition 1.1. 注1：特别是该活动包括制定、发布和实施标准的过程。注2：标准化的重要好处是提高产品、流程和服务达到预期目的的适用性，防止贸易壁垒，促进技术合作。

② 参见李煜：《标准必要专利滥用的反垄断法规制研究》，南京大学出版社2018年版，第4－5页。

件不仅会影响标准实施者的个人利益，同样也会转嫁给下游消费者，影响消费者的利益，进而成为一个对社会公共利益产生影响的问题。第三，许可费堆栈。① 一个标准中可能会包括多个标准必要专利。标准实施者实施标准时，若每一个标准必要专利权人单独向标准实施者收取专利许可费，标准实施者所要支付的标准必要专利许可费总额可能已经远远超过其生产商品赚取的利润，使标准实施者无利可图。这种专利许可费堆栈的情况同样会造成标准实施者成本增加，最终导致消费者利益受损。

（二）标准必要专利

专利权是得到法律保护的技术财产权，也是运用法律手段独占现有市场、抢占潜在市场的有力武器，主要体现的是专利权人的私有利益。② 标准必要专利是标准与专利的结合，与一般的专利不同，是标准必不可少的专利，也是在标准实施时必须使用的专利。③ 可以说，“标准”与“必要”都是标准必要专利中对该专利技术的限定，在此双重限定下，标准必要专利在实际运用中会出现难以调和的问题。

我国《国家标准涉及专利的管理规定（暂行）》中规定标准必要专利是实施该项标准必不可少的专利。④ 2014 年 5 月，国家标准《标准制定的特殊程序第 1 部分：涉及专利的标准》规定必要权利要求指实施标准时，某一专利中不可避免被侵犯的权利要求。必要专利指包含至少一项必要权利要求的专利。⑤ 美国电气与电子工程师协会（Institute of Electrical and Electronics

---

① 参见冯江：《中国知识产权滥用之反垄断反制实务》，法律出版社 2018 年版，第 106 页。

② 参见闫娜：《标准与标准必要专利研究》，知识产权出版社 2019 年版，第 3 页。

③ 参见王晓晔：《标准必要专利反垄断诉讼问题研究》，载《中国法学》2015 年第 6 期，第 217 页。

④ 《国家标准涉及专利的管理规定（暂行）》第 4 条规定：“国家标准中涉及的专利应当是必要专利，即实施该项标准必不可少的专利。”

⑤ 《标准制定的特殊程序第 1 部分：涉及专利的标准》（GB/T 20003. 1 – 2014）第 3. 1 条、第 3. 2 条。

Engineers,IEEE）在其协会章程中对标准必要专利进行了界定，即强制性或者非强制性选择标准所必须的权利要求，当标准实施时，在商业上和技术上都不存在非侵权的可替代技术方案。[①] 在对标准必要专利进行认定时，除了技术因素之外，还要考虑商业因素等其他因素。[②] 由上可知，界定标准必要专利的关键就在于对“必要性”的理解。对于“必要性”的评估主要以技术规范为准，确定标准的技术路径是否会落入专利的权利保护范围。但对“必要性”的理解要客观、谨慎。过宽的理解会造成对专利数量的高估，不但会增加标准内专利的数量，也会影响专利权人的市场地位；过窄的理解会对专利权人造成相反的影响。

虽然国际上对标准必要专利的定义略有差异，但其核心都是标准必不可少的专利，这就可能会在地位上造成标准必要专利权人与标准实施者的不平等，导致一些反竞争行为的出现，理论界与实务界已经越来越重视此问题。

标准与专利进行融合是一把“双刃剑”。一方面，标准的实施有利于推广专利技术，扩大专利技术的许可范围，提高专利技术的影响力；专利技术的加入也有利于保障标准的技术先进性，对标准的发展有促进作用，可以提高社会整体效益。另一方面，在创新与发展带来经济效益与社会效益提升的同时，也可能形成壁垒，加剧垄断，对市场竞争产生负面影响。

二、标准必要专利对竞争的影响

专利提供的是一种专有权，专利权人可以在一定时期内对其专利技术进行商业利用，获得经济效益。这些经济效益将进一步促进科技创新。专利权的保护促进了科技的传播，提高了市场的竞争力。反垄断制度是提高

① 参见何隽：《技术标准中必要专利再研究》，载《知识产权》2011 年第 2 期，第 102 页。

② 参见韩伟、尹锋林：《标准必要专利持有人的市场地位认定》，载《电子知识产权》2014 年第 3 期，第 34 页。

消费者福利、维护公平竞争秩序的一种制度。反垄断制度通过政府干预，维护公平竞争的秩序，最终将市场效率最大化。反垄断机构可以对标准必要专利权人进行管制以维持市场的有序竞争，当然，这种管制可能会对专利权人自由行使其专利权造成限制。

1474 年，威尼斯颁布了世界上第一部专利法①，保护创造性的智力劳动成果。国际知识产权法律制度诞生以来，一直在“一体化”与“碎片化”的博弈中向前发展。② 发达国家先后制定知识产权战略，通过知识产权在世界市场进行竞争与博弈。我国也于 2008 年制定了《国家知识产权战略纲要》，加大对知识产权的重视力度，增强企业以及国家核心竞争力。③ 随着知识产权战略与标准化战略在全球逐步展开，标准必要专利运用与反垄断限制之间的冲突越来越频繁，主要集中于标准必要专利权行使与反垄断的平衡问题。目前理论界与实务界对于标准必要专利与反垄断的关系已经基本达成共识，即两者属于目标相同、手段不同的互补关系。

标准必要专利作为专利的一种表现形式，是一种合法的垄断权，其对竞争存在以下正面作用。

第一，标准必要专利有利于提高标准实施者的经济效益。标准实施者生产符合标准的产品必须使用标准必要专利，避免了投入相同技术研发的成本与失败的风险，节省了研发经费，变相提高了经济效益。同时，标准必要专利还有利于标准实施者形成产业规模，市场规模的扩大直接促进标准实施者经济效益的提高。

第二，标准必要专利有利于保障消费者的利益。市场经济中，经营者往往为了利润最大化而损害消费者的利益，经营者的这种行为也很难被消

---

① 参见王迁：《知识产权法教程》（第 4 版），中国人民大学出版社 2014 年版，第 267 页。

② 参见刘颖：《后 TRIPS 时代国际知识产权法律制度的“碎片化”》，载《学术研究》2019 年第 7 期，第 54 – 63 页。

③ 参见《国务院关于印发国家知识产权战略纲要的通知》（国发〔2008〕18 号）。

费者发现。但标准必要专利在被纳入标准之前经过了标准制定组织严格的筛选，使用标准必要专利生产出来的产品质量有保障，而且不符合标准的产品也较容易被识别出来，从而保障了消费者的利益。同时标准的实施使不同国家、不同厂家的产品兼容性增强，可以减少消费者对特定厂商或特定产品的依赖，也促进了不同厂家之间的市场竞争，保障了消费者的利益。

第三，标准必要专利有利于提高竞争水平。对标准必要专利权人来说，专利技术被纳入标准是对其技术实力的认可，可以激发其继续开发新技术的积极性。未进入标准的技术开发者或其他有意向研发的经营者可以通过使用、分析标准必要专利，学习并提高技术创新能力。所以标准必要专利可以提升不同主体的创新意识，提高市场整体竞争水平。[①]

但是，标准必要专利借助标准的推广极大地扩大了专利的垄断力，使其在标准的相关市场具有市场支配地位，限制了市场的有序竞争，尤其是专利被纳入标准成为标准必要专利之后，标准必要专利权人为了追求利益最大化，可能会滥用其市场支配地位，不正当地行使标准必要专利权来限制竞争，违反反垄断法。标准必要专利不但具有专利的私有性，还兼具标准的公共产品属性，对标准必要专利权人滥用行为的限制不仅要从专利权利滥用的角度出发，还要从公共利益保障的角度考虑，所以对其进行反垄断规制的需求更为强烈。标准必要专利对竞争具有以下负面影响。

第一，标准必要专利可能损害市场竞争的公平性。市场经济最重要的要素就是公平竞争，专利技术本身具有垄断性，而标准进一步强化了其垄断性。标准必要专利权人不仅许可范围得到了扩大，影响力也更为持久，即使有更加先进的技术出现，标准必要专利权人仍然具有竞争优势，阻碍了新技术产品进入相关市场。

第二，标准必要专利损害了消费者的自主选择权。标准的目的之一是

① 参见李煜：《标准必要专利滥用的反垄断法规制研究》，南京大学出版社2018年版，第15－17页。

产品兼容，这在一定程度上减少了商品的多样性，使商品向着趋同化的方向发展。商品市场符合标准的产品占比越来越多，限制了消费者的自主选择权。而面对大量标准化产品的消费者，对非标准化产品的信任度逐渐降低，对非标准化产品的消费也就会越来越少，从而进一步压缩了非标准化产品的生存空间，对消费者自主选择权造成了损害。

第三，可能成为贸易壁垒。技术壁垒是国际贸易保护的主要工具之一，而符合标准的技术通常不认为是技术贸易壁垒，这就使原本的技术壁垒合法化。发达国家以专利技术为基础，通过制定标准占据市场优势地位。一方面，使发达国家的产品或服务快速渗透进发展中国家；另一方面，发达国家将标准作为自己国家市场准入的门槛，将发展中国家的产品拒之门外。标准已经成为发达国家和发展中国家之间最难逾越的国际贸易壁垒。①

在知识经济时代，标准必要专利在经济和社会发展中的地位和作用越来越重要，相应地，标准必要专利领域的反垄断问题也会越来越突出。美国、欧盟、日本以及我国等多个国家和地区不仅建立了反垄断制度，而且也都出现了大量有关标准必要专利反垄断的法院判例和执法案例。各个国家和地区都在不断总结实践经验的基础上，制定并完善专门的有关标准必要专利反垄断司法及执法的具体准则。

标准必要专利与反垄断都有着促进创新、增加消费者及社会福利的经济目标。在知识经济下，知识产权制度确保知识产权权利人的竞争者只能通过开发新技术与之竞争，而不能进行仿制。在知识财产作为竞争工具地位的变化中，反垄断制度也在不断地调整，需要更加注重市场结构、竞争行为以及创新的影响。

---

① 参见李煜：《标准必要专利滥用的反垄断法规制研究》，南京大学出版社 2018 年版，第 17－21 页。

标准必要专利与反垄断有着一致且冲突的复杂关系。[①] 标准必要专利能够使标准必要专利权人获得一定的经济效益，也能够使标准实施者顺利实施标准生产产品或提供服务，有利于技术的创新与传播，促进市场竞争。但是，标准必要专利同样可能产生相反的作用，出现限制或排除竞争的行为，违反反垄断法的相关规定，需要通过反垄断制度对其进行规制。为保障市场的公平竞争，对标准必要专利权进行规范，有时可以通过标准必要专利自身的权利限制规范来解决，但有的则需要与反垄断法的机制相结合来解决。标准必要专利的反垄断问题不仅是发达国家反垄断制度中的一个重要方面，也是知识产权与反垄断理论研究中的一个重要问题。加强对标准必要专利反垄断问题的研究，在理论和实务中都具有重要价值。

三、标准必要专利反垄断制度的理论基础

标准必要专利反垄断制度包括必要设施理论、公共产品理论等许多理论，这些理论为标准必要专利的反垄断规制奠定了充分的理论基础，本部分主要介绍必要设施理论与公共物品理论。

（一）必要设施理论

必要设施理论（Essential Facility Doctrine）[②] 是反垄断法中的一种理论，最早产生于美国，主要依据美国《谢尔曼法》第 2 条。后传入欧洲，在欧盟竞争法中得以适用。该理论主要是指当一个设施被认定为“必要”时，

---

① 参见王先林：《知识产权与反垄断法：知识产权滥用的反垄断问题研究》，法律出版社 2008 年版，第 25－29 页。

② 学界对 Essential Facility Doctrine 的翻译尚未统一，也可译为“关键设施原则”（张哲：《析“关键设施”原则在知识产权许可领域的应用》，载《电子知识产权》2011 年第 5 期，第 42 页）、“核心设施理论”（李剑：《反垄断法中核心设施的界定标准——相关市场的视角》，载《现代法学》2009 年第 3 期，第 69 页）等，为行文方便，本书统一采用“必要设施理论”。

以合理条件开放使用就成为设施拥有者应承担的义务。[①] 虽然该理论在各国反垄断实践中都认为应当被谨慎适用，但仍然是标准必要专利反垄断案件重要的理论基础。必要设施理论在美国的一般理解主要是围绕“必要设施”展开的。一个经营者拥有在另一个市场提供商品或服务的必要设施，在没有正当理由的前提下，拒绝其他个人或经营者使用或获取该必要设施，该经营者的行为就可能被认定为违反反垄断法的拒绝许可行为。[②]

该理论最早出现在美国 1912 年的 U. S. v. Terminal Railroad Association of St. Louis 案中，之后在不同国家、不同地区均出现了涉及该理论的案例。[③] 对于必要设施理论的适用，一般认为仅有在该设施能够排除所有有效竞争时，才能够认定为“必要”，同时，其他竞争者也无法从其他途径获得该必要设施，否则，该理论也不能适用。[④] 与必要设施理论发展最为贴近的美国最高法院判例是 Otter Tail Power Co. v. United States 案（以下简称 Otter Tail 案）。[⑤] Otter Tail 案是一个重要案例，因为该案中法院特别怀疑被告使用其对必要设施的控制（该案是电力的全部供应）以从下游市场（该案是电力的零售分配）中获得市场力量并从中受益。[⑥] 在 1983 年，美国又在 MCI Communications Corp. v. American Telephone & Telegraph Co. 案（以下简称 MCI 案）中提出了适用必要设施理论的条件：（1）竞争对手无法合理复制该设施；（2）提供该设施给竞争对手具有可行性；（3）拒绝竞

① 参见李剑：《反垄断法核心设施理论的存在基础——纵向一体化与提高竞争对手成本理论的解读》，载张守文主编：《经济法研究》（第 7 卷），北京大学出版社 2008 年版，第 77 页。

② 参见彭志刚：《知识产权拒绝许可反垄断法律问题研究》，法律出版社 2011 年版，第 148 - 149 页。

③ 参见孙晋、钟原：《大数据时代下数据构成必要设施的反垄断法分析》，载《电子知识产权》2018 年第 5 期，第 38 - 39 页。

④ 参见厉潇逸：《核心设施理论在标准必要专利案中的适用困境及解决》，载《法大研究生》2015 年第 2 期，第 247 页。

⑤ Otter Tail Power Co. v. United States, 410 U. S. 366 (1973).

⑥ See Greene, Kyle L, *Standard Essential Patents and Antitrust Law: Balancing Innovationand Competition.* Columbia Business Law Review, vol. 2019, p. 1103 (2019).

争对手使用该设施；（4）必要设施被垄断者控制。[①] 继 MCI 案之后，下级法院广泛采用了必要设施理论，但最高法院从未使用过必要设施的名称。与最高法院适用必要设施理论最接近的案件是 Aspen Skiing Co. v. Aspen Highlands Skiing Corp. 案（以下简称 Aspen Skiing 案）。该案陪审团确认了上诉法院根据必要设施理论对反垄断责任的裁决。"垄断者" Aspen Skiing 滑雪场作为被告控制了科罗拉多州阿斯彭的四个滑雪山中的三个。被告与拥有第四座滑雪山的其余竞争者建立了长期的消费者合资企业。随后，被告在没有可靠商业理由的情况下突然终止了该合资企业。最高法院确认了原告的诉讼请求，但拒绝处理下级法院使用的必要设施测试。相反，最高法院依据理由的是，垄断者在缺乏合理商业理由的情况下终止一项成功且友好的商业合作计划，并且垄断者不惜牺牲利润以对竞争造成长期的损害。[②] 自 MCI 案和 Aspen Skiing 案以来，法院适用这一理论更加严格谨慎，判断必要设施"本质"的标准变得越来越复杂，于是逐渐减少了对必要设施理论的适用，但该理论直到今天仍然有用，而且有学者指出，法院分析案件应当回到必要设施理论，因为该理论代表了对滥用垄断权利的基本理解。[③]

美国的反垄断法主要是对竞争进行保护而非对竞争者进行保护。必要设施理论的使用可能会导致强制交易的法律后果，美国司法与反垄断执法机构不可能仅仅因为经营者具有一定的资源，就要求其必须拿出来和竞争者进行分享。所以，在美国反垄断司法与执法实践中，相关机构一般不会将某一商品或设施轻易认定为必要设施，对该理论的适用是非常严格的。美国司法实践总结出来具有市场支配地位的经营者适用必要设施理论需满

---

① MCI Commc'ns Corp. v. Am. Telephone & Telegraph Co., 708 F. 2d1081 (7th Cir. 1983).

② Aspen Skiing Co. v. Aspen Highlands Skiing Corp., 472 U. S. 585 (1985).

③ See BrettFrischmann, Spencer Weber Waller, *Revitalizing Essential Facilities*, Antitrust Law Journal. Vol. 75, p. 1-65 (2018).

足的五个条件：第一，控制着其他个人或经营者参与竞争必不可少的必要设施；第二，具有提供该必要设施的可行性；第三，没有拒绝其他个人或经营者使用该必要设施的正当理由；第四，除具有市场支配地位的经营者外，其他个人或经营者无法复制出相同的必要设施；第五，拒绝其他个人或经营者使用该必要设施。[①] 由这五个条件可见，要使用必要设施理论需要首先确定必要设施，这是不容易的，所以在司法与执法实践中都非常少见，但若拒绝许可和反竞争意图同时出现时，美国法院还是可以适用必要设施理论去处理该问题的。

欧盟必要设施理论的依据来自《欧盟运行条约》第 102 条，实践中第一次阐述该理论是在 B &I Line PLC v. Sealink Harbours Ltd. &Sealink Stena Ltd. 案[②]中。随着必要设施理论不断丰富以及在实践中不断发展，欧盟将该理论理解为拥有客户或竞争者开展业务必需的设施，且该设施不能通过其他合理的手段复制。在判断经营者行为是否违反《欧盟运行条约》第 102 条时，需要考虑三个因素：第一，经营者具有市场支配地位；第二，滥用其市场支配地位；第三，造成反竞争后果，阻碍市场公平竞争。[③] 欧洲法院通过判例确立的判断必要设施理论，在表述方式上与美国的五个条件并非一一对应，但从其具体内容来看，并无实质的不同。

我国《反垄断法》第 17 条第 3 款第 3 项应该作为我国必要设施理论的基础。[④] 还有一些相关规定对必要设施理论进行了更为具体的阐述，如《关于禁止滥用知识产权排除、限制竞争行为的规定》第 7 条规定了知识产权

---

① 参见［美］欧内斯特·盖尔霍恩、威廉姆·科瓦契奇、斯蒂芬·卡尔金斯：《反垄断法与经济学》（第 5 版），任勇、邓志松、尹建平译，法律出版社 2009 年版，第 147 页。

② B &I Line v. Sealink Harbours and Stena Sealink, 5 CMLR 255 (1992).

③ 参见彭志刚：《知识产权拒绝许可反垄断法律问题研究》，法律出版社 2011 年版，第 150 页。

④ 《反垄断法》第 17 条第 3 款："禁止具有市场支配地位的经营者从事下列滥用市场支配地位的行为：……（三）没有正当理由，拒绝与交易相对人进行交易；……"

构成必需设施及其认定需要考虑的因素。[①]

从标准必要专利的特质来看，其天然地具备必要设施的属性。第一，标准实施者要生产出符合标准的产品，就必须使用标准必要专利；第二，标准制定组织经过对专利技术进行层层比较、分析、筛选，选出作为标准必要专利最为适合的，将其纳入标准，当专利成为标准必要专利，其就具备了不可替代性与唯一性，必要设施也同样具有这个特性；第三，标准一旦确定，其技术路径也就固定下来，标准涉及的技术若是有效的专利技术，任何其他人都无法将其取代，标准实施者也就无法对标准必要专利进行复制；第四，标准一旦实施，影响范围很大，具有公共性，是作为公共设施进行广泛推广的。标准必要专利的反垄断主要是为了维护公平竞争秩序，平衡专利权人的私人利益与社会的公共利益，保障经营者能够使用标准必要专利，防止标准必要专利权人的专利劫持行为。而必要设施理论的目的也是防止基础设施的拥有者滥用权利，阻碍市场公平竞争，所以标准必要专利基本上就相当于标准实现的必要设施，标准必要专利权人没有正当理由拒绝许可的行为就可能构成滥用市场支配地位而受到反垄断法规制。综上所述，在标准必要专利反垄断中可以适用必要设施理论，通过该理论约束标准必要专利权人，缓解专利的垄断权与社会公平竞争以及公共利益的冲突。

（二）公共物品理论

公共物品理论（Public Goods Doctrine）源于经济学中对物品的分类，

---

① 《关于禁止滥用知识产权排除、限制竞争行为的规定》（2020 年）第 7 条："具有市场支配地位的经营者没有正当理由，不得在其知识产权构成生产经营活动必需设施的情况下，拒绝许可其他经营者以合理条件使用该知识产权，排除、限制竞争。认定前款行为需要同时考虑下列因素：（一）该项知识产权在相关市场上不能被合理替代，为其他经营者参与相关市场的竞争所必需；（二）拒绝许可该知识产权将会导致相关市场上的竞争或者创新受到不利影响，损害消费者利益或者公共利益；（三）许可该知识产权对该经营者不会造成不合理的损害。"

物品可以被分为私人物品、俱乐部物品、公共资源和公共物品。1954 年，经济学家萨缪尔森（Paul A. Samuelson）对公共物品进行了明确的界定，即“任何人对其的消费都不会因为他人的消费而减少”的物品。[①] 标准必要专利具有公共物品消费和生产的非排他性是或非竞争性两个特征。[②] 非排他性是指无法阻止人们使用，非竞争性是指一个人使用并不会减少其他人使用，因此难以阻挡“搭便车者”，市场中技术保护的失控导致了利益的正外部性。根据科斯定理，由于交易成本的存在，市场无法进行有效协商以缓解外部性问题，需要法律配置权利于估价最高的一方。[③]

不同学者对公共物品的定义可能略有不同，但本质上都认为公共物品应为全体成员所共同需要。国际公共物品的供给需要国际合作，其中包含的方式是：（1）霸权国家充当公共物品提供者；（2）国际组织可以促进公共物品的供给；（3）激励私人市场提供。[④] 专利法采用的便是第三种刺激供给的方式。基于功利主义视角下知识产权的“激励理论”，有必要采用专利法对标准必要专利加以保护，以激励更多人投入创新之中，最终实现全人类的福祉。专利法赋予专利权人的排他权未必能引发市场垄断，其只是为了将无形资产权利人的权利确定为法定权利。[⑤] 但是由于标准必要专利的特殊性，专利法给予其排他性权利不可避免地协助了权利人通过排他性交易安排（exclusive dealing）阻止竞争对手盈利，引发了市场垄断。[⑥] 因此针对

① See Samuelson, *The Pure Theory of Public Expenditure*, Review of Economics and Statistics, Vol. 36, p. 387 – 389 (1954).

② 参见孙灿：《粮食安全与国际关系——一种基于区域性公共产品视角的分析》，载《经济界》2013 年第 6 期，第 76 页。

③ 参见［美］罗纳德·H. 科斯：《企业、市场与法律》，盛洪、陈郁译，格致出版社、上海三联书店、上海人民出版社 2014 年版，第 140 页。

④ 参见李增刚：《全球公共产品：定义、分类及其供给》，载《经济评论》2006 年第 1 期，第 139 页。

⑤ See Frank H. Easterbrook, *Intellectual property is still property*, Harv. JL & Pub. Pol'y, Vol. 13, p. 118 (1990).

⑥ See Erik Hovenkamp, *Tying, Exclusivity, and Standard – Essential Patents*, Colum. Sci. & Tech. L. Rev, Vol. 19, p. 83, (2017).

垄断必须反托拉斯法实现经济自由，保证贸易规则和不受干预的竞争。① 公共物品使用的目标是维护社会的公共利益，在标准必要专利反垄断中适用公共物品理论，可以提高竞争，规制垄断，促进社会公共利益的维护。

第二节　标准必要专利反垄断制度的法律渊源

标准必要专利反垄断是一个全球化问题，国际社会长期致力于该问题的研究与实践，不仅在国际层面对该问题进行了相关规范，为标准必要专利反垄断奠定了国际法基础，而且不同国家和地区也都制定了相应的法律规范。在标准必要专利国际反垄断中不仅需要依据国际层面的法律渊源，也要参考国际影响重大的国家和地区的法律规范，逐步完善标准必要专利国际反垄断制度。

一、国际法渊源

在多边层面，联合国贸易与发展会议（United Nations Conference on Trade and Development，UNCTAD）是联合国大会常设机构之一，1980 年制定了《联合国关于控制限制性商业惯例的公平原则和规则的多边协议》②，该协议规制包括垄断协议与市场垄断的垄断性商业行为，是反垄断领域达成的第一个国际反垄断文件。WTO 制定的《与贸易有关的知识产权协议》

① See N. Gregory Mankiw, *Principles of Economics* 6th *ed.*, Boston：Cengage Learning, 2017, p. 319.

② Cambridge University Press, United Nations Multilaterally Equitable Principles and Rules for the Control of Restrictive Business Practices, Cambridge Core, 04 April 2017, https：//www. cambridge. org/core/journals/international – legal – materials/article/united – nations – conference – on – restrictive – business – practices – multilaterally – agreed – equitable – principles – for – the – control – of – restrictive – business – practices/3F7FCB13F52F6957B855BED6E62D665B#.

（Agreement on Trade - Related Aspects of Intellectual Property Rights，TRIPs）[①] 对许可协议中滥用知识产权的反竞争行为、强制许可限制等内容进行了明确的规定。经济合作与发展组织（Organization for Economic Co - operation and Development，OECD）2005 年发布了《有关合并审查的建议》[②]、2014 年发布了《关于竞争调查和程序国际合作的建议》[③] 等。这些文件为全球反垄断规制、争端解决与合作提供了重要的指导作用。ISO 也制定了相应的知识产权政策及反垄断规范。ISO、国际电信联盟（International Telecommunication Union，ITU）、IEC、IEEE 等，都制定相应的章程（by-law）、政策（policy）、指南（guideline）、手册（manual）来进行标准必要专利反垄断规制。2018 年 ITU、ISO 和 IEC 联合发布了新修订的《共同专利政策实施指南》[④]，为标准必要专利反垄断提供了更为具体的操作参考。

在区域层面，欧盟制定了竞争法领域法律位阶最高的《欧盟运行条约》（原《欧共体条约》），标准必要专利反垄断主要适用其第 101 条[⑤]和第 102 条[⑥]（《欧共体条约》第 81 条和第 82 条）。2009 年欧盟发布了《欧共体委员会适用欧共体条约第 82 条查处市场支配地位企业滥用排挤行为的执法重点指南》[⑦]，帮助具有市场支配地位的经营者评估自己的行为是否违反了《欧共体条约》第 82 条的规定。2011 年发布了《关于横向合作协议适用

---

① World Trade Organization（WTO） - Agreement on Trade - Related Aspects of Intellectual Property Rights（TRIPS Agreement）（1994）.

② OECD Recommendation on Merger Review.

③ OECD Recommendation concerning International Co - operation on Competition Investigations and Proceedings.

④ Guidelines for Implementation of the Common Patent Policy for ITU - T/ITU - R/ISO/IEC.

⑤ Consolidated version of the Treaty on the Functioning of the European Union - Article 101（ex Article 81 TEC）.

⑥ Consolidated version of the Treaty on the Functioning of the European Union - Article 102（ex Article 82 TEC）.

⑦ Guidance on the Commission's enforcement priorities in applying Article 82 of the EC Treaty to abusive exclusionary conduct by dominant undertakings.

〈欧盟运行条约〉第101条的指南》[①]，对限制竞争的条件、FRAND承诺的效用作出了相应的规范。欧洲电信标准学会（European Telecommunications Standards Institute，ETSI）1994年制定了《ETSI知识产权政策》（2019年修订）[②]，2006年又发布了《知识产权指南》（2013年修订）[③] 全面关注进入标准的专利信息披露问题。欧洲标准化委员会（European Committee for Standardization，CEN）和欧洲电工标准化委员会（European Committee for Electrotechnical Normalization，CENELEC）于2009年11月发布了修订后的《CEN/CENELEC指南8：CEN－CENELEC共同知识产权政策实施细则》[④]，其中在合理无歧视原则、专利披露政策等方面的规定与ITU、ISO和IEC的《共同专利政策实施指南》保持了高度一致。[⑤] 2017年，欧盟委员会公开了标准必要专利诉讼和许可的指导性文件《欧盟委员会向欧洲议会、欧盟理事会和欧洲经济社会委员会的通报制定关于标准必要专利的欧盟方法》[⑥]，该文件旨在帮助创建一个有利于产品制造商和专利持有人的"公正平衡的制度体系"，是欧盟知识产权指导方针的一部分。

二、国内法渊源

世界主流国家基本已经制定了各自的知识产权制度和反垄断制度。美国最早制定了现代意义上的知识产权和反垄断制度。美国的反托拉斯法是其法律体系的重要组成部分，由若干法案、判例及各式指南组成。1890年

---

① Guidelines on the applicability of Article 101 of the Treaty on the Functioning of the European Union to horizontal co－operation agreements Text with EEA relevance.

② ETSI Intellectual Property Rights Polic.

③ ETSI Guide on Intellectual Property Rights（IPRs）.

④ CEN－CENELEC Guides.

⑤ 参见袁真富：《标准涉及的专利默示许可问题研究》，载《知识产权》2016年第9期，第82页。

⑥ Communication From The Commission to The European Parliament，The Council and The European Economic and Social Committee Setting out the EU approach to Standard Essential Patents.

通过的《谢尔曼法》（Sherman Antitrust Act）是反垄断领域的“拓荒者”，被各国反垄断法借鉴。1914 年生效的《克莱顿法》（Clayton Act）将反托拉斯法的适用范围进行了拓宽，明确了独家交易、价格歧视和搭售等垄断行为模式。[①] 同年的《联邦贸易委员会法》（Federal Trade Commission Act）规定了商业中或影响商业的不公平的竞争方法是非法的。1995 年发布的《知识产权许可的反托拉斯指南》是知识产权滥用反垄断规制领域的重大进展。2007 年发布的《反托拉斯执法与知识产权》明确了执法机构对于知识产权领域中的各种排除限制行为的基本立场。2019 年发布的《必要专利自愿服从 F/RAND 承诺救济的政策陈述》对避免或减少专利挟持而进行事前谈判进行规定与评价。

日本 1947 年颁布《禁止私人垄断及确保公正交易法》，1968 年颁布了《国际许可协议中的反垄断指南》；2007 年颁布了《知识产权利用的反垄断法指南》，2016 年对该指南进行了修订，新增了“IPR 政策”，明确了“FRAND 承诺”的问题。德国 1957 年制定了《反限制竞争法》（又称《卡特尔法》），采用“行为主义”的垄断规制方法，具有较强的实践可操作性。

我国于 2007 年出台《反垄断法》，2022 年进行了修改。2009 年国务院反垄断委员会出台了《关于相关市场界定的指南》。国家工商行政管理总局（已撤销）公布了《工商行政管理机关查处垄断协议、滥用市场支配地位案件程序规定》（已失效）。商务部也颁布了十几项部门规章来细化经营者集中反垄断审查的执法。国家发展改革委员会在 2011 年出台了《反价格垄断的规定》（已失效）和《反价格垄断行政执法程序规定》（已失效）两部配套反垄断法实施的部门规章。最高人民法院 2012 年公布、2020 年修正《关于审理因垄断行为引发的民事纠纷案件应用法律若干问题的规定》。2013 年，国家标准化管理委员会与国家知识产权局联合发布《国家标准涉及专

---

① 参见龙柯宇：《滥用版权、商标权市场支配地位的美国反托拉斯考察》，载《重庆理工大学学报（社会科学）》2013 年第 5 期，第 24 页。

利的管理规定（暂行）》。2015 年国家工商行政管理总局（已撤销）公布了《关于禁止滥用知识产权排除、限制竞争行为的规定》，2020 年由国家市场监督管理总局对其进行修订。最高人民法院于 2020 年修正《关于审理侵犯专利权纠纷案件应用法律若干问题的解释（二）》，对标准必要专利权人违反 FRAND 义务作了规定。2017 年，我国《标准化法》发布。2019 年，国务院反垄断委员会出台《国务院反垄断委员会关于知识产权领域的反垄断指南》，对标准必要专利涉及的特殊问题进行了规定。另外，国家标准委员会也制定了标准化和相关活动的国家标准等。

标准必要专利反垄断规范呈现出标准化、知识产权、反垄断三者结合且不断细化的趋势，也出现了多机构联合立法或在各自规范中加入相应条款的模式。

第三节　标准制定组织知识产权政策

标准制定组织属于非政府标准制定专门机构。国际层面的标准制定组织如 ISO、ITU 和 IEC 等，区域层面的标准制定组织如亚太地区电信标准化机构（Asia - Pacific Telecommunity Standardization Program，ASTAP）、ETSI、CEN 等，这些标准制定组织都有着促进国际标准化活动开展的目的，以便于国际商品与服务的交流。国家标准制定组织是面向国内设立的标准制定组织，由政府机构统一管理，具有一定的权威性的民间组织，如美国国家标准学会以及德国标准化学会等。行业标准制定组织，即在特定行业内制定其行业标准的专业团体或行业机构，如 IEEE 和第三代移动通信伙伴项目（The 3rd Generation Partnership Project，3GPP）等。

标准制定组织的知识产权政策是标准制定组织为了保障标准的顺利制定与实施，同时规避相应知识产权风险作出的相关规定。其中最重要的两项内容分别为专利信息披露政策和专利许可政策。

一、专利信息披露政策

专利信息披露政策是标准制定组织知识产权政策的重要组成部分。该政策主要要求标准制定组织成员及时向标准制定组织进行披露其所知的、在标准技术路径上可能会涉及的专利技术的制度。该制度能够促进标准的顺利制定，减少标准实施者的侵权风险，避免专利劫持的发生。

（一）专利信息披露的价值

1. 专利信息披露有利于标准的制定与实施

首先，专利信息披露有利于标准的制定。因为标准具有公共性，而专利具有私有性，两者之间存在根本性的冲突，在标准制定过程中理应尽可能地避免将专利技术纳入标准。标准制定组织的专利信息披露规则就是为了能够准确地了解并判断特定的专利技术是否必须被纳入标准，有无非专利技术或者多种专利技术可以替代或参考。即使专利技术必须纳入标准，专利信息披露也可以让标准制定组织更为全面地了解不同的专利技术方案，并从中选出最合适的纳入标准，兼顾标准的公共性与专利的私有性，所以，充分的专利信息披露对标准制定有积极的意义。其次，专利信息披露有利于标准的实施。通过专利权人对相关专利信息进行披露，标准实施者能够清楚地了解到标准中涉及的专利情况，可以尽早与专利权人进行接触，通过谈判获得专利许可。而如果专利权人不进行专利信息披露或故意隐瞒其专利，标准实施者将无从得知其实施的标准中含有专利技术，只有当专利权人主动找到标准实施者，甚至提起专利侵权诉讼时，标准实施者才被动地得知其侵犯了专利权，此时如果停止实施标准，其前期的大量投入将无法收回，而继续实施标准则可能面临专利权人的侵权诉讼，在这种两难的境地中，标准实施者处于十分不利的地位，对于标准的正常实施造成了一定的阻碍，故对专利信息进行有效的披露有利于标准的实施。

2. 专利信息披露有助于避免专利劫持及FRAND承诺的实现

首先，专利信息披露有助于避免专利劫持。专利权人在标准制定过程中为了能够将自己的专利技术纳入标准，可能忽视标准制定组织的政策，不披露甚至故意隐瞒其专利信息，待标准进入实施阶段时，向标准实施者索要高额专利许可费，对标准实施者进行专利劫持。专利信息披露政策是标准制定组织主要的一项知识产权政策，目的就是预防专利权人的专利劫持行为。通过专利信息的披露，标准实施者能够明确了解标准中所涉及的专利技术，在专利许可谈判中充分准备，避免被动地被专利劫持。① 其次，专利信息披露有助于FRAND承诺的实现。标准制定组织之所以要求专利权人进行FRAND承诺，不仅是为了保护标准实施者能够公平合理无歧视地使用专利，也是为了保障专利权人能够通过FRAND承诺收取合理的专利许可费。但FRAND承诺的前提是进行专利信息的披露，只有这样才能让标准实施者了解到实施标准需要使用到的专利技术，如果专利权人没有进行专利信息披露，对专利权人的保护程度也将受到较大的影响。②

（二）专利信息披露规则

有学者对ICT领域有重要影响力的29家国际标准制定组织的专利许可政策进行了考察，在专利信息披露的主体、内容、时间以及强制性等方面，多数标准制定组织的相关政策不够完善、可操作性差，与普遍认同的“公平、合理、无歧视”专利许可政策有较大差距，无法达到预期的效果。在

---

① 参见张平：《论涉及技术标准专利侵权救济的限制》，载《科技与法律》2013年第5期，第70页。

② 参见谭袁：《论标准制定组织披露规则的完善》，载《北方法学》2017年第5期，第94－95页。

29 家标准制定组织中，有 6 家[①]标准制定组织没有专利信息披露的相关要求，既不需要专利权人主动披露其专利信息，也不主动对标准可能会涉及的专利情况进行调查。这种方式将后续可能涉及的专利问题直接留给专利权人和标准实施者双方处理，给标准的顺利实施埋下了隐患。余下的 23 家有专利信息披露政策的标准制定组织中，只有 3 家将专利信息披露作为一种强制性义务，其余 20 家标准制定组织都没有规定强制的专利信息披露义务，只是“鼓励”进行专利信息披露，或是只作为专利权人的“道义义务”，“应该”（shall）披露专利。[②]

在有强制性专利信息披露义务的 3 家标准制定组织中，对于违反该强制性规定的后果设计并不相同：国际互联网工程任务组（The Internet Engineering Task Force，IETF）规定违反专利信息披露义务的成员不能继续参与该组织涉及该标准的任何活动；Open Croup 规定违反专利信息披露义务的成员不能再参与该组织的标准制定工作，同时，不能再向该组织递交希望纳入标准的专利技术；VMEbus 国际贸易协会（VMEbus International Trade Association，VITA）则规定违反专利信息披露义务的成员必须免费许可标准实施者使用此专利，并且其他许可条件也要受到该组织的限制。其他没有强制性专利信息披露义务的 20 家标准制定组织中，均未对违反专利信息披露义务的后果作出规定。之所以大多数标准制定组织选择非强制性的专利信息披露政策，主要是担心给组织成员负担太多义务而导致成员的流失，即标准制定组织若强制要求成员进行专利信息披露，其成员可能基于自身

---

① 欧洲计算机厂商协会（ECMA）、日本无线工业及商贸联合会（ARIB）、电缆电信工程师协会（SCTE）、电子组件工业联合会（JEDEC）、软件无线电论坛（SDRF）、PCI 工业计算器制造者联合会（PICMG）。

② 参见马海生：《标准化组织的专利披露政策实证分析》，载《电子知识产权》2009 年第 6 期，第 38 页。

利益选择不参与标准的制定，这将会给标准的制定带来极大的影响。[①] 标准制定组织选择了对标准的顺利制定更为有利的选项，标准实施过程中可能存在的隐患或纠纷由双方当事人通过协商或司法途径予以解决，标准制定组织无意介入。[②] 非强制性的专利信息披露政策的确很难在防范和应对专利纠纷时起到实质性的作用，而强制性专利信息披露政策规定了严厉的违规后果，对希望通过不披露或隐瞒专利信息的手段进入标准从而获利的专利权人是一种较大的威胁，在一定程度上可以防止这种损害社会公共利益的行为出现，有效避免"专利劫持"行为的发生。[③]

根据我国《国家标准涉及专利的管理规定（暂行）》的相关规定，在国家标准制修订过程中，参与标准制修订的组织或者个人应当尽早进行专利信息披露。[④] 在法律规范中，"应当"一词引导的是强行性法律规范，具有强制性，其引导的内容属于法律义务的范畴。相关法律主体在面对"应当"引导的法律义务时，必须履行，不可回避。如若法律主体规避或公然违反相应义务，其将导致产生法律的强制性后果。[⑤] 由此可见，我国国家标准制定中对专利信息披露是有强制性规定的，但该规定并没有将违背专利信息披露义务的后果进行明确，仅笼统地规定应当承担相应的法律责任，导致其威慑力大大降低，从而难以达到强制性披露义务的程度。

非强制性的专利信息披露政策虽然可以确保标准的顺利制定，但从标

---

① See Joel M. Wallace, *RAMBUS V. F. T. C, In the Context of Standard - Setting Organizations, Antitrust, and the Patent Hold - Up Problem*, Berkeley Technology Law Journal, Vol. 24, p. 665 - 666 (2009).

② 参见谭袁：《论标准制定组织披露规则的完善》，载《北方法学》2017 年第 5 期，第 98 页。

③ 参见马海生：《标准化组织的专利披露政策实证分析》，载《电子知识产权》2009 年第 6 期，第38 - 39 页。

④ 我国《国家标准涉及专利的管理规定（暂行）》第 5 条："在国家标准制修订的任何阶段，参与标准制修订的组织或者个人应当尽早向相关全国专业标准化技术委员会或者归口单位披露其拥有和知悉的必要专利，同时提供有关专利信息及相应证明材料，并对所提供证明材料的真实性负责。参与标准制定的组织或者个人未按要求披露其拥有的专利，违反诚实信用原则的，应当承担相应的法律责任。"

⑤ 参见谢晖：《"应当参照"否议》，载《现代法学》2014 年第 2 期，第 57 页。

准的整个生命周期来看，标准实施中如果出现较大的争议与纠纷，同样会影响标准的实施。非强制性的专利信息披露政策这种权宜之计最终还是会损害其自身的利益。[①]

二、专利许可政策

专利许可政策，也称 FRAND 许可承诺或者 FRAND 承诺，具体含义为以公平、合理、无歧视的条件进行专利许可。标准制定组织为保障标准的制定与实施顺利推进，通常在标准制定时要求专利权人作出依据公平、合理、无歧视原则许可专利的承诺，故此专利许可政策也称为 FRAND 承诺。专利制度的目的是通过使专利权人在一定时期内获取一定的垄断利润，以此来激励技术的创新和科技的发展。专利权人在相关技术领域内具有一定的优势地位，当专利技术被纳入标准，成为标准必要专利，由于标准的影响力，相似的竞争技术被排除在标准之外，使专利权人在相关市场的优势地位更加明显，难以有效控制。目前，标准制定组织制定相应的专利许可政策，将某项专利技术纳入标准时，也需要专利权人作出 FRAND 许可承诺。该承诺虽能够解决一部分专利许可问题，但通过对国际以及不同国家和地区标准制定组织政策进行分析，各标准制定组织要求的 FRAND 许可承诺都非常抽象，缺乏具体可操作性。国际上不同的标准制定组织在对 FRAND 许可费的认定上实现了专利权人不对其专利纳入标准之后的价值增值部分享有收益的基本共识，但对具体 FRAND 许可费的认定还有较大区别。由此可见，目前国际范围内尚未形成能够被世界各国、各地区以及国际组织广泛接受的对标准必要专利许可费的认定方法。

标准必要专利许可费直接关系到标准必要专利权人与标准实施者的核心利益，一直是双方争议的最主要问题。事实上，在专利被纳入标准之后，

---

① 参见谭袁：《论标准制定组织披露规则的完善》，载《北方法学》2017 年第 5 期，第 98 页。

标准必要专利权人可能会利用其所具有的市场支配地位实施专利劫持行为，向标准实施者要求高额的标准必要专利许可费，这是滥用市场支配地位的一种表现，具有反竞争性。所以，标准制定组织在其专利政策中作出规定，要求标准组织成员在标准制定中履行专利信息披露义务以及对标准必要专利的许可作出 FRAND 承诺，规避标准必要专利权人可能出现的专利劫持行为。

（一）FRAND 承诺的内涵及目的

1. FRAND 承诺的内涵

FRAND 中文含义是公平、合理、无歧视。因为标准具有公共设施的属性，而专利权具有私权属性，标准中纳入专利技术需要保障技术标准化与专利权保护的有效平衡，故标准制定组织的知识产权政策中通常会要求标准组织成员及时披露与标准相关的专利信息，并且在其不同意免费许可的情况下，要求其承诺以 FRAND 条件许可其被纳入标准的专利技术，这已经成为各标准制定组织要求标准必要专利许可遵守的一项基本原则。在对公平、合理、无歧视承诺进行表述时，公平与合理在含义上有部分重合，故不同的国家或国际组织的表述也存在差异。欧洲国家多使用 FRAND 承诺，而美国则更青睐使用 RAND 承诺。① 我国学界并未对这两种表述方式进行区分，本书采用 FRAND 承诺的表述方式。

在专利技术申请人向专利主管部门申请专利权时，专利主管部门会对其权利要求进行审查，为其限定相应的保护范围。在标准制定过程中，标准的技术路径被某项专利权覆盖，可能涉及的仅仅是该项专利权中的一项或几项权利要求，故在一些特定的场合，标准必要专利也被具体称为标准必要专利权利要求。标准的公共属性要求其尽可能地不涉及具有专利权的

---

① 参见闫娜：《标准与标准必要专利研究》，知识产权出版社 2019 年版，第 46－47 页。

技术，只有必要的时候才可将专利技术纳入标准，成为标准必要专利，那些非必要的专利技术不应当被纳入标准，所以，标准中出现的专利技术应当为标准必要专利技术。所有的标准制定组织也均在其知识产权政策中明确其标准中包含的专利技术是标准必要专利技术。标准必要专利权人因标准必要专利在标准中不可替代，可能会利用其优势地位做出反竞争性的行为，违反标准制定组织制定标准的初衷。由此可见，FRAND 承诺是预防标准实施者使用标准必要专利时受到不公平、不合理的对待，维护市场的有序发展。

标准制定组织成员在加入组织时，通常需要作出 FRAND 承诺，确保其专利技术被纳入标准后，其能够以 FRAND 的条件进行专利许可，不论标准实施者是否为该组织的成员，都应享有 FRAND 条件下的专利许可。FRAND 承诺虽然使标准必要专利权人在专利许可条件上丧失了一定的自由选择权，但有利于标准的推广与应用，同时，标准必要专利权人在许可单价上的损失也可以通过标准的广泛推广后得到补偿。①

2. FRAND 承诺的目的

标准必要专利权人在标准制定组织的要求下作出 FRAND 承诺，目的就是规制标准必要专利权人的专利许可行为，平衡标准实施者与标准必要专利权人之间的利益。既需要保障标准实施者在被许可专利时的权益不受侵害，又需要保障标准必要专利权人排他性权利的正常行使。② 所以 FRAND 承诺的两大目标就是：第一，促进标准实施者采用标准，制造符合标准的相关产品或提供符合标准的服务；第二，保障标准必要专利权人能够获取合理的回报。FRAND 承诺可以对标准必要专利权人行使专利权进行限制，减少了标准制定和推广的障碍。美国学者 Lemley 和 Shapiro 认为，FRAND

---

① 参见闫娜：《标准与标准必要专利研究》，知识产权出版社 2019 年版，第 48 页。

② 参见孟雁北：《标准制定与实施中 FRAND 承诺问题研究》，载《电子知识产权》2014 年第 11 期，第 27 页。

承诺的本质就是一种协议，是标准必要专利权人为将其专利技术纳入标准，承诺不会滥用其专利权，以此增加专利许可机会的协议。FRAND 承诺是标准制定组织经过实践自行制定的知识产权政策，专利权人也是在没有外力作用下自愿作出承诺，是专利权人欲将其专利技术纳入标准所付出的代价。①

（二）FRAND 承诺的解析

公平、合理、无歧视是 FRAND 承诺不可分割、相辅相成的三个方面，是标准必要专利权人向标准制定组织作出的保证，保证标准实施者能够以 FRAND 条件得到标准必要专利的授权许可，以保障标准的顺利推广与执行。ITU - T/ITU - R/ISO/IEC 在其 2018 年 11 月 2 日公布的《共同专利政策实施指南》中也明确表示，实践规则的唯一标准就是确保标准实施者能够有机会使用标准必要专利。② 以下分别从公平、合理、无歧视三个方面对 FRAND 承诺进行简要分析。

1. 公平

公平是法律的基本价值之一。在一般的专利许可过程中，专利权人与被许可人双方地位平等，谈判时都会为了自己的利益尽力争取，但如果最终谈判未能达成一致，双方也都还有其他的选择机会。但标准必要专利不同，标准实施者要实施标准就必须使用该专利技术，也就是标准必要专利权人拥有了标准实施者能否进入市场的决定权，双方相对平等的市场地位被打破，利益分配自然向更为强势的标准必要专利权人倾斜。所以，“公平”在 FRAND 承诺中主要指的就是标准实施者在许可谈判中具有与标准必要专利权人平等的谈判地位，专利许可条款的设置上应公平地分配权利、

---

① See Mark A. Lemley, Carl Shapiro, *A Simple Approach to Setting Reasonable Royalties for Standard - Essential Patents*, Berkeley Technology Law Journal, Vol. 28, p. 1135 - 1166 (2013).

② Guidelines for Implementation of the Common Patent Policy for ITU - T/ITU - R/ISO/IEC.

义务与风险，最终商定的标准必要专利许可费及利益分配也应公正、平等。[①]

2. 合理

合理主要是针对标准必要专利的许可费设定的。标准必要专利许可费的计算规则与方法是商业领域和司法领域共同的难题，各个国家和地区都提出了许多不同的计算规则与方法，如美国 Georgia - Pacific 诉 Plywood 案[②]曾提出估算合理许可费的 15 个因素，被称为“Georgia - Pacific”因素。标准必要专利许可费确定得是否合理的关键就是标准实施者与标准必要专利权人的利益是否达到平衡，虽然世界范围内还没有一个统一的计算标准或方法，但还是达成了一定的共识，那就是标准必要专利权人制定的许可使用费应是合理的，应当与其专利技术本身的价值相当，不能获得因其专利技术被纳入标准而产生的额外利润。[③]

3. 无歧视

无歧视被理解为同等对待。在标准必要专利授权许可过程中，标准必要专利权人的歧视行为会影响正常的市场竞争。无歧视就是为了防止标准必要专利权人利用市场支配地位，给不同的标准实施者不同的待遇，从而造成阻碍社会竞争的反竞争效果。无歧视可以分为两个层面来理解：第一，不得拒绝许可。标准必要专利权人应同等对待所有标准实施者，应当一视同仁，即使该标准实施者是标准必要专利权人的竞争对手，也不应区别对待，应许可所有的标准实施者使用其专利技术。第二，同等许可条件。标准必要专利权人对每一位标准实施者提出的许可使用条件应当是同等的，不能厚此薄彼，尤其是标准必要专利许可费需要给予同等待遇。第一个层

---

① 参见闫娜：《标准与标准必要专利研究》，知识产权出版社 2019 年版，第 48 页。

② Georgia - Pacific Corp. v. United States Plywood Corp., 318 F. Supp. 116, 166 U. S. P. Q. (BNA) 235 (S. D. N. Y. 1970).

③ 参见闫娜：《标准与标准必要专利研究》，知识产权出版社 2019 年版，第 48 页。

面解决所有标准实施者都能被许可使用标准必要专利的问题，属于较低的要求；第二个层面解决标准必要专利同等许可条件的问题。无歧视指的是在标准实施者具备同等交易条件时，给予其的标准必要专利许可条件也应是同等的。所以，合理的许可费是建立在标准实施者的交易条件相同、标准必要专利权人许可条件相同的基础之上的。但在实际生活中，标准必要专利许可费不可能统一设定，标准实施者的产业规模、交易方式等各方面条件不可能完全相同，而这些条件的差异会直接影响标准必要专利的许可费率的计算，许可费出现一定的差异也属于正常现象，不能简单地认定为违反 FRAND 许可原则。对于标准必要专利许可费的计算还需要将多方面因素进行综合考虑，才能计算出合理的许可费率。①

（三）FRAND 承诺的性质

大部分标准制定组织的知识产权政策中会包含 FRAND 承诺的内容，要求标准必要专利权人承诺与标准实施者的许可谈判应当在公平、合理、无歧视的原则框架下展开，本质上也就是标准必要专利权人与标准制定组织达成的交换条件，标准制定组织在制定标准时将专利技术纳入标准，随着标准的实施，增加了专利权人对外许可其专利的机会，专利权人为此承诺按照 FRAND 条件进行专利许可。

1. 专利权人与标准制定组织间的 FRAND 承诺

几乎所有的标准制定组织都会要求其成员在加入组织或在标准制定时作出 FRAND 承诺，而标准必要专利权人也愿意就其被纳入标准的专利技术向标准制定组织作出 FRAND 承诺，可见 FRAND 承诺对于双方必然有一定的意义，以下将分别分析 FRAND 承诺对标准制定组织及标准必要专利权人的意义。

---

① 参见闫娜：《标准与标准必要专利研究》，知识产权出版社 2019 年版，第 48－49 页。

首先，对于标准制定组织而言，标准的制定，一方面要保障所制定的标准能够被广泛地接受和采纳，而标准的实施成本会对标准的有效推广产生较大的影响；另一方面还要考虑所制定的标准能够在与其他标准的竞争中获胜，所以标准本身还须具有技术的先进性。从标准的可接受层面分析，标准类似于公共产品，是需要相关行业共同遵守的规则，具有公共属性。所以在标准制定时，所有的技术路径最好使用不需要授权许可的现有技术实现，尽量不使用具有专利的技术。但有些情况必须使用相关专利技术时，也一定是在确定必要的前提下。不必要的专利技术一般是不会被纳入标准的。这样制定出来的标准可以最大限度地降低标准实施的成本，减轻标准实施者的负担。对于标准的先进性来讲，标准可以通过不纳入专利来降低实施标准的成本，但随着社会的发展、科技的进步，技术更迭周期越来越短，而人们的知识产权意识越来越强，一旦作出了科技创新，很可能马上就申请专利。而标准要顺应发展，就必须将当下先进的技术纳入标准，使标准也具备先进性，这样才能在与其他标准的竞争中占据优势地位，最终得到用户的认可。但是，专利技术被纳入标准会存在一定的隐患：当专利权人变为标准必要专利权人，其在相关市场就具有了市场支配地位或是其市场支配地位得到进一步加强，其很可能会利用通过标准实施得来的市场支配力压榨标准实施者。一旦出现这种行为，标准实施者的标准实施成本会大大增加，这种增加的成本超过标准实施者的承担极限就会使标准实施者被迫放弃实施该标准，转而考虑自主研发或实施其他竞争标准，对此标准的实施造成严重影响。为解决标准的实施成本与标准的先进性之间的冲突，在标准制定时，即将被纳入标准的专利权人须向标准制定组织作出FRAND 承诺，以此来约束标准必要专利权人在标准实施中的许可行为，使标准实施者不用担心得不到标准必要专利的许可，也不必担心会被收取高额的专利许可费。对实施标准可能产生的成本有一个明确的预期，这就解决了标准实施者的顾虑，有利于标准的推广与使用。①

其次，对于标准必要专利权人而言，专利被纳入标准将产生巨大的价值。伴随标准的实施与推广，标准必要专利的许可范围会远远大于专利被纳入标准之前。同时，专利被纳入标准成为标准必要专利意味着其他的竞争技术已经被排除在外，标准必要专利权人的市场支配地位得到进一步加强，对市场的控制力也更加坚固。为了打消标准制定组织对专利权人可能滥用权利的顾虑，专利权人向标准制定组织作出 FRAND 承诺，承诺不会滥用因专利被纳入标准而具有的市场支配地位，并且不会赚取因此而产生的额外利润。此时的 FRAND 承诺更像是一种交换条件，以 FRAND 许可换取专利技术进入标准的交换行为。虽然专利权人通过 FRAND 承诺使其专利被纳入标准，但该承诺也使标准必要专利权人付出必要的代价，也就是必须按照 FRAND 承诺条件对标准必要专利进行许可，这种许可条件可能会使标准必要专利的单项许可费减少，标准必要专利权人也会因此丧失一部分对被许可人选择的自由，不过这些问题都会在标准实施之后，通过快速增长的标准实施者的许可量弥补回来。对标准必要专利权人来说，FRAND 承诺是一种约束，也是其他主体能够向其提出相关要求的权利来源。②

综上所述，标准必要专利权人受 FRAND 承诺的约束更为明显，只有当专利权人愿意作出 FRAND 承诺，标准制定组织才可能将其专利纳入标准。而标准制定组织还是有较大的选择空间，可能会选择其他的技术纳入标准。即便专利技术被纳入标准，标准必要专利权人在许可谈判中还必须遵守其作出的 FRAND 承诺，否则标准制定组织会追究其相应的责任。所以，FRAND 承诺对标准必要专利权人的约束表现得更为突出。当然，目前标准

① 参见谭袁：《标准必要专利核心争议：探究及制度建构》，中国社会科学出版社 2019 年版，第109－110 页。

② 参见谭袁：《标准必要专利核心争议：探究及制度建构》，中国社会科学出版社 2019 年版，第110－111 页。

制定组织的 FRAND 政策还不够完善，如标准必要专利权人违反 FRAND 承诺需要承担何种不利后果并没有明确的规定，这就使标准制定组织对标准必要专利权人的约束力大大减弱。这也是学界和司法实务界认为 FRAND 承诺形同虚设的原因。

2. 标准必要专利权人与标准实施者间的 FRAND 承诺

FRAND 承诺是标准必要专利权人在标准制定阶段向标准制定组织作出的，其 FRAND 承诺对标准必要专利权人的约束效果也是直接的。而在标准实施时，FRAND 承诺影响的主体变为了标准必要专利权人与标准实施者，而标准必要专利权人并没有直接向标准实施者作出 FRAND 承诺。如何界定这种间接的 FRAND 承诺，对明确 FRAND 承诺对标准必要专利权人及标准实施者的约束力具有重要意义。

（1）合同理论

有学者提出，标准必要专利权人的 FRAND 承诺与标准实施者形成了一种有约束力的合同（binding contract）关系。[①] 在美国 Microsoft 公司诉 Motorola 公司案[②]中，Microsoft 公司请求法院裁定：①Motorola 公司与 IEEE 和 ITU 签订了具有约束力的合同承诺，并承诺按照 RAND 条款和条件许可其已声明的必要专利；②Microsoft 公司是 Motorola 公司对 IEEE 和 ITU 的承诺的第三方受益人（Motorola 公司对这两个请求均未提出异议）；③在向 Motorola 公司对单点登录（Single Sign－on，SSO）承诺的第三方受益人提供必要专利许可时，Motorola 公司是否必须提供 RAND 条款和条件；④Motorola 公司向 Microsoft 公司提供的 H. 264 和 802. 11 宣布的必要专利许可是否违反了 Motorola 公司的 RAND 义务。法院同意 Microsoft 公司的意见，即通过 Motorola 公司对 IEEE 和 ITU 的承诺，Motorola 公司已签订具有

① 参见谭袁：《论 FRAND 承诺的性质及其价值》，载《电子知识产权》2017 年第 7 期，第 22 页。

② Microsoft Corp. v. Motorola, Inc., 854 F. Supp. 2d 993, at 999 (W. D. Wash. 2012).

约束力的合同承诺，以 RAND 条款许可其基本专利。[①] 此外，法院认为，Microsoft 公司作为 IEEE 和 ITU 的成员，是 Motorola 对 IEEE 和 ITU 所作承诺的第三方受益人。[②] 因此，法院在 Microsoft 公司前两个诉讼请求的判决上对其有利。最终，法院对 Microsoft 公司的诉讼请求给予部分支持，部分驳回。判令支持 Microsoft 公司的动议范围是：①Motorola 公司与 IEEE 和 ITU 签订了具有约束力的合同承诺，承诺按照 RAND 条款和条件许可其已宣布的必要专利；②Microsoft 公司是 Motorola 公司对 IEEE 和 ITU 的承诺的第三方受益人。法院拒绝了 Microsoft 公司动议的其余部分。

在 Apple 公司诉 Motorola 公司案[③]中，对于 FRAND 承诺的合同属性，法院也作出了类似的认定。Apple 公司请求法院裁定：①Motorola 公司对标准制定组织的承诺具有合同约束力；②Apple 公司有权以第三方受益人的身份执行这些合同；③ETSI 的政策要求 Motorola 公司在 ETSI 将包含其专利或专利申请所涵盖的技术纳入标准之前，对其专利和专利申请进行披露；④Motorola 公司直到 ETSI 通过了包含这些专利技术的标准之后，才公开某些专利或申请。Motorola 公司在反对书中指出，“它对 Motorola 集团作出的承诺没有异议”，并且“对其承诺所产生的义务也没有异议”。但是，Motorola 公司认为其承诺不具有约束力，且行业组织和 Apple 公司都不能执行这些承诺。换句话说，Motorola 公司认为，尽管作出了承诺，但这些承诺

① 参考 Motion 公司诉 Motorola 公司案，在原告基于被告未提供其向 ETSI 和 IEEE 承诺的合理且非歧视条款的理由而提出违反合同要求的情况下，驳回原告的动议［Motion Ltd. v. Motorola, Inc., 644 F. Supp. 2d 788, 797 (N. D. Tex. 2008)］；以及 Ericsson 公司诉 Samsung 公司案，该案中，原告和被告均主张违反合同，并承认许可义务是合同性的，并约束 SSO 的所有成员［Ericsson Inc. v. Samsung Electronics, Co., Civil Action No. 2：06 - CV - 63, 2007 WL 1202728, at *1 (E. D. Tex. Apr. 20, 2007).］。

② 参考 ESS 公司诉 PC - Tel 公司案，该案认为 SSO 与持有必要专利的被告之间的合同已明确声明了对该合同的第三方受益人的合同特定履行的权利要求，要求被告按照 RAND 条款许可专利［ESS Tech., Inc. v. PC - Tel, Inc., No. C - 99 - 20292 RMW, 1999 WL 33520483, at *4 (N. D. Cal. Nov. 4, 1999).］。

③ Apple, Inc. v. Motorola Mobility, Inc., 886 F. Supp. 2d 1061, (W. D. Wis. 2012).

在很大程度上没有意义，因为这些承诺不能由组织或第三方强制执行。最终，法院支持原告 Apple 公司即席判决的动议，根据法律判令：①Motorola 公司与 ETSI 和 IEEE 之间签订了具有约束力的合同义务，以 FRAND 的方式许可其已宣布的必要专利。②Apple 公司是Motorola 公司对 ETSI 的合同义务的第三方受益人。

司法机关在上述两个案件中均认为 Motorola 公司作为标准必要专利权人，就其标准必要专利许可向 ITU 和 IEEE 作出了 FRAND 承诺，该承诺在 Motorola 公司与 Microsoft 公司以及 Motorola 公司与 Apple 公司之间均成立了具有约束力的合同，Microsoft 公司和 Apple 公司分别为其合同的第三方受益人，均有权要求 Microsoft 公司按照合同约定进行标准必要专利许可。[①] 该理论将 FRAND 许可纠纷转换为合同纠纷，使用传统的合同法理论对具体问题进行分析，如通过确立标准必要专利权人与标准实施者之间间接的合同关系就可以顺利解决标准实施者诉讼资格的问题。

该理论虽然在美国得到了一定的认可，但在其他国家和地区的认可程度并不相同。德国法院认为标准必要专利权人作出的 FRAND 承诺应视为标准必要专利权人向第三方发出的要约邀请，第三方不能当然地获得标准必要专利许可的权利。荷兰法院也并未认可标准必要专利权人与标准实施者之间成立了合同关系。[②] 根据合同法理论，明确而具体的对合同内容作出规定是合同成立的必要条件，避免因合同条款存在争议而导致合同无法履行。[③] 因此，标准制定组织应当对标准必要专利 FRAND 许可的条款（包括许可费率、支付方式等）进行明确、细致的规定。但几乎所有的标准制定

① 参见谭袁：《论 FRAND 承诺的性质及其价值》，载《电子知识产权》2017 年第 7 期，第 22 - 23 页。

② Thomas F, Cotter, *Comparative Law and Economics of Standard - Essential Patents and FRAND Royalties*, Texas Intellectual Property Law Journal, Vol. 22, p. 318 (2014).

③ 参见谭袁：《论 FRAND 承诺的性质及其价值》，载《电子知识产权》2017 年第 7 期，第 23 页。

组织的FRAND政策都是笼统的形式性的规定，不同主体都可以对FRAND承诺作出自己的理解，合同内容的不确定性导致各方无法达成共识，以至于传统的合同法理论在适用上存在一定的障碍。

（2）强制缔约理论

通过上述分析可以看出，不同国家和地区对于合同法理论的认可程度差异较大，我国法院在华为公司诉IDC公司案中指出："FRAND承诺不应认定为在标准必要专利权人和标准实施者之间成立了具有约束力的合同关系。而应理解为标准必要专利权人对标准实施者负有按照FRAND条件许可的义务，这种义务与供水、供电、供气等垄断企业所担负强制缔约义务相似。"[①]

虽然合同自由是《民法典》"合同编"的基本原则，但在某些特殊情况下，需要强制合同当事人与其他主体订立合同，对合同当事人的合同自由进行一定程度的限制，也就是强制缔约。我国学者认为，强制缔约是为了达到维护公共利益、追求实质正义的目的而排除适用合同自由原则，一般只有符合特殊情况时才会被法律认可。[②] 我国强制缔约义务主要出现在与民生密切相关的领域、与社会公共利益相关的领域以及某些紧急情形中。这些特殊情形只有强制要求合同当事人与相对方订立合同才能保障相对方的利益，但是必须对强制缔约的情形进行严格的限制，否则将损害被强制缔约一方的利益。

认同强制缔约理论的学者认为，水、电、气等公共基础服务是消费者生活的必需品，如无法获得会严重影响其正常生活，而标准必要专利对标准实施者也是必需品，如无法获得许可也将严重影响其生产乃至生存。从这个角度看，标准实施者无法得到标准必要专利许可与消费者无法得到基

---

① 叶若思、祝建军、陈文全：《标准必要专利使用费纠纷中FRAND规则的司法适用　评华为公司诉美国IDC公司标准必要专利使用费纠纷案》，载《电子知识产权》2013年第4期，第60页。

② 参见王利明：《合同法研究》（第1卷）（第3版），中国人民大学出版社2015年版，第310－311页。

本生活资源所面临的问题相似，都具有一定的严重程度，FRAND 承诺也应被视为具有强制缔约的必要，保护标准实施者的相关权益。但是，标准必要专利权人不同于传统负有强制缔约义务的承担社会公共职能的企业，虽然“标准必要专利具有公共产品属性，强调技术的开放、统一以及普遍适用，本质上属于社会公共资源”①，但是，面对过于不合理的许可条件，标准必要专利权人也不会同意该许可协议，最终标准必要专利的授权许可可能无法达成。也就是说，标准必要专利权人还是有权利拒绝订立标准必要专利的许可合同的，而传统的负有强制缔约义务的企业通常不能拒绝向特定的消费者提供生活必需品，所以强制缔约理论适用在 FRAND 承诺上并不完全合理。②

---

① 王先林：《涉及专利的标准制定和实施中的反垄断问题》，载《法学家》2015 年第 4 期，第 63 页。

② 参见谭袁：《标准必要专利核心争议：探究及制度建构》，中国社会科学出版社 2019 年版，第114 – 116 页。

第二章

标准必要专利反垄断分析进路

在经济全球化背景下，国内外市场主体不断通过优胜劣汰的规则向前发展，企业通过不断扩大自身实力，增强市场竞争力。为了获取市场支配地位，赚取高额利润，市场主体也是朝着技术专利化、专利标准化、标准垄断化的方向努力。在标准制定过程中，专利权人可能通过违反专利信息披露规则以及虚假 FRAND 承诺等欺诈行为，欺骗标准制定组织，妄图在标准制定时将其专利纳入标准，扩大其专利的影响力，谋求市场垄断地位，获取高额垄断利润。在标准实施中，具有市场支配地位的标准必要专利权人可能会滥用其市场支配地位，排除、限制市场竞争。目前，标准必要专利滥用的情况频频出现，已经成为标准必要专利反垄断理论和实务界亟须解决的现实问题。同时，一项标准中通常包含数量较多的标准必要专利，且标准本身具有极大的商业价值，这些专利权人尤其是具有垄断地位的专利权人为了实现利益的最大化，可能联合操纵标准的制定与实施，阻碍、排除竞争对手参与竞争，对消费者以及社会公共利益造成损害。因此，本章通过对标准必要专利滥用以及垄断协议行为进行研究，明确标准必要专利反垄断分析进路。

第一节　标准必要专利滥用市场支配地位的反垄断分析进路

专利权人的行为是否构成滥用市场支配地位是启动反垄断程序的前提，而对相关市场和其支配地位的界定以及滥用行为的确认是分析的关键。

OECD 在其会议中指出，“相关市场的界定是所有竞争分析的出发点”①。因此，本节将尝试讨论与分析标准必要专利的相关市场、市场支配地位以及滥用市场支配地位等问题，明确标准必要专利滥用市场支配地位的反垄断分析进路。

一、标准必要专利反垄断中相关市场的界定

相关市场的界定是反垄断工作的起点，也是反垄断工作的基础。在美国最高法院 1948 年审理的 Columbia Steel 公司案②中，第一次出现了“相关市场”的概念，由此明确了相关市场分析在反垄断调查中的核心地位。

（一）相关市场界定的基本方法

“市场”一词是我们生活中的常用词，但在反垄断领域，“市场”有其特定含义，主要指与案件有关的特定商品市场或者地域市场，即我们所称的“相关市场”。对“相关市场”的界定是对滥用市场支配地位进行分析的前提，是世界各国反垄断机构及司法机构最重要的工作之一。世界上多数国家和地区对相关市场作出界定，例如，美国司法部反垄断局（Department of Justice Antitrust Division，DOJ）和联邦贸易委员会（Federal Trade Commitee，FTC）于 2010 年发布的新版《横向合并指南》③ 的第四部分主要涉及相关市场界定问题。欧盟委员会于 1997 年发布的《关于相关市场界定的通知》④，对相关市场作出了明确的规定，为欧盟司法和执法机构提供了指引。《反垄断法》第 15 条规定，相关市场是经营者在一定时期内就商品进

① OECD，Policy Roundtables：Excessive Prices（2011）.

② United States v. Columbia Steel Co. 334 U. S. 495（1948）.

③ HORIZONTAL MERGER GUIDELINES（08/19/2010），U. S. Department of Justice.

④ Text with EEA relevance，*Commission Notice on the definition of relevant market for the purposes of Community competition law*，Official Journal of the European Communities，Vol. 40，p. 5（1997）.

行竞争的商品范围和地域范围。[①] 2009 年，《关于相关市场界定的指南》颁布。作为我国第一个反垄断指南，《关于相关市场界定的指南》明确了相关市场的含义、基本依据、作用、分析思路、一般方法等内容，充分体现了相关市场的界定在反垄断领域的重要性。[②] 其第 3 条第2 款和第 3 款对相关商品市场和相关地域市场作出了相应的规定。

目前，国际上对于相关市场界定的规定并不明确，直接相关的法律较少，具有可操作性的法律条文并不多，但是，随着技术的不断发展与经济全球化的快速推进，相关市场的界定方法逐渐发展成为经济和法律领域共同的重点与难点问题。

1. 相关商品市场的界定

反垄断制度是通过保护竞争来促进经济发展，所以相关商品市场的界定范围就是具有相互竞争关系的商品所形成的市场。分析商品的竞争关系主要就是分析商品的相互替代性。商品间的相互替代性越高，竞争关系就越强。[③] 例如，商品 A 的价格升高，客户会选择买商品 B，当商品 A 的价格下降，商品 B 的销量也会下降，这就说明商品 A 和商品 B 之间具有一定的替代性，是替代关系。在分析替代关系时，可以从需求角度和供给角度进行分析。

（1）从需求替代角度界定相关商品市场。从需求替代角度界定相关商品市场可以考虑以下因素：①商品的销售渠道。不同的销售渠道所针对的客户有一定的差异，较难形成竞争关系，成为相关商品可能性小。②商品的价格。在对价格进行分析时，与竞争无关的因素导致价格变化的情况需要排除。③商品的属性，包括商品的外形、用途、特性、质量等，客户可

---

① 参见仲春：《互联网行业反垄断执法中相关市场界定》，载《法律科学（西北政法大学学报）》2012 年第 4 期，第 127 页。

② 参见万江：《中国反垄断法：理论、实践与国际比较》（第 2 版），中国法制出版社 2017 年版，第 116 – 117 页。

③ 参见王传辉：《反垄断的经济学分析》，中国人民大学出版社 2004 年版，第 91 页。

能基于商品的任何一种相同或相似的属性将其视为紧密替代品。④其他因素，如客户偏好、特殊风险、区别定价等。[①]

从需求角度对替代关系进行分析的工具是需求交叉弹性（cross elasticity of demand），指商品 A 需求数量的变动与引起这一变动的商品 B 的价格变动之间的比率。用公式表示就是：需求交叉弹性 = 商品 A 需求数量的变动/商品 B 价格的变化。当商品 B 的价格上升，商品 A 的需求数量也上升，即需求交叉弹性值为正值，此时，商品 A 和商品 B 是替代关系（substitute），且需求交叉弹性值越大，替代关系越强。当商品 B 的价格上升，商品 A 的需求数量不升反降，则需求交叉弹性值为负值，此时，商品 A 和商品 B 是互补关系（complement）。当然，需求交叉弹性值为正仅代表两种商品为替代关系，不能直接认定构成相关商品市场。相关商品市场的构成受很多因素的影响，包括广告、客户偏好等非价格因素，所以这里是预设其他因素不变的情况下进行的需求交叉弹性分析，在反垄断实务中，要具体案件具体分析，但相关商品市场最重要的因素仍然是对此弹性值进行界定。[②]

（2）从供给替代角度界定相关商品市场。用需求交叉弹性判断商品的可替代性，主要是从客户需求的角度考虑。但有时从客户的角度来看，商品 A 和商品 B 并不具备可替代性，没有替代关系，而从生产者的角度来看，商品 A 和商品 B 有替代关系，可以形成相关商品市场。从需求角度分析的是客户对商品价格变动的反应，而从供给角度分析的是生产者对商品价格变化的反应。

相关商品市场的界定从供给替代角度可以考虑如下因素：①商品的价格。其他生产者对商品价格变化作出反应的证据。②其他生产者转产的情

---

① 参见万江：《中国反垄断法：理论、实践与国际比较》（第 2 版），中国法制出版社 2017 年版，第 118 页。

② 参见王传辉：《反垄断的经济学分析》，中国人民大学出版社 2004 年版，第 91－92 页。

况。其他生产者转产难度、时长、风险、费用。③转产后的风险。其他生产者转产后的客户开发、市场竞争力、营销渠道等。

在反垄断司法与执法实践中，供给替代分析是对需求替代分析的扩展，界定相关商品市场主要仍是从需求交叉弹性的角度进行。对生产者的观察可以有效分析其他生产者转向的可能性，在对相关商品市场进行分析时引入会将相关市场的范围扩大，被认定为不构成垄断的可能性增加。如果不从供给替代角度而仅从需求替代角度进行分析，则相关市场范围的认定会相对较小，有利于作出构成垄断的认定。当然，在反垄断实务中，个案分析尤为重要，通过一定数量的案例的经验总结，可以制定出更为科学、合理的市场界定方法。欧盟委员会在分析了大量反垄断执法案例，进行经验的提炼与总结后，发布了《关于相关市场界定的通知》，为后续反垄断实务工作提供重要的指引。

2. 相关地域市场的界定

对相关商品市场完成界定后，还需要对其空间范围进行分析，也就是对相关地域市场进行界定。相关地域市场的界定需要对具有竞争关系的生产者因空间范围导致市场竞争可能性的变化进行分析，而不是简单地对地理区域进行划分。

对相关地域市场进行界定可以统一考虑需求和供给两方。需要考虑的因素主要包括以下方面：（1）运输的成本，如包装费用、保险费用等。运输成本的高低与商品价格、相关地域市场范围关系密切，这也是最重要的考虑因素。（2）商品的价格。商品价格的变化导致客户转向其他地域购买的情况以及具有竞争的生产者对商品价格变化导致转向的困难程度。（3）地域间的贸易壁垒，如地方性法规、关税、技术以及环保要求等。随着贸易全球化的不断推进，贸易壁垒逐渐减弱，但在仍然存在贸易壁垒的国家或地区，这类因素也需要重点考虑。（4）交易的成本，如地域排外势力、特别消费习惯等，可能导致营销成本增大，随着信息网络和现代物流技术的发展，这类因素的影响逐渐降低。（5）其他因素，如商品在运输途中导致的质量变化、竞争机会减少，以及地域对商品进出数量的特殊要求等。①

对相关地域市场的分析不是简单的地理区域的界定，而是要对其空间范围所导致的成本变化进行分析。由上述分析可知，即使两个具有竞争关系的生产者同处于相似的地理位置，他们因空间范围所产生的成本也不相同。当然，市场的自由、规范、统一程度越高，地理位置的远近对这两个生产者的成本影响就越大。若地理位置导致成本增加，从而对生产者进入某一地域市场造成了阻却，或者即使进入了该地域市场也不具备竞争力，则该生产者所生产的商品将不属于该地域市场范围。在反垄断司法、执法实践中，若要做到对每一个商品的生产者进行分析十分困难，故一般是将生产者进行分类，然后对不同的类别进行分析，以界定该类生产者是否纳入该相关地域市场。②

3. 假定垄断者测试法

美国在相关市场界定的反垄断司法和执法实践中，更多从需求替代角度进行分析。需求替代法对于相关市场情况的反映更为真实，为后来出现的假定垄断者测试法奠定了基础。供给替代法是在需求替代法之后被美国反垄断实务中广为使用的方法，一般在需求替代分析的基础上进行，两者仅从不同的角度进行分析，仍属于同一层面的分析方法。在对相关市场进行分析时，无论是从理论层面还是从实践角度出发，都需要从需求替代和供给替代两个层面进行合理替代性分析。

“假定垄断测试法”（The Hypothetical Monopolist Test，HMT）在美国司法部 1982 年《横向并购指南》中首次提出，被美国司法部和联邦贸易委员会在反垄断实践中广泛采用，是目前界定相关市场最成熟的分析方法，

---

① 参见万江：《中国反垄断法：理论、实践与国际比较》（第 2 版），中国法制出版社 2017 年版，第 118－119 页。

② 参见王传辉：《反垄断的经济学分析》，中国人民大学出版社 2004 年版，第 93－94 页。

因为 SSNIP[①] 是其的核心内容，又常被称为“SSNIP 测试法”。“假定垄断测试法”的基本思路是假定垄断者对其商品进行相对持久的、小幅度的提高价格后，客户转向购买具有紧密替代关系的其他商品，致使生产者销量下降但仍然没有对其利润造成消极影响，则相关商品市场由该商品与其替代商品构成，相关地域市场与相关商品市场的界定方法相同。如若上述结果相反，则应该在市场中引入次优替代品（the Next - Best Substitute，NBS），并重复上述的提价测试，直至生产者获利，此时所确定的市场范围即为相关市场。[②] 在运用 SSNIP 测试法时，有两个问题需要注意：（1）玻璃纸谬误（cellophane fall）。当生产者已经具备市场支配力且向其客户执行垄断价格，若生产者将商品价格轻微上调，客户则转向购买可替代商品，如果对相关商品市场的界定包括该可替代商品，则有可能会扩大相关商品市场的范围，导致生产者可能被认定为不具备市场支配力，美国杜邦公司案（也被称为玻璃纸案）[③] 就是这样一起典型案例。（2）免费市场。在互联网领域，即时通信、杀毒工具、搜索引擎等提供的服务都是免费的，在使用 SSNIP 测试法测试时就会出现问题，典型案例如奇虎公司诉腾讯公司案[④]。在非价格竞争为主要竞争形式且商品具有明显差异化的领域，SSNIP 测试法无法直接适用，可以对该方法进行一些改变，如基于质量下降的假定垄断者测试法。[⑤]

SSNIP 测试法在全球反垄断实践中不断得到完善：在美国，1984 年美

---

① SSNIP 是 Small but Significant Not - transitory Increase in Price 的缩写，意思为数额不大但很重要且非临时性涨价。

② 参见李虹：《相关市场理论与实践——反垄断中相关市场界定的经济学分析》，商务印书馆 2011 年版，第 209 页。

③ United States v. E. I. du Pont de Nemours & Co. , Vol. 351 U. S. Supreme Court, ctp. 377 (1956).

④ 北京奇虎科技有限公司与腾讯科技（深圳）有限公司等垄断纠纷上诉案，最高人民法院（2013）民三终字第 4 号民事判决书。

⑤ 参见龙柯宇：《知识产权相关市场的 SSNIP 适用研究》，载《现代商业》2017 年第 32 期，第 175 页。

国司法部发布《横向合并指南》，对价格问题进行了调整；2010 年美国司法部和联邦贸易委员会发布新的《横向合并指南》，对 SSNIP 测试法进行了完善。[①] 在欧盟，1997 年发布的《界定相关市场的通知》中明确采用 SSNIP 测试法来界定相关市场且对采用的维度也作了界定。[②] 通过分析美国和欧盟等主要发达国家和地区的立法及实践发现，界定相关市场的方法呈现出趋同的态势。基本上是从需求交叉替代性以及供给交叉替代性等角度对相关市场进行分析，而且基于 SSNIP 测试法的科学性，各国、各地区都对其进行了不同程度的探索。这种趋同局面的形成，是经济全球化以及相互学习与借鉴的成果。这些有益的探索，值得我国进一步深入了解与借鉴。

虽然 SSNIP 测试法与较早出现的需求替代法、商品群理论、附属于市场理论、供给替代法和同质商品认定法等方法相比更具有科学性一些，解决了这些方法存在的问题，但 SSNIP 测试法也不是完美的，也存在一些不足或缺陷：（1）SSNIP测试法的适用性。虽然 SSNIP 测试法具有普遍的适用性，几乎可以用来对相关市场所有的维度进行分析，但它也有一定的适用前提，如市场上不存在价格歧视、其他商品的销售条件保持不变等，这些前提有时是难以实现的。（2）相关市场的范围。SSNIP 测试法全面地考虑了需求替代性和供给替代性，并假定了替代性的最佳边缘，提升了对相关市场外延的定位精确度，但是，SSNIP 测试法也可能导致相关市场被技术性的扩大，上述杜邦公司案和奇虎公司诉腾讯公司案就是两个典型的案例，已经引起世界各反垄断组织的重视。（3）数据依赖性。SSNIP 测试法对数据的依赖性较高，但有些情形下，数据是难以取得的，这就会对 SSNIP 测

---

① U. S. Department of Justice, HORIZONTAL MERGER GUIDELINES (08/19/2010).

② 《关于为欧盟委员会竞争法界定相关市场的委员会通知》(Commission Notice on the definition of relevant market for the purposes of Community competition law, Official Journal of the European Communities)。

试法的应用造成影响。[①]

相关市场的界定是反垄断的基础，对反垄断司法和执法都有着重要的意义，但大量的经济学理论令司法及执法工作者无所适从、难以操作，实践中的大部分案件并不复杂，为数不多的复杂案件也成为公众关注的典型案例，如前述美国的杜邦公司案或我国的奇虎公司诉腾讯公司案。

（二）标准必要专利反垄断相关市场界定

1. 知识产权相关市场界定的特殊性

知识产权相较于其他有形的实体商品有着特有的属性，也有独到的价值，如无形性、排他性、地域性、时限性等。这些特性导致知识产权领域的成本结构、生产者和消费者转移的难易程度、商品更新速度、用户锁定及外部溢出等方面都与其他有形的商品在进行相关市场界定时有较大的区别。

在商品的无形性上，知识产权与传统有形商品有着明显的区别：知识产权商品本质上属于信息范畴，并不以有形的方式直接表现，而需要特定的载体进行呈现、复制或传播。这种无形性导致对知识产权相关市场进行界定时相对困难，甚至对于没有物质载体的知识产权商品无法进行界定和保护。

在成本的结构上，有形商品的生产成本主要包括场地、设备以及原材料等，而知识产权的成本主要集中在技术研发上，因此，知识产权注重在技术创新上的投入，在成本结构上与传统的、有形的商品成本有着非常大的差别，在相关市场的界定上，也会有更多不同的考虑。

在商品的更新速度上，知识产权的更新速度远远高于传统有形商品。任何新技术都有可能取代原有知识产权的垄断地位，所以，知识产权的生

① 参见丁茂中、刘嘉明：《相关市场界定的方法、维度和权衡因素》，载王晓晔主编：《反垄断法中的相关市场界定》，社会科学文献出版社 2014 年版，第 145 - 147 页。

产者必须通过不断的创新来维持自身的垄断力。知识产权可以鼓励技术的创新，刺激生产者向着更低的成本、更高的效率不断投入，垄断只是知识产权竞争过程中的短暂瞬间，这种压力促使知识产权生产者在技术研发过程中投入更多的资源，不断提升创造力，更快地进行知识产权商品更新。

在用户的锁定效应上，知识产权的特性之一就是排他性。为了保障知识产权创造人的利益，推动科技的发展，会赋予其一定时期内的专有权利，这个专有权就类似于垄断力。当使用某一知识产权商品（如软件）时，消费者都会选择使用人数多的、在同类商品中口碑好的商品，而其吸引消费者的技术、功能可能是其他软件达不到，也不能进行模仿的。若消费者转向使用其他的知识产权商品，则可能会出现与现有商品不兼容或不协调的情况，会浪费大量的时间、精力与金钱等成本支出。此时，可能该知识产权商品价格小幅度上涨，消费者的转向概率也不大，产生了用户锁定效应。[①]

在行业的外部性上，知识产权商品较传统有形商品更为明显。知识产权的无形性与可复制性使得其商品可以在同一时空下为不同消费者分别使用，每个人对知识产权的使用不会受到他人的影响，多人使用也不会影响知识产权的价值。[②] 同时，知识产权在个人利益得到实现的过程中，也推动了科技的进步，造福了社会，其整体效益远远超过知识产权创造者的个人收益。

基于上述种种特性，在相关市场的界定上，知识产权比传统有形商品具有更大的不确定性风险，而这种不确定性风险将直接导致不同的经营者市场支配地位认定结果。[③]

---

① 参见龙柯宇：《滥用知识产权市场支配地位的反垄断规制》，西南财经大学2012年博士学位论文，第79－80页。

② See Mark A. Lemley, *A New Balance between IP and Antitrust*, Southwestern Journal of Law and Trade in the Americas, Vol. 13, p. 237 (2007).

③ 参见冯江：《中国知识产权滥用之反垄断反制实务》，法律出版社2018年版，第20页。

2. 标准必要专利相关市场界定的具体分析

世界主流国家和地区在界定知识产权相关市场时，主要将知识产权相关市场划分为商品市场、技术市场和研发市场。① 美国 2007 年发布的《反托拉斯执法与知识产权：促进创新和竞争报告》② 以及 2016 年修订的《知识产权许可的反托拉斯指南》③ 均将知识产权的相关市场划分为商品市场、技术市场和研发市场，在对相关市场进行分析时，应当对知识产权的特殊因素着重考虑。我国同样将知识产权的相关市场分为这三个市场进行分析。

标准必要专利是知识产权的一种类型，对标准必要专利相关市场界定基本上符合知识产权的界定思路。但标准必要专利是知识产权中较为特殊的一类，是标准实施中的必要不可少的专利技术，有必要单独对其进行探讨与分析。下文主要从标准必要专利商品市场、地域市场、技术市场以及研发市场的角度对其特殊性进行分析。

（1）相关商品市场

在知识产权相关商品市场（Goods Markets）的界定上，美国《知识产权许可的反托拉斯指南》指出，相关商品市场是通过知识产权许可生产出的相关商品的市场。当知识产权相关商品市场涉及的商品为有形物品时，与传统有形商品相关市场的界定类似，但有些主要基于知识产权的相关商品市场，则需要区别对待。知识产权的许可限制将直接对相关商品市场产生影响，需要从横向合并和纵向上下游市场两方面进行全面分析。知识产权相关商品市场的边际相对不好确定。在经济全球化以及互联网的飞速发展下，知识产权更多地与信息通信技术结合，超越了国界的地理限制。但网络的传输范围不同于相关地域市场的范围，地域上的替代性对市场的约

① 1995 年《知识产权许可的反托拉斯指南》表述的为创新市场（Innovation Markets），2016 年修订版《知识产权许可的反托拉斯指南》修改为研发市场（Research and Development Markets）。

② Antitrust Enforcement and Intellectual Property Rights：Promoting Innovation and Competition.

③ Antitrust Guidelines for The Licensing of Intellectual Property.

束力还是界定知识产权相关地域市场的重要考虑因素。而且知识产权的地域性使知识产权在不同国家和地区保持独立，在知识产权许可上，各个国家和地区的知识产权相关市场也相互独立。

标准必要专利相关商品市场的界定，与一般知识产权相关商品市场的界定没有太大的差别，基本上可以参照适用知识产权相关商品市场的界定方案。但与知识产权相关商品市场的界定相比还是会出现其特殊之处，如一项标准必要专利从技术角度看不能被替代，那么该标准必要专利的许可市场就是一个独立的相关商品市场。同样，虽然没有替代技术，但有与标准必要专利技术相似的技术可以带来同样的商业增值，即虽不存在技术上替代性，但具有商业上替代性。此时，相关商品市场就是包含具有商业上可替代性的技术的商品市场。随着科技的发展，若出现了可替代的技术，标准必要专利相关商品市场还要包含可替代技术的商品市场。

（2）相关地域市场

在界定相关地域市场时，一般会对商品特性、运输成本、市场进出障碍以及消费者偏好等因素进行分析。① 然而，无形性是标准必要专利最为显著的一个特性，也是将标准必要专利与传统有形商品或知识产权商品区分开来的最主要的特性。标准必要专利的无形性致使其运输成本几乎为零，在相关市场的界定上，运输成本这一因素可以忽略不计。商品特性、消费者偏好以及其他竞争者进入相关市场的难易程度都属于市场进出障碍，是标准必要专利相关市场界定的重要因素。从技术的分类上考虑，标准必要专利的相关地域范围会受到标准实施地域范围的影响，应当界定在标准实施的地域范围内，根据标准实施地域范围的不同，标准可以分为国际标准和国内标准。从标准必要专利的相对性方面考虑，标准必要专利具有地域性特点，其权利范围受地域的限制。即使专利权人在多个国家就同一技术

① 参见王先林：《知识产权与反垄断法：知识产权滥用的反垄断问题研究》，法律出版社 2008 年版，第 203－258 页。

申请专利权，因各个国家法制环境的不同，专利权的行使与保护应基于所在国法律的规定，故其权利依然是相对独立的。又因为不同国家法律规定差异较大，对于专利的授权条件与保护力度也各不相同，所以很难形成有效的竞争替代关系，故标准必要专利的相关地域市场一般应在专利授权所在的法定地域。在华为诉IDC一案中，IDC认为华为公司作为一家跨国企业，其商品销售面向全球，所以全球市场应当作为其专利的许可市场。但华为公司认为标准必要专利具有地域性，本案中涉及的专利技术分别属于中国和美国，应当将中国市场及美国市场作为其相关市场。最终法院认为，虽然争议标准必要专利的技术方案是一致的，但每个国家法制环境不同，其权利基础和权利范围也不同，故标准必要专利的许可市场都是独立的相关市场。那么，华为公司在中国主张的争议标准必要专利许可市场就应当为中国市场，在美国主张的争议标准必要专利许可市场应当为美国市场。①

（3）相关技术市场

美国《知识产权许可的反托拉斯指南》中的技术市场（technology markets）指的是由被许可的知识产权及其紧密替代品所构成的市场。相关知识产权独立于使用这些知识产权的商品推向市场的，美国司法部和联邦贸易委员会要对技术市场进行检查。② 在对技术市场进行界定时，如果知识产权与使用知识产权生产的商品是分别进行交易的，通常需要确定与知识产权成本相当的知识产权或其商品来界定相关技术市场。但知识产权较难直接用货币价值来量化，技术成本十分复杂，技术市场的市场界限不够清晰。技术市场通常会对商品市场产生影响，即使在进行知识产权相关市场分析

① 华为技术有限公司与IDC公司滥用市场支配地位纠纷上诉案，广东省高级人民法院（2013）粤高法民三终字第306号民事判决书。

② Antitrust Guidelines For the Licensing of Intellectual Property（Proposed Update），Issued by the U. S. Department of Justice and the Federal Trade Commission, August 12, 2016.

时，对技术市场竞争有不利影响而对商品市场无不利影响的，同样可能被认定为违反反垄断法。

标准必要专利的核心是技术，对其相关技术市场的界定直接影响其相关市场的确定。若仅对标准必要专利进行许可，那么其许可范围应界定为该专利技术及其可替代技术。若许可包含标准必要专利技术及其商品，那么其许可范围应将该专利技术及其商品以及对应替代技术和商品纳入市场。美国《知识产权许可的反托拉斯指南》中规定，相关技术市场包括被许可的知识产权及其紧密替代品，该紧密替代品应具有足够的替代性，能够对知识产权的市场支配力进行有力的限制。[①] 欧盟《技术转让协议指南》规定相关技术市场由被许可的知识产权及其紧密替代品组成。我国《关于禁止滥用知识产权排除、限制竞争行为的规定》也对相关技术市场作出了规定。[②] 由此可见，分析是否存在紧密替代品在标准必要专利相关技术市场的界定上也非常重要。

一般而言，当一项专利技术被纳入标准，成为标准必要专利，其唯一性和不可替代性就已经建立，在标准必要专利相关市场的界定上，每一项标准必要专利都可以成为一个独立的技术市场。例如，Broadcom 公司诉 Qualcomm 公司案[③]、Apple 公司诉 Samsung 公司案[④]、华为公司诉 IDC 公司

---

① Antitrust Guidelines For the Licensing of Intellectual Property（Proposed Update）, Issued by the U. S. Department of Justice and the Federal Trade Commission, August 12, 2016.

② 原国家工商行政管理总局《关于禁止滥用知识产权排除、限制竞争行为的规定》第 3 条第 2 款，本规定所称相关市场，包括相关商品市场和相关地域市场，依据《反垄断法》和《国务院反垄断委员会关于相关市场界定的指南》进行界定，并考虑知识产权、创新等因素的影响。在涉及知识产权许可等反垄断执法工作中，相关商品市场可以是技术市场，也可以是含有特定知识产权的产品市场。相关技术市场是指由行使知识产权所涉及的技术和可以相互替代的同类技术之间相互竞争所构成的市场。

③ Broadcom Corp. v. Qualcomm Inc., 501 F. 3d 297（3rd Cir. 2007）.

④ 一审：东京地判平成 25. 2. 28 判时 2186 号 150 页，上诉审：知财高判平成 26. 5. 16 平成 25（ネ）10043。

案[①]、Apple 公司诉 Motorola 公司案[②]、Ericsson 公司诉 TCL 公司案[③]以及我国发展改革委处罚 Qualcomm 公司案[④]等，都认为专利技术被纳入标准成为标准必要专利之后，拥有了不可替代、独一无二的地位，都应构成单独的技术市场。[⑤] 在这种情况下，对标准必要专利替代品的分析至关重要。分析标准必要专利的合理替代性，需要分析包括紧密替代技术、紧密替代商品以及技术和商品本身的性质、消费者偏好等因素。但生产者在实施标准时，必然会使用标准必要专利，所以生产的产品也是符合该技术方案的，技术和商品本身的性质、消费者偏好等因素对于生产者没有太大影响，所以主要还是在标准必要专利的紧密替代技术和紧密替代品方面进行分析。ETSI 认为标准必要专利的替代性主要强调的是技术性，仅指技术上的替代。而 IEEE 则认为不仅要关注标准必要专利技术方面的因素，还要兼顾其商业方面的因素，两个维度的考虑缺一不可。[⑥] 这两种分析思路对于相关市场的界定可能产生较大的差异。若仅考虑技术因素，标准必要专利的相关市场应界定为其许可的相关市场，而若加入商业因素，则需要加入技术上不具有可替代性，但可以达到同样或类似商业效果的替代技术或商品，与标准必要专利共同构成相关市场。在反垄断司法、执法实务中，由于不同国家和地区的商业环境存在较大差异，对相关市场的界定存在很多的不确定性。

---

① 华为技术有限公司与 IDC 公司滥用市场支配地位纠纷上诉案，广东省高级人民法院（2013）粤高法民三终字第 306 号民事判决书。

② Apple, Inc. v. Motorola Mobility, Inc. , 886 F. Supp. 2d 1061, (W. D. Wis. 2012).

③ Ericsson Inc. v. TCL Communication Technology Holdings, LTD. , Case No. 2: 15 - cv - 00011 - RSP (E. D. Tex. March 2018).

④ 高通公司滥用无线标准必要专利许可市场和基带芯片市场支配地位案，中华人民共和国国家发展和改革委员会行政处罚决定书（发改办价监处罚〔2015〕1 号）。

⑤ 参见叶若思等：《标准必要专利权人滥用市场支配地位构成垄断的认定　评华为公司诉美国 IDC 公司垄断纠纷案》，载《电子知识产权》2013 年第 3 期，第 46 页。

⑥ 参见孟雁北、姜姿含：《标准必要专利定价行为的反垄断法规制研究》，载《价格理论与实践》2015 年第 2 期，第 31 页。

（4）相关研发市场的界定

研发市场（research and development markets）是美国《知识产权许可的反托拉斯指南》2016 年修订版中提出的新概念，如果一个知识产权许可可能对新开发的或改进的商品或方法产生不利的影响，则反垄断机构可以分析这种影响在单独的研发市场中的竞争效果。知识产权许可可能会对研发产生竞争影响，但这种竞争影响无法通过对商品或技术市场的分析来解决。相关研发市场在我国法律规定或文件中还没有对明确的规定，仅在《关于禁止滥用知识产权排除、限制竞争行为的规定》中指出界定相关市场时需要考虑创新因素的影响。研发市场在反垄断实务中还有一定的争议，知识产权乃至标准必要专利对研发所产生的竞争效果，已经无法通过对现有商品市场以及技术市场的分析进行充分评估，对地域市场上新的或改进商品或方法产生一定的影响时，也需要借助研发市场来进行分析。在对研发市场进行界定时，首先要对研发市场的独立竞争效果进行分析，明确研发市场中实际存在的或潜在的竞争对手，对其替代商品进行分析；其次对相关数据进行收集，包括但不限于研发参与者的重要程度、市场份额、购买者或市场参与者与竞争者的重要程度等，通过这些相关数据确定其在研发市场的份额；最后是将商品市场、技术市场与研发市场结合起来一并分析。

二、标准必要专利反垄断中市场支配地位的界定

（一）以市场份额为主的多因素界定需要

对于“市场支配地位”这一概念，不同国家和地区的表述并不一致。美国在表述“市场支配地位”时通常使用“垄断力”或“市场力量”的表述方式，欧盟则使用“市场支配力”的概念，日本使用“垄断状态”来表述，英国、德国以及我国台湾地区都使用“市场支配地位”这一表述[①]，我

---

① 参见王先林：《知识产权与反垄断法：知识产权滥用的反垄断研究》，法律出版社 2008 年版，第 203 - 258 页。

国大陆也采用“市场支配地位”这一表述方式。

对于“市场支配地位”这一概念的含义，同样在不同的国家和地区有着不同的理解。在美国，“垄断力”或“市场力量”是指“不受其他企业竞争的压力，能通过自己产量的变化影响市场定价的能力”①。这就体现出企业要具有市场支配地位，其在产量控制和定价能力上都要远远超过其他竞争企业（能够提供可替代商品或技术的生产者）。企业市场支配地位的认定受市场份额大小的直接影响，而产量和价格的直接体现就是在相关市场中该企业所占的份额。从经济学角度来看，将价格提高到竞争水平之上的能力通常被称为市场力量（market power），几乎所有的企业都具备一定的市场力量，所以，在反垄断领域所讲的市场力量应当指的是更高程度的垄断力量（monopoly power）。② 在欧盟，“市场支配力”并非指企业有能力控制市场或能够影响其他参与人的行为，而是指企业享有的一种“不受竞争机制充分制约的活动余地”。或者会使企业不面临竞争压力。③ 欧盟委员会《关于市场支配地位企业排他性滥用行为适用欧共体条约第 82 条的实施指南》中指出，经营者有能力在一个特定期限（一般情况为 2 年，具体时限取决于商品和市场的状态）内，以高于竞争者价格水平的方式赚取利润，反映出该经营者并未承受充足有效的竞争约束，有较大可能被认定具有市场支配地位。④这其实也说明欧盟对于市场支配力的理解就是企业在相关市场享有强势地位，可以凭借自身的力量，不受市场竞争的影响，能够独立实施市场策略的一种地位。我国对“市场支配地位”的界定与国际上的共识基本相符，并通过《反垄断法》《禁止滥用市场支配地位行为暂行规定》

---

① 参见王中美：《美国反托拉斯法精解》，上海交通大学出版社 2011 年版，第 92 页。

② 参见李剑：《市场支配地位认定、标准必要专利与抗衡力量》，载《法学评论》2018 年第 2 期，第 54 页。

③ 参见丁亚琦：《标准必要专利的反垄断规制研究》，湖南大学 2017 年博士学位论文，第 55 页。

④ Guidance on Com's Enforcement Priorities in Applying Art 82 to Abusive Exclusionary Conduct by Dominant Undertakings.

等法律文件作出了明确的界定，即在相关市场内，经营者具有能够控制商品数量、价格或者其他交易条件，或者具有能够影响、阻碍其他经营者进入相关市场能力的市场地位。[①]

在反垄断实践中，美国第四巡回法院在审理M &M Medical Supplies and Service, Inc. v. Pleasant Valley Hospital, Inc. 案[②]时提出了判断垄断力时经营者市场份额对应的三个标准：第一，经营者所占市场份额不足30%的，推定不构成垄断；第二，经营者所占市场份额在30% ~50%的，一般推定不构成垄断，但经营者有可能形成垄断或其行为使人产生反感时除外；第三，经营者所占市场份额超过50%，并且满足判断垄断的其他要素，可以推定构成垄断。[③] 欧盟通过反垄断实践也提出市场份额占比较低通常说明企业缺少市场竞争力，如果企业所占市场份额低于40%，通常该企业不会被推定为具有市场支配地位。[④]

通过欧美相关法律、政策以及实践可以看出，市场份额是认定经营者垄断力的一个重要的指标；但随着经营者竞争不断扩大，市场多元化以及经济全球化的快速发展，判断经营者市场支配地位也越来越复杂。即使一个经营者具有垄断力，其占有的市场份额也可能并非100%。[⑤] 经营者的市场支配地位已经不能仅仅依靠市场份额来认定，还需要结合其他指标综合判断。

（二）市场支配地位界定的方法

要确定企业市场支配地位是否被滥用，首先需要明确界定是否具有市

---

① 参见焦海涛：《论互联网行业反垄断执法的谦抑性——以市场支配地位滥用行为规制为中心》，载《交大法学》2013年第2期，第33页。

② M & M Medical Supplies v. Pleasant Valley Hospital, 981 F. 2d 160 (4 Cir. 1992).

③ 参见王中美：《美国反托拉斯法精解》，上海交通大学出版社2011年版，第101-102页。

④ 参见李煜：《标准必要专利滥用的反垄断法规制研究》，南京大学出版社2018年版，第81页。

⑤ 参见［美］理查德·A. 波斯纳：《反托拉斯法》（第2版），孙秋宁译，中国政法大学出版社2003年版，第228页。

场支配地位。国际上对市场支配地位界定的理解不同，提出过多种判断标准，如市场行为方案、市场结果方案和市场结构方案等。[①] 我国《反垄断法》第18条列举了认定经营者具有市场支配地位的六种因素[②]，第19条列举了推定经营者具有市场支配地位的三种情形。[③]

20世纪80年代美国多是直接将知识产权或知识产权产品推定为具有市场支配地位，在United States v. Loew's Inc. 案[④]中，法院判定被告具有市场支配地位主要就是依据被告拥有电影版权的事实。而后美国对知识产权市场支配地位重新进行了审视，并于1988年通过了《专利权滥用修正法案》，否定了知识产权等同于具有市场支配地位的观点，但却发展到了另一个极端，如在Jefferson Parish Hospital v. Hyde案[⑤]中，法院认定专利权人不具有市场支配地位，只需证明专利存在紧密替代品。直到1995年《知识产权许可的反托拉斯指南》出台，才纠正了前两种极端的认识，提出了知识产权市场支配地位界定的原则：第一，在判断违反反垄断法的问题上，知识产权应得到与其他财产权同等的对待；第二，知识产权的垄断性不能直接推断其具有市场支配地位；第三，即使具有市场支配地位，也不能直接认定其违反反垄断法，只有当其滥用市场支配地位并损害市场竞争时，才

---

① 参见刘筠筠：《知识产权许可限制性条款反垄断规制研究》，知识产权出版社2016年版，第112页。

② 《反垄断法》第23条："认定经营者具有市场支配地位，应当依据下列因素：（一）该经营者在相关市场的市场份额，以及相关市场的竞争状况；（二）该经营者控制销售市场或者原材料采购市场的能力；（三）该经营者的财力和技术条件；（四）其他经营者对该经营者在交易上的依赖程度；（五）其他经营者进入相关市场的难易程度；（六）与认定该经营者市场支配地位有关的其他因素。"

③ 《反垄断法》第24条："有下列情形之一的，可以推定经营者具有市场支配地位：（一）一个经营者在相关市场的市场份额达到二分之一的；（二）两个经营者在相关市场的市场份额合计达到三分之二的；（三）三个经营者在相关市场的市场份额合计达到四分之三的。有前款第二项、第三项规定的情形，其中有的经营者市场份额不足十分之一的，不应当推定该经营者具有市场支配地位。被推定具有市场支配地位的经营者，有证据证明不具有市场支配地位的，不应当认定其具有市场支配地位。"

④ See United States v. Loew's Inc. , 371 U. S. 38, 6 (1962).

⑤ See Jefferson Parish Hospital District No. 2 v. Hyde, 465 U. S. 2, 16 (1984).

可以受反垄断规制。[①] 欧盟对于知识产权市场支配地位的认识与美国趋同，同样认为知识产权权利人并不必然拥有市场支配地位。在德国留声机案[②]中，欧盟法院认为录音制品企业发行其具有版权邻接权的知识产权产品并不能认定其具有《欧共体条约》第82条所指的市场支配地位，要违反该法令，还需要分析企业在损害市场竞争上的市场支配力大小。[③]

企业是否具有市场支配地位与其所拥有的知识产权在相关市场占有的市场份额密切相关。根据美国现行反垄断法律规定，企业占相关市场份额超过75%，将被认定具有市场支配地位；市场份额在50%～75%，需要其他相关证据予以支持，才可以认定具有市场支配地位；市场份额低于50%，一般认为不具有市场支配地位。而欧盟的理念与美国不同，其认为即使企业仅拥有不足50%市场份额，也有可能具有市场支配地位，此时需要对相关市场竞争者的市场份额进行审查，并同时考虑市场进入障碍，如United Brands案[④]中，涉案企业拥有40%～45%的市场份额，不足50%，但其最紧密的竞争者所占市场份额也仅有16%，故最终依然认定涉案企业具有市场支配地位。[⑤] 我国2019年发布的《国务院反垄断委员会关于知识产权领域的反垄断指南》第14条规定了拥有知识产权的经营者是否具有支配地位的判定标准。

在市场支配地位界定的因素中，市场份额是最重要的因素之一。美国Microsoft公司反垄断案中，联邦地方法院认定Microsoft公司的Windows操作系统在全球市场具有市场支配地位，主要依据是Microsoft公司在近10年

---

① 参见王先林：《知识产权与反垄断法：知识产权滥用的反垄断问题研究》，法律出版社2008年版，第106－108页。

② EuGH v. 08. 06. 1971 – Rs. 78/70 (Deutsche Gramrnophon/Metro), Slg. 1971, 487 (499).

③ 参见龙柯宇：《滥用知识产权市场支配地位的反垄断规制》，西南财经大学2012年博士学位论文，第101－104页。

④ Case 27/76, United Brands Co. and United Brands Continental BV v. Commission, [1978] E. C. R. 207, [1978] 1 CMLR 429.

⑤ 参见冯江：《中国知识产权滥用之反垄断反制实务》，法律出版社2018年版，第31页。

的市场份额都超过90%且逐年上升，即使将Apple公司的MAC操作系统也纳入相关市场进行分析，Microsoft公司的市场份额仍然超过80%。美国联邦地方法院就是基于Microsoft公司所占的高市场份额认定其具有市场支配地位。[①] 国家发展和改革委员会在Qualcomm公司反垄断处罚案中，认定Qualcomm公司具有市场支配地位，最主要的理由就是Qualcomm公司在相关市场占有100%的市场份额。国家发展和改革委员会认为Qualcomm公司持有的CDMA、WCDMA和LTE标准必要专利许可均独立构成相关产品市场，覆盖特定的无线通信技术市场，Qualcomm公司占有100%的市场份额，推定Qualcomm公司在该市场具有市场支配地位。[②]

界定市场支配地位的方法多从经营者所占市场份额的角度进行分析，但市场份额并不是判断经营者市场支配地位的唯一标准。市场竞争是不断变化的，企业的市场力量也是受多种因素左右的，市场份额仅能提供一个静态的市场占比状态，无法反映动态的市场变化情况。若仅从市场份额的角度进行判断会出现诸多不确定的因素，所以需要结合其他多种影响因素进行分析。美国在界定市场支配地位时主要分析市场占有率、进入障碍以及消费者的替代性选择等因素。欧盟委员会认为对价格的控制能力以及竞争者的实力等因素也需要予以考虑。我国《反垄断法》及其配套规定也提出了认定市场支配地位需要考虑的六种因素。

对知识产权市场支配地位的认定，应重点考察市场份额、对创新的促进、技术变化及推广的影响、进入市场的难易程度、消费者限制等因素。[③] 在国家发展和改革委员会对Qualcomm公司反垄断处罚案中，除了对Qualcomm公司市场份额的分析，还进行了其他几个方面的分析：第一，

---

① United States v. Microsoft Corp., 84 F. Supp. 2d 9 (D. D. C. 1999), Microsoft Corp. v. United States, 530 U. S. 1301 (2000).

② 参见《中华人民共和国国家发展和改革委员会行政处罚决定书（发改办价监处罚〔2015〕1号）》，载《中国价格监管与反垄断》2015年第3期，第6页。

③ 参见冯江：《中国知识产权滥用之反垄断反制实务》，法律出版社2018年版，第31页。

Qualcomm 公司有数量庞大的标准必要专利被许可人，且专利许可条件基本为 Qualcomm 公司单方制定，有能力影响其他经营者进入相关市场，对许可费率、许可条件进行强势控制；第二，借助标准的实施，使 ICT 领域标准实施者生产销售符合 CDMA、WCDMA 以及 LTE 等技术标准的产品时，必须使用 Qualcomm 公司的专利组合，具有高度的依赖性，所以 Qualcomm 公司具有极强的市场支配力量；第三，CDMA、WCDMA 以及 LTE 等技术标准的实施，实际上减少了竞争，其他技术不可能再被纳入标准，而要使 ICT 领域运营商或制造商放弃使用标准改用其他技术也是不可能实现的，所以其他竞争技术很难进入相关市场。①

（三）标准必要专利市场支配地位的界定

标准必要专利不同于一般的专利，较一般的知识产权也有其特别之处。在认定知识产权市场支配地位时，应重点考察市场份额、技术变化及推广的影响、对创新的促进、消费者限制、进入市场的难易程度等因素。②《国务院反垄断委员会关于知识产权领域的反垄断指南》对拥有知识产权的经营者在相关市场上是否具有支配地位的判定标准进行了规定，对认定拥有标准必要专利的经营者是否具有市场支配地位也作出了规定。③

从国家发展和改革委员会对 Qualcomm 公司反垄断处罚案来看，界定标准必要专利权人市场支配地位，除了对市场份额的考察外，还应当对标准必要专利权人的市场影响力进行分析，具体内容可以概括为以下三个方面：第一，标准的市场影响力。一项标准，如果得到了广泛的推广，成为国家标准乃至国际标准，那么标准必要专利权人将借助该标准的影响力迅速拥

① 参见李煜：《标准必要专利滥用的反垄断法规制研究》，南京大学出版社 2018 年版，第 83－84 页。

② 参见冯江：《中国知识产权滥用之反垄断反制实务》，法律出版社 2018 年版，第 31 页。

③ 《国务院反垄断委员会关于知识产权领域的反垄断指南》第 13 条、第 27 条。

有强大的市场支配地位。第二，标准间的竞争关系。同一相关市场可能存在多个可替代的标准体系，比如2G标准GSM和CDMA，3G标准WCDMA和CDMA2000以及TD - SCDMA等，运营商和制造商可以选择不同的标准，消费者也会根据价格和服务选择不同的标准以及运营商和制造商，同时，在2G、3G、4G、5G标准共存的情况下，运营商、制造商以及消费者的选择都会不同，这就相对减弱了标准必要专利权人的市场力量。第三，技术的发展。随着科技的发展，技术的更新速度与日俱增。技术的发展会带来额外的利益或冲击，需要从正反两个角度进行分析。首先，技术的发展有可能为标准必要专利权人带来额外的利益。在分析市场支配地位时，不要仅关注标准为其带来的市场份额，还要关注这些标准必要专利权人是否已经具备了超越现有标准的新技术，是否对标准必要专利权人维持现有市场份额，甚至阻止竞争者进入市场，提升其现有市场份额有一定的作用。其次，技术的发展可能为标准必要专利权人带来一定的阻力或冲击。标准总是随着技术的发展而发展。由于新技术的出现，相关标准可能会进行更新，将新技术纳入标准或制定新的标准，这就可能对现存标准必要专利权人的市场地位造成影响。虽然标准必要专利具有锁定效应，生产商转向的成本较高，但还是会给标准必要专利权人带来一定的冲击。①

总而言之，一般情况下，被标准采纳的专利应当是实施标准所必要的、必不可少的专利。标准必要专利本身的这种特性决定了其在所处的相关许可市场内缺乏替代品及竞争性。因此，国内外反垄断的相关司法及执法案件中往往将标准必要专利技术许可市场直接界定为相关市场，且专利权人在该市场中占有100%的市场份额，因而推定或者直接认定其在该市场上具

① 参见丁亚琦：《标准必要专利的反垄断规制研究》，湖南大学2017年博士学位论文，第57 - 60页。

有支配地位。[①]

三、标准必要专利反垄断中滥用市场支配地位的认定

市场的经济规则本质上就是优胜劣汰的规则。企业为了能在市场竞争中存活，必须不断创新，提高商品质量，降低商品价格，优化售后服务，以期能够在市场中取得一定的优势地位。在市场竞争中，企业面对各方压力，难免会排斥竞争，甚至希望通过获得市场支配地位来影响、控制竞争。

在反垄断体系中，企业在相关市场具有市场支配地位并不必然违法，只有“滥用”其市场支配地位才需要承担相应的法律责任。[②] 欧盟委员会在《关于市场支配地位企业排他性滥用行为适用欧共体条约第 82 条的实施指南》就明确指出，企业具有市场支配地位本身并不违法，企业有权利用市场优势进行竞争，但其行为不得损害（欧洲）共同市场的有效竞争[③]。即所谓的非法垄断化。美国《谢尔曼法》禁止企业单方面企图垄断（attempts to monopolize）或垄断化（monopolization），也就是企业只要不是使用非法手段获取垄断势力或者维持垄断势力就没有违反《谢尔曼法》。因此，企业具有市场支配地位并不违法，只有滥用市场支配地位以限制竞争、排斥竞争时才是非法的，所以对企业“滥用”行为的分析在反垄断案件中至关重要。

（一）滥用市场支配地位的竞争性考虑

1. 标准必要专利滥用市场支配地位的特殊性

OECD 发布的《产业组织经济学和竞争法术语汇编》（Glossary of In-

---

① 参见王先林：《涉及专利的标准制定和实施中的反垄断问题》，载《法学家》2015 年第 4 期，第67－68 页。

② 参见李剑：《市场支配地位认定、标准必要专利与抗衡力量》，载《法学评论》2018 年第 2 期，第 54 页。

③ Guidance on Com's Enforcement Priorities in Applying Art 82 to Abusive Exclusionary Conduct by Dominant Undertakings.

dustrial Organization Economics and Competition Law）中，滥用市场支配地位是指具有市场支配地位的企业为了维持或增强其市场地位，实施的限制竞争等滥用或其他独占性的商业行为。[①] 此定义被加拿大、欧盟等国家和地区认可。[②] 我国《反垄断法》没有直接对滥用市场支配地位进行定义，但在学界以及政府文件中同样认为，滥用市场支配地位是指具有市场支配地位的企业为维持或增强其市场支配地位而实施的具有排除、限制竞争的行为。[③] 由此可见，对于"滥用"的界定，实质上应该是对企业行为是否损害市场竞争的判断。

滥用知识产权（abuse of intellectual property）的概念源于英国专利法，最初是为了规制专利权人不行使其专利权或不充分行使专利权的行为。随着社会的进步与发展，越来越多的案件凸显出了更多的问题，滥用知识产权的外延也越来越大。专利的特性之一就是排他性，而一旦成为标准必要专利，其排他性更是得到了加强。标准必要专利权人滥用市场支配地位可能形成市场壁垒，结合标准的实施，阻碍其他竞争者的进入或增加竞争者的成本。因此，必须对其进行反垄断规制。

通过对不同国家和地区的法律规定及相关案例进行分析可知，标准必要专利滥用市场支配地位的行为具有以下特点：第一，主体特定。[④] 此处的主体可以是单一主体，也可以是多个主体共同实施滥用行为。第二，需要持续存在一定的时间。短暂的垄断状态通常不具有真正的滥用风险，只有长时间处于市场支配地位的专利权人才可能对正常的市场竞争有阻碍作用。第三，需要达到一定的市场规模或产生一定影响。在世界不同国家和地区

---

① Glossary of Industrial Organisation Economics and Competition Law, Organization for Economic Co – operation and Development.

② 参见龙柯宇：《滥用知识产权市场支配地位的反垄断规制》，西南财经大学 2012 年博士学位论文，第 111 – 112 页。

③ 参见闫娜：《标准与标准必要专利研究》，知识产权出版社 2019 年版，第 233 页。

④ 参见王磊：《市场支配地位的认定与反垄断法规制》，中国工商出版社 2006 年版，第 58 页。

滥用标准必要专利市场支配地位的反垄断实践中，涉案主体均为大型企业，在业内具有较大影响力。第四，行为具有反竞争性。标准必要专利权人为了限制和排除竞争而滥用市场支配地位，其目的和结果均损害了市场竞争的公平性。

2. 标准必要专利滥用市场支配地位的反竞争效果

标准必要专利滥用市场支配地位的反竞争效果主要体现在两个方面：第一，排挤竞争对手。市场的有效竞争可以促进企业不断提高商品质量、降低商品价格、完善售后服务，进而推动整个社会、经济的发展和技术的进步。[①] 但企业为了实现利益的最大化，总是希望能够取得相关市场的市场支配地位，并利用这种竞争优势，限制、排挤竞争对手，通过控制竞争，可以不再需要在产品或技术上与竞争者进行竞争，导致市场竞争失调。第二，损害消费者利益。企业滥用市场支配地位会导致市场竞争失调，商品价格与其质量、服务产生一定的落差，对于社会来讲，竞争减少，创新减慢，商品价格升高，消费者的合法利益遭受损失。[②]

（二）标准必要专利滥用市场支配地位的剥削性行为与排他性行为

《欧盟运行条约》第 102 条对企业滥用市场支配地位作出了规定：禁止的一个或多个企业在内部市场或在其占主导地位的任何市场滥用支配地位的行为，并列举了四种滥用行为的方式。[③] 美国《谢尔曼法》第 2 条也是对

---

① 参见李小明：《滥用市场支配地位法律规制研究》，知识产权出版社 2008 年版，第 14 页。

② 参见李煜：《标准必要专利滥用的反垄断法规制研究》，南京大学出版社 2018 年版，第 77－78 页。

③ 第一，以直接或间接方式强行规定收购或销售价格或其他不公平的贸易条件；第二，限制生产、销售或技术发展从而损害消费者利益；第三，对与其他贸易方的同等交易采用不同的条件，从而使其在竞争中处于劣势地位；第四，以另一方接受补充义务为条件订立合同，补充义务是依据性质或商业惯例，与该合同的目标没有任何关系。Consolidated version of the Treaty on the Functioning of the European Union – Article 102 （ex Article 82 TEC）， https：//eur – lex. europa. eu/legal – content/EN/TXT/？ qid = 1581256996856&uri = CELEX：12008E102，（last visited Feb 9，2020）.

相关市场的垄断、企图垄断或垄断化的规定。我国《反垄断法》第 22 条明确列举了七种滥用市场支配地位的行为。①

欧盟竞争法理论将滥用市场支配地位的行为分为剥削性行为和排他性行为两大类。剥削性行为是指为谋取垄断利润而剥削上下游企业或消费者的行为；而排他性行为是指为谋取垄断利润而排挤或阻碍竞争对手的行为。结合我国《反垄断法》对滥用市场支配地位行为的分类，剥削性行为包括过高定价和歧视性销售，而排他性行为包括掠夺性定价、拒绝交易、限定或指定交易、搭售。在反垄断实务中，排他性行为也具有剥削性，两者的区分应是相对的。剥削性行为可以理解为对有纵向交易关系的相对方的挤压行为，而排他性行为是对有横向竞争关系的相对方的排挤、限制行为。②

知识产权对创新有重要的激励作用，标准必要专利更是对经济以及社会整体利益的增长有相当程度的促进作用，但有正向作用也绝不可以滥用其市场支配地位损害市场的正常竞争秩序。事实上，专利在成为标准必要专利之后，随之产生的锁定效应使其专利的排他性进一步增强，所以标准必要专利滥用市场支配地位的剥削性行为与排他性行为对市场竞争的危害性更大。标准必要专利滥用市场支配地位的剥削性行为与排他性行为同样是以过高定价、歧视性销售以及掠夺性定价、搭售、限定或指定交易、拒绝交易等形式表现出来。

---

① 《反垄断法》第 22 条："禁止具有市场支配地位的经营者从事下列滥用市场支配地位的行为：（一）以不公平的高价销售商品或者以不公平的低价购买商品；（二）没有正当理由，以低于成本的价格销售商品；（三）没有正当理由，拒绝与交易相对人进行交易；（四）没有正当理由，限定交易相对人只能与其进行交易或者只能与其指定的经营者进行交易；（五）没有正当理由搭售商品，或者在交易时附加其他不合理的交易条件；（六）没有正当理由，对条件相同的交易相对人在交易价格等交易条件上实行差别待遇；（七）国务院反垄断执法机构认定的其他滥用市场支配地位的行为。本法所称市场支配地位，是指经营者在相关市场内具有能够控制商品价格、数量或者其他交易条件，或者能够阻碍、影响其他经营者进入相关市场能力的市场地位。"

② 参见万江：《中国反垄断法：理论、实践与国际比较》（第 2 版），中国法制出版社 2017 年版，第 125 – 126 页。

（三）以合理原则为主的标准必要专利滥用市场支配地位分析方法

从标准必要专利反垄断实践来看，涉及标准必要专利的反垄断案件基本上与标准必要专利权人滥用市场支配地位有关。例如，美国 Microsoft 公司诉 Motorola 公司案、TCL 公司诉 Ericsson 公司案、我国华为公司诉 IDC 公司案、Qualcomm 公司反垄断案等都涉及滥用市场支配地位的问题。这些问题会抑制创新、公平竞争、损害消费者利益乃至整个社会的公共利益。在审查标准必要专利滥用市场支配地位行为时，主要使用两种方法来进行认定，分别为本身违法原则（Rule of Per se Illegal）和合理原则（Rule of Reason）。标准必要专利滥用市场支配地位行为主要使用合理原则来进行认定。

合理原则与本身违法原则是美国在其 100 多年的反垄断司法实践中逐步确立的两个基本的分析原则。本身违法原则是指一个行为已经明确被法律认定为违法行为，一旦这种行为再次出现，没有必要再对该行为的合理性进行分析，而应当直接认定该行为违法。但标准必要专利滥用市场支配地位的行为是复杂多变的，本身违法原则难以适用于该领域。合理原则在标准必要专利反垄断规制中运用地更为广泛。合理原则指的是某一行为被指控涉嫌限制、排除市场竞争，但这一行为并不必然违反反垄断法，还需要对其行为本身及相关因素进行综合分析判断，并从该行为为市场竞争带来的积极效率和损害市场竞争的反竞争效果的大小判断其是否违法。合理原则采用的是衡量利益、权衡利弊的分析方法，本质就是对某一行为促进经济效率和反竞争效果之间的权衡与比较。标准必要专利垄断行为对竞争限制的效果并不确定，涉及的因素种类繁多，需要利用合理原则综合分析。

标准必要专利不只产生反竞争的效果，也可能具有一定的合理性，如出于消费者安全与健康的考虑或基于技术提升和促进效率的考虑等。[①] 所

① 参见吴太轩：《技术标准化的反垄断法规制》，法律出版社 2011 年版，第 148 页。

以，判断滥用市场支配行为是否违反反垄断法，应当通过合理原则进行分析，权衡该行为所产生的竞争效率与反竞争效果，最终综合判断该行为是否违反反垄断法。在2019年FTC诉Qualcomm公司案①中，法院采取合理原则对Qualcomm公司的行为是否构成垄断进行分析。在庭审中，法院首先让FTC证明Qualcomm公司具有限制竞争的可能性且产生了反竞争效果（通过证明Qualcomm公司具有市场支配力并对相关市场造成损害）。然后让Qualcomm公司证明其行为促进竞争效率高于其反竞争效果。在此基础上，FTC和Qualcomm公司依次反复进行质证与答辩。最终法院经过综合判断，认定Qualcomm公司的行为构成垄断，这也是Qualcomm公司的商业模式在美国本土首次被认定为垄断行为。

当然，除使用合理原则认定标准必要专利滥用市场支配地位行为外，还需要遵循个案分析法。一般认为，标准必要专利权人在相关市场中当然具有市场支配地位，获得市场垄断力。但事实上，专利被纳入标准，并不一定能够获得支配性的市场力量。一个标准中包含成百上千的标准必要专利，每一个标准必要专利权人的交易情况更是差异巨大。在对标准必要专利权人是否滥用市场支配地位进行判断时，需要坚持个案分析，对案情仔细斟酌，在充分审查各种复杂的因素后再进行合理、全面的判断。

第二节 涉及标准必要专利的垄断协议反垄断分析进路

垄断协议是多个经营者合意限制竞争的行为。美国《谢尔曼法》第1

① Federal Trade Commission, Plaintiff - Appellee, v. Qualcomm Incorporated, Defendant - Appellant, Case: 19 - 16122, 07/16/2019.

条规定了经营者间限制竞争的协议行为[①]，《欧盟运行条约》第101条规定了经营者之间的共谋行为,[②]，我国《反垄断法》第2章也对垄断协议行为进行了规定。[③] 垄断协议因其对自由竞争秩序有很大的危害，在世界各国和地区都受到严格的限制。在标准领域，专利权人联合限制竞争对手或标准组织内部成员损害市场公平竞争秩序以及标准实施者的利益，对标准的制定与实施产生不利影响，造成对社会公共利益损害。因此，本节尝试对垄断协议的反竞争性、认定及其豁免进行分析，明确涉及标准必要专利垄断协议反垄断分析进路。

一、垄断协议的反竞争效果

垄断协议是经营者之间的协议行为，但协议行为并非对竞争仅有阻碍作用，很多情况下也具有积极的促进作用，所以对垄断协议竞争效果的认定是比较复杂的。对于参与协议的经营者来说，垄断协议具有两面性：一方面，经营者通过协议提高价格，获取垄断利润；另一方面，其他经营者随着协议经营者产品价格的升高也扩大生产，所以说垄断协议“孕育着毁灭自己的种子”[④]。

对垄断协议反竞争效果进行判断，需要分析其危害性与正当性。[⑤] 垄断协议的危害性主要是对公平竞争秩序的破坏。市场需要公平的竞争秩序来优化配置市场资源。而垄断协议介入市场竞争，甚至排除、限制自由竞争，导致市场调剂机制失效。垄断协议之外的经营者因为被限制，导致竞争力下降，而协议经营者则因为缺少竞争怠于继续创新、提高效率，最终导致

---

① Sherman Antitrust Act (1890) Section 1.

② Treaty on the Functioning of the European Union – Article 101.

③ 《反垄断法》第16～21条。

④ 参见［美］理查德·A. 波斯纳：《反托拉斯法》（第2版），孙秋宁译，中国政法大学出版社2003年版，第46页。

⑤ 参见王玉辉：《垄断协议规制制度》，法律出版社2010年版，第82页。

消费者和社会整体利益受损。垄断协议的正当性主要在经营者可以通过协议提高效率。例如，一些协议行为可以使经营者扩大规模，降低成本，促进产品的销售以及对市场压力与过度竞争进行调节。这些正当的、积极的方面也是消费者和社会所需要的。①

二、涉及标准必要专利的垄断协议的认定

（一）垄断协议认定的比较分析

虽然竞争对经济的发展具有巨大的推动作用，但人们往往既希望从他人的竞争中得到实惠，又想避免竞争为自己带来风险；所以经营者或多或少都有限制竞争的倾向。除具有市场支配地位的经营者滥用其优势地位限制竞争外，经营者还可能通过协议或默契共同限制竞争。垄断协议由双方或多方共同实施，而滥用市场支配地位大多由单个经营者实施。我国《反垄断法》第 2 章对垄断协议作出了明确的界定。

首先，垄断协议行为的主体应为两个或两个以上的经营者。其次，经营者应有共谋的行为，有共同限制的意思表示并形成了一致的行动。共谋有协议和默契两种类型。这里的协议可以是有形的协议，也可以是无形的口头约定；而默契则是心照不宣的协调行动。有书面协议的垄断协议比较容易认定，缺少直接证据的意思表示则很难认定。所以，为了解决认定中的实际困难，在认定协议意思时，不一定要有具体的事实，可以通过一致行动的结果间接证明共谋的意思。经营者之间的协议行为是非常普遍的，但要构成违法就需要有不正当的条件，除固定价格等本身违法情形外，其余的需要通过合理原则进行分析，以确定其是否违法。②

在美国，《谢尔曼法》第 1 条涉及了垄断协议的形式。在对垄断协议进

---

① 参见李晓颖：《垄断协议的反垄断理论与政策》，载《中国物价》2013 年第 6 期，第 12 页。

② 参见王先林：《知识产权与反垄断法：知识产权滥用的反垄断问题研究》，法律出版社 2008 年版，第 265 页。

行判断时，美国主要依赖普通法的合同公式。波斯纳（R. A. Posner）法官曾对共谋的经济学路径进行阐述，即首先判断有利于共谋的条件，再对是否存在共谋的行为进行判断，并且列出了在没有证据的情况下可以通过14种经济证据佐证共谋的存在。[①]《欧盟运行条约》第101条对共谋行为作出了规定，在有协议存在的证据的情况下，争议焦点一般在协议是否应受《欧盟运行条约》第101条的规制。欧盟对协议的认识主要是经营者的合意，只要求有联合实施某行为的意愿，而不论其采取有形或无形的协议形式。但对于经营者间的信息交换，则采取较为严厉的态度。不论是美国还是欧盟，垄断协议最主要关注的还是合意，都采取了宽泛的标准来界定。其中美国比欧盟的标准更为模糊，法官的自由裁量空间大，欧盟对合意的理解更为清晰。[②] 我国国家市场监督管理总局于2019年公布、2022年修改的《禁止垄断协议暂行规定》第6条规定了认定协议行为的四个因素。[③] 判断协议行为时，经营者有说明其行为合理性的权利，对协议行为的分析应采用合理原则综合考虑当事人与市场竞争的现实状态。

（二）涉及标准必要专利的垄断协议认定的规则分析

垄断协议可以从不同的角度进行分类，最基本的是根据参与垄断协议的经营者是否存在竞争关系，通常将垄断协议分为纵向垄断协议与横向垄断协议。纵向垄断协议是具有买卖关系的经营者共谋实施限制竞争的行为，

---

① 参见［美］理查德·A. 波斯纳：《反托拉斯法》（第2版），孙秋宁译，中国政法大学出版社2003年版，第92-108页。

② 参见万江：《中国反垄断法：理论、实践与国际比较》，中国法制出版社2017年版，第55-60页。

③ 《禁止垄断协议暂行规定》第6条："认定其他协同行为，应当考虑下列因素：（一）经营者的市场行为是否具有一致性；（二）经营者之间是否进行过意思联络或者信息交流；（三）经营者能否对行为的一致性作出合理解释；（四）相关市场的市场结构、竞争状况、市场变化等情况。"

横向垄断协议是具有竞争关系的经营者共谋实施限制竞争的行为。[①] 由于两种垄断协议在限制竞争的性质与程度方面具有差异，不同国家和地区都分别对其进行规制。通常情况下，对纵向垄断协议的规制相对宽松[②]，而对横向垄断协议则更为严格。[③] 但《谢尔曼法》和《欧盟运行条约》都没有直接体现两者的区别，而是通过实践和指南、指令等文件[④]进行区分。我国《反垄断法》同样没有将两种垄断协议直接表述出来，但在第17条和第18条分别对其进行了规定。在标准必要专利领域，专利权人自行实施与许可他人使用专利通常并存且竞争关系交错，这两种协议往往难以区分。[⑤] 故本书对涉及标准必要专利的垄断协议的分析不区分横向或纵向垄断协议。

涉及标准必要专利的垄断协议主要通过本身违法原则和合理原则进行分析。本身违法原则适用于垄断协议行为本身就是非法行为。[⑥] 合理原则是指除了本身就是非法的垄断协议之外，对其他垄断协议违法性的判断需要根据竞争、市场、当事人等具体情况进行综合分析。对于涉及标准必要专利的垄断协议适用何种规则，并不能一概而论。根据我国《反垄断法》对垄断协议的规定，协议具有排除、限制竞争的效果是其判断的关键。[⑦]《最高人民法院关于审理因垄断行为引发的民事纠纷案件应用法律若干问题的规定》对垄断协议案件的诉讼流程进行了详细的规定，其第7条对特定横

---

① 参见王先林：《知识产权与反垄断法：知识产权滥用的反垄断问题研究》，法律出版社2008年版，第266－268页。

② 对纵向垄断协议中价格限制行为的规制仍然比较严格。

③ 参见王先林：《论我国垄断协议规制制度的实施与完善——以〈反垄断法〉修订为视角》，载《安徽大学学报（哲学社会科学版）》2020年第1期，第109页。

④ 如《关于横向合作协议适用〈欧盟运行条约〉第101条的指南》（Guidelines on the applicability of Article 101 of the Treaty on the Functioning of the European Union to horizontal co－operation agreements）。

⑤ 参见穆颖：《垄断协议与专利许可交叉问题研究》，载《科技与法律》2013年第4期，第12页。

⑥ 参见王晓晔主编：《中华人民共和国反垄断法详解》，知识产权出版社2008年版，第92页。

⑦ 参见李煜：《标准必要专利滥用的反垄断规制研究》，南京大学出版社2018年版，第56－57页。

向垄断协议进行了举证责任倒置。标准必要专利权人需要对协议不具有排除、限制竞争的效果承担举证责任。

三、涉及标准必要专利的垄断协议的豁免制度

为避免一些对竞争有促进作用的垄断协议被反垄断法制裁，大部分的国家和地区对垄断协议的豁免制度进行了规定，并且由于这部分垄断协议具有积极作用，能够有助于经济的发展以及社会公共利益的提高，所以对特定行为豁免是垄断协议规制中一项非常重要的内容。但近些年，不同国家和地区对垄断协议的豁免范围进行了越来越多不同程度的限制。[①] 美国对垄断协议的豁免在个案中采用合理原则进行具体判断，在其《知识产权许可的反托拉斯指南》第 4. 2 条中对涉及知识产权的豁免有详细的规定，并在其第 4. 3 条中对安全区进行了规定。[②] 《欧盟运行条约》第 101 条第 3 款规定了四个可以得到豁免的条件。[③] 在同时满足这四个条件的前提下，还要满足对竞争的影响必须可见。欧盟还根据特定比例设置了安全港，在安全港内，其对竞争的影响可以不予追究。[④] 2014 年，欧盟发布《关于对各种技术转让协议适用〈欧盟运行条约〉第 101 条第 3 款的委员会第 316/2014 号条例》第 2 条对垄断协议的豁免和安全港规则进行了更为详细、具体的规定。[⑤] 我国《反垄断法》第 20 条对垄断协议的豁免作出了规定，《禁止垄断协议暂行规定》第 27 条、第 28 条对判断是否属于《反垄断法》第 20 条

---

① 参见王先林：《论我国垄断协议规制制度的实施与完善———以〈反垄断法〉修订为视角》，载《安徽大学学报（哲学社会科学版）》2020 年第 1 期，第 109 页。

② 参见尚明：《主要国家（地区）反垄断法律汇编》，法律出版社 2004 年版，第 270 – 271 页。

③ Treaty on the Functioning of the European Union – Article 101 (3).

④ 参见王先林：《知识产权与反垄断法：知识产权滥用的反垄断问题研究》，法律出版社 2008 年版，第 272 – 273 页。

⑤ Text with EEA relevance, *COMMISSION REGULATION (EU) No* 316/2014 *of* 21 *March* 2014 *on the application of Article* 101 (3) *of the Treaty on the Functioning of the European Union to categories of technology transfer agreements*, Official Journal of the European Union, 28. 3. 2014.

规定了具体的考虑因素，并规定对属该情形的垄断协议应当终止调查。《关于禁止滥用知识产权排除、限制竞争行为的规定》第4条对知识产权领域适用《反垄断法》第20条进行了规定，并在第5条借鉴欧美安全港制度，规定了我国两类垄断协议的安全港。

标准必要专利权人实施垄断协议同样可以充分适用豁免条款，在具体分析过程中，应结合标准必要专利的特殊性，比如：第一，统一的标准对规模化、标准化生产有促进作用，可以提高产品质量，降低成本；第二，统一的标准是统一质量保障，消费者可以通过比较产品或服务各方面的质量，将不能达到标准要求的劣质产品或服务淘汰；第三，可以提高产品或服务的兼容性，减少对特定产品或服务的依赖，有利于促进同类产品的竞争。标准化实际上就是经营者之间合作的过程，其对社会整体效益的贡献是确定垄断协议豁免的重中之重。标准必要专利的垄断协议与一般专利的垄断协议相比，被认定具有反竞争效果的概率更高。但在垄断协议规制的法律制度方面，对一般专利的规制并无不同，也都是适用相同的法律规则，不能仅因为涉及标准必要专利就认定垄断协议具有反竞争性，当然，同样也不能因为标准必要专利对社会效益的积极贡献而得到豁免。[①] 对涉及标准必要专利垄断协议反竞争效果的审查应更为细致、谨慎。

---

① 参见李煜：《标准必要专利滥用的反垄断规制研究》，南京大学出版社2018年版，第57－60页。

第三章

标准制定中专利权人垄断行为的反垄断规制比较研究

由于标准具有公共属性，而专利具有私有属性，两者天然的冲突决定了标准中应尽量不纳入专利技术，在标准出现初期也确实是这么设定的。随着科技的飞速发展，尤其是ICT的日新月异，标准中不纳入专利技术会严重影响标准的先进性，故在标准制定过程中不可避免地会涉及相关专利技术。标准必要专利涉及的垄断行为并不是单一的。在标准制定过程中，标准必要专利垄断行为主要表现为专利权人的欺诈行为和垄断协议两种，因此，本章主要从这两种行为的反垄断规制展开分析。

第一节　标准制定中专利权人欺诈行为的反垄断规制

一直以来，欺诈行为基本上通过原《侵权责任法》、原《合同法》以及《刑法》来规制，后来《反不正当竞争法》成为独立的部门法，欺诈行为作为误导不公平竞争的形式受《反不正当竞争法》的约束。纵观历史，欺诈行为一直未进入我国《反垄断法》的规制范畴。

近年来，标准制定中专利权人实施欺诈行为意图垄断、限制竞争的效果已为世界多个国家和地区反垄断机构所关注，理论界和实务界也开始就此问题展开讨论与实践。在标准制定中，专利权人为了将自己的专利技术加入标准，成为标准必要专利，甚至采取欺诈行为获取有利的竞争优势，谋求或维持垄断力量，这就产生了反垄断的问题。[①] 美国不同的法院对待标准制定中欺诈行为的反垄断有不同的态度：一种如美国第三巡回法院在

---

① 参见刘进：《反垄断法视野中的欺诈行为》，载《南京大学学报（哲学·人文科学·社会科学）》2018年第1期，第51－53页。

Broadcom 公司诉 Qualcomm 公司案[①]中的严厉态度，其为标准制定中的欺诈行为适用反垄断法设定了四个条件[②]；另一种是哥伦比亚特区巡回法院在 Rambus 公司诉 FTC 案[③]中的宽松态度，其为欺诈行为设立了安全港。[④] 虽然域外法院对标准制定中欺诈行为的反垄断规制持不同的态度，但基本上对此类欺诈行为会导致垄断化，应受到反垄断规制没有异议。[⑤]

我国学者对于标准制定中专利权人欺诈行为的研究，主要是从专利权人对其专利信息披露的角度展开的。但目前的研究主要集中在对标准制定组织专利信息披露政策的解读、专利信息披露的基本要素等方面，尚未从不同法域对专利权人的欺诈行为的反垄断规制路径进行比较和分析。在标准制定过程中专利权人的欺诈行为主要表现为两个方面：第一，违反专利信息披露规则；第二，虚假 FRAND 承诺。以下将从这两个方面对标准制定中专利权人欺诈行为的反垄断规制进行分析。[⑥]

一、违反专利信息披露规则的反垄断规制

标准制定组织为了能够全面、准确地把握可能被纳入标准的专利技术情况，在标准制定前通常要求专利权人或专利申请人主动披露其可能被纳入标准的专利情况。如果一项专利技术确有必要进入某项标准，标准制定组织和利益相关方需要及时掌握这一情况，以便要求专利权人作出相应的

---

① Broadcom Corp. v. Qualcomm Inc. 501 F. 3d 297, 310 – 13 (3d Cir. 2007).

② 分别为欺诈行为处于“共识推动”的标准制定组织中、欺诈行为导致其专利无法遵循 FRAND 承诺、标准制定组织信赖专利权人的虚假陈述、专利权人在标准实施过程中违背其承诺，并且具有反竞争性。

③ Rambus Inc. v. FTC. 522 F. 3d. 456, 464 (D. C. Cir. 2008).

④ 即原告 FTC 需要证明若欺诈人 Rambus 公司提供的信息为真，标准制定组织会选择其他的专利技术。

⑤ 参见刘进：《反垄断法视野中的欺诈行为》，载《南京大学学报（哲学・人文科学・社会科学)》2018 年第 1 期，第 53 – 54 页。

⑥ 参见钱江：《论标准制定中美欧专利权人诈欺行为的反垄断规制》，载《浙江学刊》2017 年第 4 期，第 87 页。

许可承诺或寻找其他替代方案。因此，专利信息披露可以防止或降低标准实施过程中专利劫持行为发生的概率，是专利被纳入标准的第一步。基于此，几乎所有的标准制定组织都在其知识产权政策中规定了专利信息披露的内容，要求专利权人承担及时进行专利信息披露的义务。[①] 对于专利权人而言，专利技术顺利被纳入标准成为标准必要专利，将为其带来巨大的利益，这不仅体现在其实施范围的扩大，更是对其垄断地位的强化，而垄断地位会为其带来更为丰厚的垄断利润。因此，许多专利权人主动进行专利披露的积极性不大，甚至对其专利有意隐瞒，对标准制定组织进行欺诈，以达到在标准制定组织不知情的情况下将其专利技术纳入标准的目的。

专利权人违反专利信息披露的行为是对标准制定组织的欺诈行为。该欺诈行为可以分为积极的欺诈行为与消极的欺诈行为。积极的欺诈行为主要是专利权人故意进行虚假陈述，即在标准讨论阶段，专利权人主动向标准制定组织作出虚假的陈述，明确表示其未拥有与标准相关的专利。当其专利技术顺利纳入标准，专利权人才对外披露其专利存在的事实并向标准实施者主张其专利权。消极的欺诈行为主要是在标准制定组织要求进行专利信息披露时，专利权人虽明知其拥有与标准相关的专利技术，但为了能让其专利技术纳入标准，对标准制定组织的披露要求置若罔闻甚至刻意隐藏其专利技术，等待被纳入标准，成为标准必要专利。在专利信息披露阶段，无论是积极的不披露还是消极的不披露，其行为的性质都是欺诈或不诚实行为。

专利权人违反专利信息披露规则的行为可能违反不同的法律，其中涉及损害竞争的行为可能违反反垄断法。从反垄断法的角度来看，违反专利信息披露的行为不但排除、限制了其他技术在标准制定过程中本来应该存

① 参见王先林：《涉及专利的标准制定和实施中的反垄断问题》，载《法学家》2015 年第 4 期，第 64 页。

在的竞争，而且在标准实施过程中不正当地利用了进入标准所带来的市场优势。这方面已经出了多起案例，如 Rambus 案、Unocal 案和 Dell 案等。[①]

（一）积极的欺诈行为

有的专利权人在标准制定过程中故意向标准制定组织进行虚假陈述，明确表示其未拥有与标准相关的专利。当其专利技术被纳入标准后，专利权人才对外披露其专利存在的事实并向标准实施者主张其专利权。美国的 Dell 案就是典型的积极的欺诈行为。

视频电子标准协会（Video Electronics Standards Association，VESA）是 1989 年成立的一个国际非营利性标准制定组织。1992 年 2 月，Dell 公司正式成为该协会的会员，开始参与局域总线（VESA Local Bus，VL – bus）标准的制定工作。在制定“VL – bus”标准的过程中，Dell 公司曾向 VESA 申明并未拥有与“VL – bus”标准相关的知识产权，但实际上，Dell 公司在 1991 年已经获得了“5036481”专利权。在后续对标准能否通过的投票过程中，Dell 公司的代表通过书面表决的方式，多次表示赞成“VL – bus”标准的通过，并表明该标准并未侵犯 Dell 公司所拥有的任何知识产权。经过所有的制定流程，“VL – bus”标准顺利通过并在国际上被广泛采纳，大量的 VESA 会员与非会员开始使用该标准来生产计算机。此时，Dell 公司向这些标准实施者发送通知，指出其采用“VL – bus”标准生产的计算机侵犯了 Dell 公司的专利权，要求其向 Dell 公司支付专利许可费。这些被通知专利侵权的标准实施者向美国联邦贸易委员会（Federal Trade Commission，FTC）提出仲裁申请。美国联邦贸易委员会经过调查认为，如果 Dell 公司在 VESA 制定“VL – bus”标准的过程中及时披露其所拥有的专利信息，VESA 可能会选择一个不含有专利的技术路径或者在都含有专利的情况下进

---

① 参见王先林：《涉及专利的标准制定和实施中的反垄断问题》，载《法学家》2015 年第 4 期，第 65 页。

行比较，Dell 公司的“5036481”专利未必能进入该标准。即使还是要选择 Dell 公司的专利技术，也可以让 Dell 公司作出 FRAND 承诺。Dell 公司未能及时地披露其专利信息，甚至有意隐瞒，对市场竞争与消费者都造成了不利的影响。FTC 认为 Dell 公司的行为表明其已经放弃在此标准中收取专利费的权利，根据禁止反悔（estopel）原则与 Dell 公司达成协议。[①] 根据该协议，FTC 否决了 Dell 公司的专利请求，禁止 Dell 公司向任何一家采用了“VL - bus”标准的标准实施者主张其“5036481”专利权。[②]

在该案中，Dell 公司作为 VESA 的成员单位，为了能够让其专利技术进入“VL - bus”标准，扩大其专利授权范围，在明知“VL - bus”标准会采用其专利技术的情况下，故意隐瞒其已经拥有的专利信息且进行书面否认，参与该标准多次表决程序，直到标准最后顺利通过。Dell 公司的这种行为已经构成了欺诈且其主动否认专利的行为应视为积极的欺诈行为。

（二）消极的欺诈行为

专利权人虽明知其拥有与标准相关的专利技术，但对标准制定组织的披露要求采取保持沉默、故意隐藏等消极手段，以期让其专利技术纳入标准，成为标准必要专利。Rambus 案就是一起由消极欺诈行为引发的案件。

Rambus 是一家从事计算器存储技术研发的公司，主要依靠专利授权获得许可费的方式盈利。1991 年，Rambus 公司申请加入联合电子设备工程委员会（Joint Electron Device Engineering Council，JEDEC），JEDEC 致力于制定微电子行业全球标准。1992 年，Rambus 公司参加由 JEDEC 主导的同步动态随机存取存储器（synchronous DRAM，SDRAM）标准和双倍数据速

---

① 参见史少华：《披露与许可——困扰标准化工作的两大难题》，载《信息技术与标准化》2007 年第 Z1 期，第 64 页。

② FEDERAL TRADE COMMISSION DECISIONS，Dell Computer Corp.，121 FTC. 616，623 (1996).

率同步动态随机存取存储器（double data rate SDRAM，“DDR” SDRAM）标准的制定。在标准制定时，Rambus公司利用在JEDEC中的机会，通过了解标准的相关信息，将专利中使用到的技术方法加入其原有专利中，对其原有专利进行改造，使其专利能够覆盖正在制定的技术标准。[①] 在此期间，Rambus从未主动向JEDEC披露过其专利信息。1996年，因为看到Dell公司在标准制定组织未公开专利遭到FTC惩罚，Rambus申请退出JEDEC。1999年，Rambus公司先后向几家SDRAM和“DDR” SDRAM的标准实施者发出通知，称其实施标准侵犯了Rambus公司的专利权。2002年，FTC开始对Rambus公司展开反垄断调查，指控Rambus公司在JEDEC制定标准的过程中违反专利信息披露政策，隐瞒其专利信息，以期借助标准的实施获得垄断力。FTC认为，JEDEC制定了专利信息披露政策，其成员就需要遵守，及时向JEDEC披露可能被纳入标准的专利信息。但Rambus公司并未遵守此政策，未向JEDEC披露其专利信息，在标准顺利通过并开始执行后，Rambus公司要求所有的标准实施者向其支付专利许可费。2004年，FTC的指控在初审中被行政法官驳回。行政法官认为，缺少足够的证据支持Rambus公司在JEDEC制定标准过程中及时披露了其专利信息，JEDEC可能会选择其他替代性技术进入标准。2006年，FTC又推翻行政法官所作的初审决议，指出Rambus公司应当遵守JEDEC制定的专利信息披露政策，及时披露与标准相关的专利信息，但Rambus公司故意隐藏其专利，致使JEDEC误认为标准的实施不会侵犯Rambus公司的专利权，如果没有Rambus公司的这种欺诈行为，JEDEC可能会在标准制定中对可能出现的技术进行综合考虑，即使最后依然采用Rambus公司的专利技术，也可以要求Rambus公司作出FRAND承诺，减少标准实施中的许可纠纷。2007年，FTC发布了救济意见（remedial opinion）和最终决定（final order），要求

---

① Rambus Inc. v. FTC. 522 F. 3d 456（2008）.

Rambus 公司依据“公平、合理、无歧视”的原则进行专利许可，并且 FTC 明确了 Rambus 公司的专利许可费标准，即标准实施 3 年内，Rambus 公司可以主张专利许可费的限额为 0.25% 和 0.5%，3 年之后，Rambus 公司将对标准实施者使用此专利进行免费许可。①

2008 年，Rambus 公司不服 FTC 的裁定，向哥伦比亚地区巡回上诉法院提起上诉，经过审查，哥伦比亚地区巡回上诉法院推翻了 FTC 的裁定。法院认为 JEDEC 的专利信息披露政策不够明确，JEDEC 的专利信息披露政策只规定了对拥有的专利需要披露，而没有将待申请的或申请中的专利信息包含在内，Rambus 公司的此种行为并未直接违反 JEDEC 的专利信息披露政策。② 另外，FTC 对 Rambus 公司未披露专利信息的行为与成为标准制定组织采用其进入标准的一个原因之间的因果关系证明得并不充分。③《谢尔曼法》规定仅具有市场支配地位并不违反该法，而 FTC 并不能充分证明是因为 Rambus 公司的不披露行为才导致 JEDEC 将其纳入标准从而使其获得市场支配地位。2008 年 11 月 24 日，FTC 将哥伦比亚地区巡回上诉法院的裁定上诉至美国最高法院。2009 年 2 月 23 日，美国最高法院驳回了 FTC 的上诉请求。

二、虚假 FRAND 承诺的反垄断规制

在标准制定过程中，相关专利权人虽然及时进行了专利信息的披露，并按照标准制定组织的要求作出了 FRAND 承诺。然而，当标准制定组织决定将专利技术加入标准且标准顺利通过并开始实施时，专利权人违背当时作出的 FRAND 承诺，以非 FRAND 的条件对标准实施者进行许可，甚至拒

---

① Rambus Inc. v. FTC. 522 F. 3d 456 (2008).

② 参见单麟：《浅析标准必要专利信息披露义务》，载《中国发明与专利》2017 年第 2 期，第 71 页。

③ 参见丁道勤：《从 Rambus 案看标准化中专利权滥用的法律规制》，载《法律适用》2012 年第 4 期，第 114－115 页。

绝许可，对标准实施者及标准的顺利实施造成了不利的影响，对消费者的实际利益造成了损害。这是标准制定过程中专利权人主要欺诈行为的一种形式。

专利权人违背 FRAND 承诺的表现形式虽与上述违反专利信息披露行为有所不同，但性质是相同的，造成的后果也是一致的，都属于专利权人在标准制定中的欺诈行为[①]。有可能违反反垄断法，在处理上，与上述违反专利信息披露行为的分析思路相同。专利权人作出的 FRAND 承诺表示愿意以公开、合理、无歧视的方式行使其专利权，其行使权利时却违背 FRAND 承诺，虽然这种情况也是虚假的 FRAND 承诺，但多属于标准实施中的具体滥用行为，[②] 专利权人的事前承诺在其合法性的判断上起不到决定性的作用。

美国的 Broadcom 公司诉 Qualcomm 公司案就是一起涉及虚假 FRAND 承诺的案例。2005 年 7 月 1 日，Broadcom 公司向美国新泽西州地方法院提起了诉讼，诉称 Qualcomm 公司涉嫌作出虚假的 FRAND 承诺诱使 ETSI 和其他 SDO 将其专有技术纳入相关标准，但随后又以非 FRAND 条件许可其专利技术，从而违反了 FRAND 承诺。Broadcom 公司认为 Qualcomm 公司通过故意欺诈的手段获得垄断权力的行为违反了反托拉斯法。同时，Broadcom 公司还指控 Qualcomm 公司无视对 ETSI 和其他 SDO 作出的 FRAND 承诺，要求标准实施者使用非 Qualcomm 公司生产的芯片组有区别地提高授权许可费。地方法院经审理后认为，Qualcomm 公司对其专利技术享有法定的垄断权，该垄断权可以排除竞争、确定分配条件。将 Qualcomm 公司的专利技术纳入标准本身并不损害竞争，因为消除竞争是任何标准制定的必然结果。根据反托拉斯法，Qualcomm 公司的专利技术进入标准可能是欺骗的结果，但不

---

① 参见王先林：《涉及专利的标准制定和实施中的反垄断问题》，载《法学家》2015 年第 4 期，第65－66 页。

② 参见王先林：《涉及专利的标准制定和实施中的反垄断问题》，载《法学家》2015 年第 4 期，第65－66 页。

违反反托拉斯法。因为无论最终标准选择了哪种技术，标准一旦实施，都会消除竞争。地方法院没有讨论 SDO 要求其成员作出的 FRAND 承诺能否抵御非法垄断的可能性，也没有考虑 SDO 可能选择非专利技术纳入标准的可能性。最终，地方法院驳回了 Broadcom 公司的诉讼请求。2007 年 9 月 4 日，Broadcom 公司上诉至美国第三巡回上诉法院。Broadcom 公司诉称，Qualcomm 公司故意欺诈标准制定组织，进行虚假 FRAND 承诺，同时掠夺潜在竞争对手的机会，垄断蜂窝电话技术相关市场，违反了《谢尔曼法》第 1 条和第 2 条以及《克莱顿法》第 3 条和第 7 条。上诉法院经过审查，认为 Broadcom 公司根据《谢尔曼法》第 2 条陈述了 Qualcomm 公司垄断和企图垄断的主张，但论证不够充分，也没有提出反托拉斯损害的具体主张，因此，上诉法院判令对于 Broadcom 公司的诉讼请求部分支持，部分不支持。①

专利权人的虚假 FRAND 承诺对标准的公平与公正造成了不利的影响，同时对市场的公平竞争造成了严重的破坏。专利权人虚假的 FRAND 承诺会给标准制定组织以及可能存在的标准实施者一个错误的引导，即该技术在标准实施时可以在 FRAND 条件下得到许可，这不仅会影响标准实施者在考虑将何种技术纳入标准时的判断力，也会大大损害其竞争者的直接利益。通过专利权人作出的 FRAND 承诺，标准制定组织可能将其他竞争者排除在标准之外，而这些竞争者的技术在同等条件下可能是更优的选择，这样就会造成标准的先进性下降，生产出次优标准。②

三、欧美对标准制定中专利权人欺诈行为反垄断规制之比较

标准制定中专利权人欺诈行为可以通过民法进行规制，也可以通过反

---

① Broadcom Corp. v. Qualcomm Inc., 501 F. 3d 297 (3rd Cir. 2007).

② 参见钱江：《论标准制定中美欧专利权人诈欺行为的反垄断规制》，载《浙江学刊》2017 年第 4 期，第 87 页。

垄断法进行规制。在民法路径规制下，反映的是对单个市场参与者的保护，体现以权利为导向的特点；在反垄断法规制路径下，突出的是对整个市场竞争公平性的保护，是以维护市场秩序为导向。对标准制定中专利权人的欺诈行为反垄断规制的目标是维护整个国际市场的公平竞争，其对象应为标准制定中专利权人排除市场竞争的行为。

对专利权人欺诈行为的反垄断规制，主要通过合理分析欺诈行为是否限制市场竞争，对限制市场竞争的欺诈行为进行反垄断规制，分析内容包括但不限于是否违反标准制定组织的专利信息披露政策、专利权人的滥用行为是否对相关市场造成恶劣的影响、是否有主观上的故意、专利权人的市场支配地位是否与其滥用行为有因果关系等方面。①

由上述美国 Dell 案与 Rambus 案可以看出，在标准制定中，专利权人的滥用行为对市场公平竞争造成了严重的阻碍，对于其进行反垄断规制势在必行。标准制定组织内部政策需要加强规范，比如，申请中的专利是否需要披露；必要专利如何界定；专利信息披露的时间如何设定；非标准制定组织成员的披露如何解决；等等。② 专利劫持很重要的一个原因就是目前标准制定组织的专利政策过于笼统，为了有效避免专利权人滥用市场支配地位，需要对标准制定中专利权人的滥用行为进行更为有效的反垄断规制，同时对于标准制定组织的专利政策进一步的完善，方能更好地保护市场的公平竞争与社会的公共利益。③

根据对以《谢尔曼法》第 2 条为主要依据的美国标准必要专利反垄断法律体系分析可知，要对标准必要专利权人的欺诈行为进行反垄断规制需

---

① 参见钱江：《论标准制定中美欧专利权人诈欺行为的反垄断规制》，载《浙江学刊》2017 年第 4 期，第 87 页。

② 参见史少华：《披露与许可——困扰标准化工作的两大难题》，载《标准与知识产权》2007 年第 Z1 期，第 64 页。

③ 参见单麟：《浅析标准必要专利信息披露义务》，载《中国发明与专利》2017 年第 2 期，第 71 – 72 页。

要首先从以下三个层面用证据加以证明：

第一，需要证明无专利权人的欺诈行为，争议专利技术必将不会被纳入标准。要证明争议专利技术不会被纳入标准，需要考虑是否存在可替代的技术，分别从存在可替代技术与否两个方面加以证明。若存在可替代的技术，需证明在争议专利权人没有欺诈行为的情形下，可替代的技术必将被纳入标准；若不存在可替代的技术，则需证明在争议专利权人没有欺诈行为的情形下，争议专利技术必将不会被纳入标准。

第二，需要证明欺诈行为使专利权人获得市场支配力。第一步只能证明在专利权人无欺诈行为的情形下，争议专利技术不会被纳入标准。但争议专利技术因欺诈行为被纳入标准并不必然与专利权人的市场支配地位或其市场支配力直接相关。因此，需要有直接证据证明是专利权人的欺诈行为使其具有了市场支配力，获得了垄断地位。①

第三，需要证明专利权人有反竞争意图。上述两步证明了专利权人通过欺诈的手段使其专利技术进入标准，且其获得的市场支配力及垄断地位与其欺诈行为及纳入标准的专利技术有因果关系。第三步则需要证明专利权人在进行欺诈行为时存在主观恶意，是故意为之。但对于专利权人主观恶意的证明非常困难，不论是诉讼相对人、反垄断执法机构还是法院，都更愿意从专利权人的欺诈行为与专利权人市场支配力的反竞争性的关联性进行审查或证明。

综上所述，在美国，要对标准必要专利权人的欺诈行为进行反垄断规制，需要有明确的证据证明正是由于专利权人的欺诈行为，其专利技术被纳入标准，且其具有的市场支配地位也是由于其欺诈行为及其已经进入标准的专利技术所获得。

欧盟在标准制定阶段对于专利权人欺诈行为的反垄断规制，首先判断

① Urska Petrovcic, *Competition Law and Standard Essential Patents: A Transatlantic Perspective*, Wolters Kluwer Law Press, 2014. p. 99.

专利权人在标准制定前是否具有市场支配地位。若标准制定前，专利权人已经具有市场支配地位，需再确定其欺诈行为是否具有反竞争的意图，同时，是否产生了反竞争的结果。若专利权人的欺诈行为具有反竞争的意图，产生了反竞争的实质结果，则其构成了滥用市场支配地位，应对其欺诈行为进行反垄断规制；若在标准制定前专利权人不具备市场支配地位，则不存在滥用市场支配地位，但若确定其通过欺诈行为取得了市场支配地位，同时产生了反竞争的结果，则也可以通过反垄断进行规制。

第一，在标准制定前，专利权人已经具有市场支配地位。《欧盟运行条约》第 102 条明确规定了若欺诈行为构成滥用市场支配地位的行为，则违反了本条规定，应对其进行反垄断规制。认定滥用市场支配地位，一是专利权人应具备市场支配地位，二是欺诈行为应具有反竞争的意图，产生反竞争的结果。由此方能证明专利权人的欺诈行为是滥用市场支配地位，阻碍市场竞争，应对其进行反垄断规制。欧洲法院和欧盟委员会认为，具有市场支配地位的专利权人作出的欺诈行为（包括专利信息披露中的虚假陈述以及虚假 FRAND 承诺等），构成滥用市场支配地位，违反《欧盟运行条约》第 102 条。欧洲法院还会采用更为严格的标准来认定专利权人的欺诈行为是否构成滥用市场支配地位。欧洲法院认为，只有在专利权人本身具有市场支配地位且作出的欺诈行为导致事实上的反竞争结果时，才可以构成市场支配地位的滥用。因为欧盟法院认为具有市场支配地位的专利权人所作出的欺诈行为并不必然构成市场支配地位的滥用，在此强调其欺诈行为必须导致反竞争的结果，而如果缺乏反竞争的结果，即使专利权人违反专利信息披露政策也不一定会违反反垄断法。法院认为专利权人的欺诈行为缺乏反竞争的意图与反竞争的结果，就不属于欧盟反垄断的规制范围。只有当专利权人的欺诈行为具有反竞争的主观意图，并且其欺诈行为导致了事实上的反竞争效果，专利权人的欺诈行为才可以被判定为滥用市场支配地位，违反《欧盟运行条约》第 102 条。实践中，针对不同的个案，由于缺乏反竞争效果的相关证据，法院需要根据专利权人欺诈行为的性质以及未来可能产生的反竞争效果的程度，综合判定是否需要对其进行反垄断规制。

第二，在标准制定前，专利权人不具有市场支配地位。《欧盟运行条约》第102条主要是对专利权人滥用市场支配地位的行为进行规制，若专利权人本身不具备市场支配地位，就更不存在滥用市场支配地位的问题了，所以《欧盟运行条约》第102条不调整标准制定前无市场支配地位的专利权人的欺诈行为。

实践中，欧盟对反垄断的运用作了较为严格的限制，而且在标准制定过程中大部分作出欺诈行为的专利权人也不具有市场支配地位，故大量的欺诈行为并没有被欧盟司法与执法机构惩处。但对于这部分行为是否应当受到反垄断规制也饱受争议，希望欧盟委员会能够对标准制定时无市场支配地位的专利权人实施的欺诈行为进行有效规制。欧盟委员会随后对《欧盟运行条约》第102条进行解释，称专利权人在标准制定时虽然不具有市场支配地位，但是其通过欺诈行为获得了市场支配地位，并且该行为产生了反竞争的效果，专利权人的这类欺诈行为应当受到《欧盟运行条约》第102条的规制。不过，笔者认为扩大解释《欧盟运行条约》还是应当慎重，对于无市场支配地位的专利权人所实施的欺诈行为应当具体案件灵活分析，以免因法律条文的扩大解释带来更大的风险。

第二节　标准制定中垄断协议的反垄断规制

垄断协议，是联合限制竞争的行为，是两个或两个以上的经营者，采取协议或默契等形式，共同对特定市场的竞争加以限制的行为。[①] 垄断协议

---

① 参见王先林：《论联合限制竞争行为的法律规制——〈中华人民共和国反垄断法（草拟稿）〉的相关部分评析》，载《法商研究》2004年第5期，第17页。

行为主要是由双方或多方共同所为，由于这种联合限制竞争的行为主要通过经营者之间的协议达成，所以称为垄断协议或限制竞争协议。[①] 我国《反垄断法》第 17 条规定的垄断协议是指排除、限制竞争的协议、决定或者其他协同行为。

垄断协议作为三大垄断行为之一，破坏自由竞争秩序是其最大的危害，在不同国家和地区都是反垄断规制的重点内容。[②] 标准必要专利权人能够从标准的推广中获得巨大的商业利润，参与标准制定的组织或企业在标准制定过程中充满了利益的角逐，尤其是已经具有市场支配地位的经营者为了追求商业利润的最大化，往往漠视他人利益和公共利益，影响甚至操纵标准的制定。在现代社会，企业的知识产权战略意识和标准化意识逐步增强，一家企业已经很难单独操控标准的制定。一项标准中通常会包含多个专利权人的多项专利，而标准的形成需要这些不同的专利权人经过一轮轮的谈判与协商。作为拥有老技术的标准组织成员，为了避免标准的更迭使用新技术替代其所拥有的老技术，拥有这些老技术的专利权人很有可能与其他成员采取联合行动，利用其在标准制定组织中的优势地位操纵标准的制定过程，共同对新技术进行抵制，使其难以进入标准或成为新的标准，限制新技术进入相关市场；同时，专利权人还可能采用不同方式联合抵制其他竞争者进入该市场。[③] 在标准制定的过程中，标准制定组织成员不可避免地会形成一些合作协议，而这些协议是通过这些企业之间的协商与妥协制定的，可能为了利益的交换，增加其他竞争对手的市场进入成本，制定出符合特定人群利益的标准，实际上就存在了卡特尔的可能。

---

① 参见王先林：《知识产权与反垄断法：知识产权滥用的反垄断问题研究》，法律出版社 2008 年版，第 264 页。

② 参见李煜：《标准必要专利滥用的反垄断法规制研究》，南京大学出版社 2018 年版，第 53 页。

③ 参见王先林：《涉及专利的标准制定和实施中的反垄断问题》，载《法学家》2015 年第 4 期，第 64 页。

一、标准制定中价格卡特尔的反垄断规制

标准制定过程本身就是一种协同行为，由于标准要求原材料、生产工序等都具有统一性，导致标准制定组织成员的产品出现趋同性，那么标准制定组织成员的产品或服务的区别主要就集中在价格上。于是，标准制定组织成员为了避免之后在价格竞争中互相损伤，往往共同协调标准化产品或服务的价格，从而形成事实上的价格卡特尔联盟①，也就是垄断高价。这种价格卡特尔联盟不仅对联盟成员之外的竞争对手造成巨大的影响，也严重损害消费者和社会公共利益。商品或服务价格是市场竞争中的核心所在，联合限制价格的行为也是最为严重的反竞争联合行为。② 在标准制定过程中的价格卡特尔行为已经引起各国反垄断执法机构的高度关注。由于价格卡特尔对市场经济产生的重大影响，各国反垄断执法机构通常将涉及对产品价格构成限制、最低或最高限价的卡特尔行为认定为限制竞争的行为。③ 在美国，要判断标准制定过程中的联合行为是否违反反托拉斯法，一般倾向于适用合理原则，但对价格卡特尔行为则通常适用本身违法原则进行判断。在欧盟，价格卡特尔行为通常也会被认定为非法行为，成为被禁止的对象。④

在标准制定过程中，对标准制定组织成员之间的协议行为进行价格卡特尔判断时，需要满足两方面条件：（1）证明标准制定组织成员在制定标准的过程中存在垄断协议，包括协调行为、默示共谋、默许串通、默契合谋等。在协议的形式上，可以是正式的，如书面协议，也可以是非正式的，如口头协议等。具体内容包括以下几个方面：①标准制定组织成员通过协

① 参见鲁篱：《标准化与反垄断问题研究》，载《中国法学》2003 年第 1 期，第 172 页。
② 参见孔祥俊：《反垄断法原理》，中国法制出版社 2001 年版，第 404 页。
③ 参见王晓晔：《中华人民共和国反垄断法详解》，知识产权出版社 2008 年版，第 93 页。
④ 参见孔祥俊：《反垄断法原理》，中国法制出版社 2001 年版，第 424 页。

商，共同一致达成的卡特尔合同；②标准制定组织成员组成的联合组织的决议；③标准制定组织成员间协调一致的行为或者成员间的共同行为；④标准制定组织成员间的君子协定或默契。[①] 在反垄断执法机构对卡特尔协议进行判断时，如果发现并获得了正式存在的卡特尔协议，那么该协议将成为指控卡特尔行为的有利证据。但是在多数情况下，标准制定组织成员之间并不会存在正式的或有形的协议，也不会承认具有共谋的行为。当然，反垄断执法机构如果能够找到充分的证据推断具有卡特尔协议，也是可以得到法院的支持的。[②]（2）证明标准制定组织成员形成的卡特尔联盟实施的垄断协议行为对其竞争对手或消费者可能造成损害。这里的垄断协议行为包括固定价格、划分市场等，对标准制定组织成员形成的卡特尔联盟应当适用本身违法原则进行处理。

标准制定过程中标准制定组织成员价格卡特尔行为的判断路径在标准实施过程中同样适用，对标准实施过程中标准必要专利权人价格卡特尔行为的反垄断规制路径也与标准制定过程中标准制定组织成员价格卡特尔行为的反垄断规制路径相同，下一章不再单独论述。

二、标准制定中联合抵制的反垄断规制

联合抵制是联合抵制交易行为的简称。反垄断法上的联合抵制指的是为了将特定的竞争者驱逐出市场，同行业的一些共谋者集体拒绝与具有竞争关系的经营者进行交易的行为。[③] 联合抵制通常是标准制定组织部分成员用来裹挟、制约利益团体之外的经营者的一种手段。在标准制定过程中，联合抵制主要表现为部分标准制定组织成员凭借自身具有的标准必要专利，合谋达成专利联营或者达成其他协议，共同拒绝与标准制定组织其他成员

---

① 参见冯江：《中国知识产权滥用之反垄断反制实务》，法律出版社2018年版，第112页。
② 参见王传辉：《反垄断的经济学分析》，中国人民大学出版社2004年版，第147页。
③ 参见种明钊：《竞争法学》，高等教育出版社2012年版，第260页。

或市场上的其他竞争者进行交易的行为。标准制定过程中的联合抵制使受害者的市场竞争力被削弱甚至被迫退出市场。

技术标准应保持技术的先进性，随着科技的不断发展，标准中的技术也会随之产生变化。当更好的、更能够适应标准化目的的新技术出现时，标准制定组织应当主动进行技术的更换，将新技术纳入标准，修改或替换原有专利技术。所以，标准制定组织为了保障标准中技术的不断更新，都会在其知识产权政策中专门制定相应的标准必要专利流入和流出机制。标准中技术的更新虽然对于标准的先进性以及社会公共利益有较大的益处，但对于将被替代的标准必要专利权人来说，其原有的优势地位将不复存在，市场支配力也会相应地减少。为了防止这种情况的发生，原标准必要专利权人很可能利用其在标准制定组织中的优势地位与其他标准必要专利权人联合起来，共同抵制新技术的流入，阻止新技术对原标准必要专利的冲击。[①] 标准的目的是更好地满足消费者和整个社会公共利益的需求，技术标准的不断更新进步，也是科技与社会发展的要求，而标准必要专利权人的联合抵制违背了标准的根本目的。因此，需要对标准制定过程中的联合抵制进行反垄断法规制。

美国对于标准必要专利联合抵制的规制可以依据《谢尔曼法》第 1 条、《知识产权许可的反托拉斯法指南》第 3.4 条以及《反托拉斯法与知识产权：促进创新和竞争》报告等法律或政策。上述法律政策均对联合抵制的判断进行了规定，通过对经济活动的影响分析，来判定标准必要专利联合抵制适用本身违法原则还是适用合理原则予以规制。欧盟对于标准必要专利联合抵制的规制主要依据《欧盟运行条约》第 101 条第 1 款和欧盟《技术转让协议指南》。《技术转让协议指南》中明确规定涉及标准必要专利联

① 参见吴太轩：《技术标准化的反垄断法规制》，法律出版社 2011 年版，第 110 页。

合抵制属于《欧盟运行条约》第 101 条第 1 款规定的反竞争行为的两个标准。[①]

我国《反垄断法》第 17 条通过禁止具有竞争关系的经营者达成的垄断协议对标准制定过程中标准必要专利权人的联合抵制进行规制。[②] 规定相对简单，并没有对如何判定联合抵制进行具体的规定。结合国内外相关制度，总结联合抵制的判断因素主要应包括：（1）实施了联合抵制；（2）联合抵制的目的是排除市场竞争对手；（3）未如实披露与标准有关的信息；（4）联合抵制的反竞争效果大于竞争效率。[③]

三、欧美对标准制定中垄断协议反垄断规制之比较

标准制定过程中垄断协议对市场竞争有着巨大的危害，不同国家和地区的反垄断制度均对其采取了较为严厉的规范，甚至将禁止垄断协议方面的规范放在最突出的位置。例如，美国《谢尔曼法》第 1 条规定："任何契约、以托拉斯形式或其他形式的联合、共谋，用来限制州际间或与外国之间的贸易或商业，是非法的，任何人签订上述契约或从事上述联合或共谋，是严重犯罪。"[④] 在判断垄断协议违法性时，美国联邦最高法院提出了本身违法原则和合理原则。本身违法原则就是当然违法原则，指的是一些竞争

---

① 第一，参与联合抵制专利持有人的市场份额合计未超过 50% 的，即可推定联合抵制行为不具有反竞争效果，一般不再对被许可人进入市场的难易程度进行评估；第二，参与联合抵制专利持有人的市场份额合计超过 50% 的，即初步认定联合抵制行为可能具有反竞争效果，再依照被许可人进入的难易程度或寻找销售渠道的难度等因素，评估被许可人进入市场的难易程度。参见李煜：《标准必要专利滥用的反垄断法规制研究》，南京大学出版社 2018 年版，第 74 页。

② 《反垄断法》第 17 条："禁止具有竞争关系的经营者达成下列垄断协议：（一）固定或者变更商品价格；（二）限制商品的生产数量或者销售数量；（三）分割销售市场或者原材料采购市场；（四）限制购买新技术、新设备或者限制开发新技术、新产品；（五）联合抵制交易；（六）国务院反垄断执法机构认定的其他垄断协议。"

③ 参见李煜：《标准必要专利滥用的反垄断法规制研究》，南京大学出版社 2018 年版，第 75－76 页。

④ 参见王先林：《论联合限制竞争行为的法律规制——〈中华人民共和国反垄断法（草拟稿）〉的相关部分评析》，载《法商研究》2004 年第 5 期，第 18 页。

行为已经被相关法律确定为违法行为，若这些行为再度出现，就可以直接认定该行为违法，不需要再根据具体情况去进行详细的分析判断，当事人所进行的任何抗辩也可以不予理会。合理原则指的是一些行为能否构成实质上竞争，并且需要在法律上对该行为予以禁止存在争议，并不是明确的，不能一概而论[①]，在判断时，需要通过对经营者的动机、行为方式及其后果进行慎重的分析，得出结论并予以认定。[②] 在美国的判例中，垄断协议属于反托拉斯语境下的违法行为，但近年来，美国反托拉斯机构在实际的执法活动中也存在适用合理原则进行分析的情况。

《欧盟运行条约》第101条（《欧共体条约》第81条）是规制垄断协议的主要法律依据，其规定了禁止各种经营者之间订立的协议或经营者成立的联合组织协同一致的行为或作出决定的行为，这些行为可能对成员国之间的贸易产生影响，并具有限制、阻碍或扭曲共同市场竞争的目的或者效果。以下事项尤其禁止：要求对方当事人接受在商业惯例或者性质上与合同涉及的项目无关的附加义务作为签订合同的条件；[③] 对于相同交易的其他贸易方给予不同的条件，以至于其他贸易方处于不利的竞争地位；控制或者限制生产、投资、技术开发或者销售；瓜分市场或者供应来源；直接或者间接地限定购买或销售价格或其他任何贸易条件。[④] 除此之外，欧盟对于标准制定过程中的垄断协议行为没有其他的成文规定，在具体的反垄断执法实践中，欧盟通常采用去弊存利的方法进行个案单独分析。适用合理原则需要从以下三个方面进行分析：（1）标准制定组织成员或部分成员联盟

---

① 参见王先林：《论联合限制竞争行为的法律规制——〈中华人民共和国反垄断法（草拟稿）〉的相关部分评析》，载《法商研究》2004年第5期，第22页。

② 参见王先林：《论联合限制竞争行为的法律规制——〈中华人民共和国反垄断法（草拟稿）〉的相关部分评析》，载《法商研究》2004年第5期，第22页。

③ 参见王先林：《论联合限制竞争行为的法律规制——〈中华人民共和国反垄断法（草拟稿）〉的相关部分评析》，载《法商研究》2004年第5期，第22页。

④ 参见王先林：《论联合限制竞争行为的法律规制——〈中华人民共和国反垄断法（草拟稿）〉的相关部分评析》，载《法商研究》2004年第5期，第18页。

对外是否存在垄断协议的共谋行为；（2）标准制定组织成员或部分成员联盟是否具有市场支配力；（3）标准制定组织成员或部分成员联盟的垄断协议行为是否对竞争对手形成市场壁垒，使正常的市场竞争受到损害。

第三节　欧美对标准制定中垄断行为的反垄断规制

一、欧美对标准制定中垄断行为的反垄断规制体系之比较

（一）美国对标准制定中垄断行为规制的反托拉斯法律体系

美国的反托拉斯法律体系由一系列反垄断法律法规、政策、指南、陈述与报告等构成。联邦层面的反垄断成文立法主要包括《谢尔曼法》《克莱顿法》和《联邦贸易委员会法》及相应修正案。《谢尔曼法》是美国国会制定的第一部反托拉斯法。该法奠定了反垄断法的坚实基础，至今仍然是美国反垄断的基本准则。[①] 但是，该法对什么是垄断行为、什么是限制贸易活动等均未作出明确解释，需要进一步进行司法解释或制定指南加以明确。[②]《克莱顿法》是美国国会制定的第二部反托拉斯法，作为对《谢尔曼法》的补充，该法明确规定了17种非法垄断行为，其中包括价格歧视、搭售等。《联邦贸易委员会法》授权建立联邦贸易委员会，作为负责执行各项反托拉斯法律的行政机构。[③] 其职责范围包括阻止不公平竞争、对商业活动

---

① 参见陈卓：《新制度主义视野下的美国大学校际体育竞赛研究》，载《北京体育大学学报》2016年第8期，第96页。

② 参见谢银玲：《上市公司对外资敌意并购之反收购对策研究——以发展中国家可持续发展为视角》，华东政法大学2010年博士学位论文，第125页。

③ 参见盛立强：《家族制的历史特性分析——基于演化经济学的分析》，载《生产力研究》2012年第4期，第214页。

和组织进行调查、搜集和编纂情报资料。[①] 为弥补《克莱顿法》与《联邦贸易委员会法》的不足，美国国会又通过了一系列修正案，主要有：1950 年的《塞勒－凯弗维尔反兼并法》（Celler – Kefauver Antimerger Act）、1976 年的《哈特－斯科特－罗迪诺反托拉斯改进法》（Hart – Scott – Rodino Antitrust Improvement Act）（它是合并审查的法律依据）和 1980 年的《反托拉斯程序修订法》（Antitrust Procedural Improvements Act of 1980）。

美国反垄断执法机构制定了《联邦贸易委员会法案》和一系列政策、指南、陈述与报告。美国反垄断执法机构主要包括 DOJ 和 FTC。DOJ 主要负责执行《谢尔曼法》和《克莱顿法》，是典型的行政机构。局长由司法部一名助理部长担任，经总统提名并由参议院批准。DOJ 具有提出包括刑事诉讼和民事诉讼在内的司法诉讼权力。FTC 主要负责执行《联邦贸易委员会法》和《克莱顿法》，其下设的竞争局（Bureau of Competition）与经济局（Bureau of Economics）等部门可对相关涉嫌违法行为展开调查。FTC 属于相对独立的联邦执法机构，且具有一定的准司法权，有权在执法过程中作出行政裁决。FTC 由五名委员领导，经总统提名并由参议院批准，任期 7 年并可连任，FTC 主席由总统在五人中指定。两家执法机构间的工作范围既有分工也有重合。DOJ 负责执行《谢尔曼法》，FTC 负责执行《联邦贸易委员会法》，两家机构都有权执行《克莱顿法》，在企业合并审查的职能上有一定重合。为避免管辖权冲突，减少行政成本和企业负担，两家执法机构曾于 1948 年达成备忘录，通过事前相互通知获得对方认可的方式来协调案件管辖。实践中，双方根据各自专业化和经验进行分工：FTC 负责的领域包括但不限于制药业、石油和天然气行业、计算器硬件和许多零售食品行业；DOJ 主要负责的领域包括通信业、电子业、金融业和钢铁业等重点行业。DOJ 与 FTC 的最大区别首先是 FTC 没有 DOJ 拥有的启动刑事诉讼程

① 参见冯钢、王芳：《美国消费者隐私保护政策》，载《网络安全技术与应用》2013 年第 6 期，第 30 页。

序的权力，其次是 FTC 还肩负保护消费者权益的责任。[①] 美国反垄断执法机构制定的政策具体包括 FTC 和 DOJ 于 1995 年联合颁布的《知识产权许可的反托拉斯指南》（2016 年修订）[②]、2007 年联合颁布的《反托拉斯执法与知识产权：促进创新和竞争》报告[③]、DOJ 和专利商标局（United States Patent and Trademark Office，USPTO）2013 年联合颁布的《受制于自愿性 F/RAND 承诺的标准必要专利救济的政策声明》（已撤回）[④]、2019 年 USPTO、DOJ 和美国国家标准与技术研究院（National Institute of Standards and Technology，NIST）联合重新颁布的《受制于自愿性 F/RAND 承诺的标准必要专利救济的政策声明》[⑤]。

《谢尔曼法》《联邦贸易委员会法》与《克莱顿法》是美国反垄断法的框架性法律。其主要规制的垄断行为大致可分为三类：其一，《谢尔曼法》第 1 条规制的垄断协议，包括纵向垄断协议与横向垄断协议；其二，《谢尔曼法》第 2 条规制的滥用市场支配地位的排除竞争行为；其三，《克莱顿法》第 7 条所规制的竞争企业之间的集中行为。标准必要专利涉及的垄断行为主要为标准必要专利权人滥用市场支配地位以排除竞争的行为，故《谢尔曼法》是进行标准必要专利反垄断规制最重要的一部法律，而其中第 2 条就是其反垄断依据最主要的条款。[⑥]

根据《谢尔曼法》第 2 条的规定，任何主体垄断或者企图垄断都是违

---

① 驻美国经商参处：《美联邦机构反垄断执法体系》，载中国商务部网，http：//us. mofcom. gov. cn/article/ztdy/201710/20171002662087. shtml。

② Antitrust Guidelines For the Licensing of Intellectual Property（Proposed Update），Issued by the U. S. Department of Justice and the Federal Trade Commission.

③ Antitrust Enforcement and Intellectual Property Rights：Promoting Innovation and Competition，Issued by the U. S. Department of Justice and the Federal Trade Commission.

④ Policy Statement on Remedies for Standards - Essential Patents Subject to Voluntary F/Rand Commitments（2013）.

⑤ Policy Statement on Remedies for Standards - Essential Patents Subject to Voluntary F/Rand Commitments（2019）.

⑥ 参见秦元明：《美国反垄断法理论变革和司法制度介绍》，载《山东审判》2012 年第 6 期，第100 - 101 页。

法的，不需要对主体进行过多的限制，即在判断是否需要对专利权人进行反垄断规制时，不需要考虑其在进行欺诈、虚假 FRAND 承诺以及垄断协议时是否具有市场支配力，只要判断其专利权人的地位加上其行为能否直接导致垄断。因为即使专利权人在欺诈、虚假 FRAND 承诺以及垄断协议时不具有市场支配力，通过这些方式，不正当的获得了市场支配力，再借助企业营销战略，最终同样可以实现垄断。所以，如果专利权人通过欺诈、虚假 FRAND 承诺以及垄断协议的方式不正当的获得市场支配力，形成垄断，则需要被《谢尔曼法》第 2 条规制。

（二）欧盟对标准制定中垄断行为规制的反垄断法律体系

欧盟同样拥有一系列反垄断规制法律、规定与指南。目前实施反垄断法的国家和地区中的绝大多数选择欧盟竞争法作为其立法蓝本，我国也是其中之一。①

1991 年 12 月 9—10 日，第 46 届欧共体首脑会议在荷兰的马斯特里赫特（Maastricht）举行。经过两天辩论，代表们通过并草签了《欧洲经济与货币联盟条约》（Treaty of European economic and monetary union）和《政治联盟条约》（Treaty of European political union），统称为《欧洲联盟条约》（Treaty on European Union），即《马斯特里赫特条约》（Treaty of Maastricht）。自此欧盟正式成立，后历经《阿姆斯特丹条约》（Treaty of Amsterdam）与《尼斯条约》（Treaty of Nice）的签订，从根本法层面上，为欧洲一体化重大进展提供了保证。在《欧盟宪法条约》（Treaty establishing a Constitution for Europe）遭到否决之后，为解决欧盟制宪危机，欧盟领导人于 2007 年 12 月 31 日在葡萄牙首都里斯本采取折中方案签署了《修正欧洲

---

① See William E. Kovacic, *Competition policy in the European Union and the United States: Convergence or Divergence in the Future Treatment of Dominant Firms?*, Competition Law International, 2008, p. 8 – 9.

联盟条约与欧洲共同体条约之里斯本条约》（以下简称《里斯本条约》（Treaty of Lisbon）），取代已经失败的《欧盟宪法条约》。《里斯本条约》主要是对《欧洲联盟条约》和《欧共体条约》进行了修订，同时，将《欧共体条约》更名为《欧盟运行条约（Treaty on the Functioning of the European Union，TFEU）》。①

欧盟的反垄断执法机关为欧盟委员会，具体工作由竞争总司和竞争事务专员负责。在欧盟反垄断法律体系中，由欧盟委员会制定的《欧盟运行条约》的法律位阶最高，是欧盟发垄断法律体系的基础法律。《欧盟运行条约》第101条和第102条是标准必要专利反垄断规制的核心条款。第101条主要是对欧盟可能存在破坏欧洲经济区内部市场自由竞争的卡特尔和其他协议的禁止性条款。第102条主要是禁止在欧洲共同市场中占支配地位的经济主体滥用其垄断地位对欧盟市场经济带来限制竞争性负面影响的行为。

除《欧盟运行条约》外，整个竞争法律体系还包括据此制定的指令、决定和条例。② 主要包括《关于在欧共体条约第81条、82条下处理申诉的委员会通告》《关于实施欧共体条约第81、82条竞争规则的第1/2003号决议》《关于实施条约第81（3）条的指南》《关于控制企业集中的第139/2004号决议》《关于在控制企业集中的理事会条例下评估横向合并的指南》《关于欧盟委员会根据欧共体条约第81、82条调查程序的第773/2004号决议》《关于实施理事会第139/2004号条例的802/2004号条例及其附件（包括CO申报表，简化CO申报表和简化RS申报表）》等。其中涉及标准必要专利的还有两份指南非常重要，分别为欧盟委员会于2001年发布的《关于横向合作协议适用〈欧共体条约〉第81条的指南》（以下简称《2001年

① 参见尹雪萍：《论〈欧盟运行条约〉第102条在知识产权领域的扩大适用——以阿斯利康公司诉欧盟委员会一案为视角》，载《法学论坛》2012年第3期，第155页。

② 参见李成明：《欧盟对保险业的竞争法种类豁免及其启示》，载《上海保险》2008年第4期，第54页。

指南》）和欧盟委员会于2011年发布的《关于横向合作协议适用〈欧盟运行条约〉第101条的指南》（以下简称《2011年指南》）。《2011年指南》对《2001年指南》作了重大修改，明确规定了FRAND承诺是标准化协议中“安全港”条件的中心条款，同时，对适用《欧盟运行条约》第101条分析过程的规定更加翔实。①

欧盟并没有专门针对标准制定中专利权人违反信息披露规则、虚假FRAND承诺等欺诈行为以及专利许可过程中出现的专利劫持行为制定相应的规范。《欧盟运行条约》第102条可以对欧洲共同市场中占支配地位的经济主体滥用其垄断地位对欧盟市场经济带来限制竞争负面影响的行为进行规制。② 所以《欧盟运行条约》第102条作为欧盟竞争法的核心条款，也是对标准必要专利反垄断规制依据的最主要条款。③

二、欧美对标准制定中垄断行为的反垄断规制模式之比较

美国和欧盟反垄断法在规制标准制定中专利权人垄断行为的问题时，除了适用一般性竞争立法外，更多的还是通过指南、陈述、政策、报告、通知等不具有直接法律强制力的形式。这些指南、陈述、政策、报告、通知等虽然不具有法律强制力的立法形式，却可以对反竞争领域内频繁出现的实际问题作出及时的反应，而且正因为这些形式不是法定的立法形式，其修改与调整机制更为灵活、便捷，可以快速、及时地进行修订以保持对不断出现的竞争问题解决的针对性。所以，为了应对复杂多变的竞争环境与经济状态，不论是美国还是欧盟的反垄断主管机构在面对同样复杂的标

---

① 参见于连超：《欧盟横向合作协议指南“标准化协议”条款介评》，载《标准科学》2012年第3期，第78-79页。

② 参见尹雪萍：《论〈欧盟运行条约〉第102条在知识产权领域的扩大适用——以阿斯利康公司诉欧盟委员会一案为视角》，载《法学论坛》2012年第3期，第156页。

③ 参见钱江：《对标准化进程中专利权人欺诈行为的反垄断规制——欧盟的经验与启示》，载《价格理论与实践》2017年第2期，第39页。

准必要专利反竞争问题时，均采取了突破正式立法的模式，避免陷入立法的严格形式，运用更为灵活的形式进行规制。

美国和欧盟在规制标准必要专利两种模式的立法形式上虽然比较接近，但在具体规制理念上却有所差异，侧重各有不同。

美国的反垄断理论及实务界受芝加哥学派思想的影响相对较大，所以更加侧重于对事后、对个案的处理，对事前的干预并不主张。其2007年发布的《反托拉斯执法与知识产权：促进创新和竞争》报告中明确反映了美国反垄断执法机构对标准制定的态度，如美国执法机构确认标准制定组织成员间事前制定许可合同条款的措施是有利于竞争的。标准必要专利权人单方宣布价格条件或许可条件的行为不违反《谢尔曼法》第1条和第2条，若不存在其他违反反垄断法的行为，事前开展的许可谈判不需要反垄断机构进行审查。[①] 美国司法部和联邦贸易委员会在报告最后总结中表示“对于标准制定组织成员事前共同探讨许可条款的行为，主管机构不表示立场”。在个案发生之后，美国的反垄断执法机构会运用合理原则对其反竞争性进行具体的分析。虽然报告还是以原则性的规定为主，但在美国已经出现很多对FRAND原则分析详尽、逻辑论证严谨的标准必要专利反垄断案例。

相较于美国，欧盟对标准制定过程实施干预，是一种事前干预的思路，体现出欧盟更加重视处理规程的具体化。2011年，欧盟委员会发布的《2011年指南》指出标准化协议会对竞争产生限制性影响。若经营者在标准制定中就反竞争行为进行磋商，会促进共谋结果的产生。[②] 但同时允许标准制定组织可以采用不违反反垄断法的其他程序，还为FRAND原则分析方法以及事后个案的调查提供了更多的操作细则。

---

① 参见王先林、潘志成：《反垄断执法与知识产权保护之间的平衡——美国〈反托拉斯执法与知识产权：促进创新和竞争〉报告述评》，载《知识产权》2007年第6期，第7页。

② 参见于连超：《欧盟横向合作协议指南“标准化协议”条款介评》，载《标准科学》2012年第3期，第79页。

欧美在标准制定阶段专利权人垄断行为规制方面的制度设计的异同，也反映出其法律制度和解决问题的思路及特性，对欧美标准必要专利反垄断规制模式的分析可以为我国标准必要专利问题的解决提供有益的思路，也为标准必要专利国际反垄断制度的协调发展提供了有益的探索。

三、欧美对标准制定中垄断行为的反垄断司法实践

（一）美国对标准制定中垄断行为的反垄断司法实践

美国在标准制定阶段因专利权人的欺诈行为导致的反垄断案件主要有前述的 Dell 公司案①、Rambus 公司案②、Broadcom 公司诉 Qualcomm 公司案③，还有 Microsoft 公司诉 Motorola 公司案④、Unocal 公司案⑤、Ericsson 公司诉 TCL 公司案⑥、CSIRO 公司诉 CISCO 公司案⑦、Innovatio 公司案⑧等多起案件。

Dell 公司案、Rambus 公司案以及 Union 公司案都属于标准制定阶段因违反专利信息披露政策导致的反垄断案件。1992 年的 Dell 公司案，FTC 认为 Dell 公司在 VESA 制定“VL – bus”标准过程中未及时披露、甚至故意隐瞒其专利信息，导致其“5036481”专利被纳入标准，成为标准必要专利，对市场竞争、其他竞争者以及消费者都造成了不利的影响。该案最终以 Dell 公司放弃对该专利主张权利结束。

历时多年且判决结果多次反转的 Rambus 案，FTC 指控 Rambus 公司在

① Dell Computer Corp. , 121 FTC. 616, 623 (1996).

② Rambus Inc. v. FTC. 522 F. 3d. 456, 464 (D. C. Cir. 2008).

③ Broadcom Corp. v. Qualcomm Inc. , 501 F. 3d 297 (3rd Cir. 2007).

④ Microsoft Corp. v. Motorola, Inc. , 854 F. Supp. 2d 993, (W. D. Wash. 2012).

⑤ Federal Trade Commission (FTC.) v. Union Oll Company of California, Docket No. 9305, November 25, 2003.

⑥ Ericsson Inc. v. TCL Communication Technology Holdings, LTD. , Case No. 2: 15 – cv – 00011 – RSP (E. D. Tex. March 2018).

⑦ CSIRO v. CISCO Systems, Inc. , 809 F. 3d 1295 (Fed. Cir. 2015).

⑧ In re Innovatio IP Ventures, LLC, 2013 U. S. Dist. LEXIS 144061, (N. D. Ill. 2013).

JEDEC 制定“SDRAM”和“DDR”SDRAM 标准时，违反专利信息披露政策，隐瞒其专利信息，且在了解标准制定方向之后，退出标准制定组织，修改专利技术，使其专利技术能够覆盖标准，以期借助标准的实施获得垄断力。但 FTC 的指控在2004 年被初审行政法官驳回，理由是 FTC 缺少足够的证据支持在 Rambus 公司没有欺诈行为的前提下，JEDEC 一定不会选择 Rambus 公司的专利技术纳入标准。2006 年，FTC 又推翻行政法官所作的初审决议，并于 2007 年发布了救济意见与最终决定，规定在 3 年内，Rambus 公司依据“公平、合理、无歧视”的原则进行专利许可，设定了专利许可费的限额，3 年之后，Rambus 公司将对此专利进行免费许可。2008 年，Rambus 公司不服 FTC 的裁定，向哥伦比亚地区巡回上诉法院提起上诉，哥伦比亚地区巡回上诉法院推翻了 FTC 的裁定。法院认为，一方面 JEDEC 的专利信息披露政策不够明确，另一方面 FTC 对于 Rambus 公司未披露专利信息的行为与成为标准制定组织采用其进入标准的一个原因之间的因果关系证明得并不充分。2008 年 11 月 24 日，FTC 将哥伦比亚地区巡回上诉法院的裁定上诉至美国最高法院。2009 年 2 月 23 日，美国最高法院驳回了 FTC 的上诉请求。

此外，还有 2003 年的 Unocal（Union Oil Company of California）案。加利福尼亚州空气资源委员会（California Air Resources Board，CARB）是一个致力于保护公众免受空气污染的标准制定组织，[①] 为美国乃至全世界的有效空气和气候计划制定标准。FTC 指控 Unocal 公司涉嫌在 CARB 制定 RFG（reformulated gasoline）标准过程中，违反专利信息披露政策，故意隐瞒其相关专利，甚至在了解标准制定方向之后，继续申请多项专利，将标准全部覆盖。Unocal 公司利用标准制定阶段的欺诈行为诱使标准制定组织将其专利技术纳入标准，通过标准的实施，获得市场支配力和垄断地位。

---

① 参见石彩云：《全球最佳实践地区一瞥》，载《经营者（汽车商业评论）》2019 年第 5 期，第 204 页。

根据 FTC 的控诉，为了解决加利福尼亚州空气污染的问题，CARB 于 20 世纪 80 年代后期发起了低排放 RFG 相关标准与法律的制定。Unocal 公司积极参与了这些工作，在制定 RFG 标准及法律工作期间，Unocal 公司从 CARB 处取得大量行业组织的信息，并与之开展合作。1990 年至 1994 年标准制定期间，Unocal 公司向 CARB 及其他监管参与者作出了重大虚假和误导性陈述，声称其关于排放研究的成果均是“非专有”且在“公共领域”的，但其未透露其对这些研究成果还有申请中的专利，并且打算未来通过这些专利申请的授权在该领域主张其专有权益。1992 年 7 月，Unocal 公司大部分的专利申请已获授权，但其还是向 CARB 和其他行业参与者隐瞒了此信息。Unocal 公司的“5288393”专利于 1994 年 2 月授权，直到 1995 年 1 月 31 日才公开宣布拥有该专利并希望收取专利许可费。在此之后，该公司又陆续获得了四项专利授权，并开始通过许可和诉讼积极地行使其专利权。Unocal 公司向法院起诉 RFG 标准实施者们，法院判决侵犯其“5288393”专利权的 CARB 的主要炼油商必须向 Unocal 公司支付 5.75 美分/加仑。FTC 指出 Unocal 公司自己的经济专家的专家证词表明，Unocal 公司对其专利权的行使，每年可能会给该州的消费者带来数亿美元的额外费用，这些额外费用中的 90% 将会以汽油零售价上涨的形式转嫁给该州的消费者，极大地损害了消费者的利益。FTC 认为，如果没有 Unocal 公司的欺诈行为，CARB 或许不会采用与 Unocal 公司专利权利要求实质上重叠的技术方案，或者通过谈判，使 Unocal 公司作出 FRAND 承诺，其专利许可条款也会大不相同。最终，FTC 要求 Unocal 公司立刻停止对其与 RFG 标准相关的专利主张权利，并且禁止 Unocal 公司在今后以任何形式或措施向 RFG 标准实施者主张权利。①

---

① FTC, FTC Charges Unocal with Anticompetitive Conduct Related to Reformulated Gasoline, https://www.ftc.gov/news－events/press－releases/2003/03/ftc－charges－unocal－anticompetitive－conduct－related－reformulated.

Broadcom 公司诉 Qualcomm 公司案、Microsoft 公司诉 Motorola 公司案、TCL v. Ericsson 案、CSIRO 诉思科案以及 Innovatio 案等案件均属于标准制定阶段专利权人作出虚假 FRAND 承诺，在标准实施时，对标准实施者采取非 FRAND 条件进行许可谈判，从而引发的反垄断案件。

Broadcom 公司诉 Qualcomm 公司案历经数年，Broadcom 公司认为 Qualcomm 公司涉嫌作出虚假的 FRAND 承诺诱使 ETSI 和其他 SDO 将其专利技术纳入相关标准，但随后又以非 FRAND 条件许可其专利技术，违反了 FRAND 承诺，其认为 Qualcomm 公司通过故意欺诈的手段获得垄断权力的行为违反了反托拉斯法。在地方法院驳回 Broadcom 公司诉讼请求之后，Broadcom 公司继续上诉至美国第三巡回上诉法院。Broadcom 公司诉称，Qualcomm 公司进行虚假 FRAND 承诺，故意欺诈标准制定组织，损害潜在对手的竞争机会，垄断蜂窝电话技术的相关市场，违反了《谢尔曼法》第 1 条和第 2 条以及《克莱顿法》第 3 条和第 7 条。经过上诉法院审查，最终判令对于 Broadcom 公司的诉讼请求作出了部分支持，部分不支持的决定。

Microsoft 公司诉 Motorola 公司案中，Microsoft 公司和 Motorola 公司都是 IEEE、ITU 的成员。该案涉及 IEEE 802. 11 无线局域网标准和 ITU H. 264 高级视频编码技术标准。Motorola 公司作为被告，拥有 802. 11 和 H. 264 这两项标准中的标准必要专利技术。2010 年，Motorola 公司向 Microsoft 公司发出书面通知，要求 Microsoft 公司就其 Windows 操作系统实施了 H. 264 标准以及游戏操控台实施了 802. 11 标准的行为，向 Motorola 公司支付相应的专利许可使用费。Microsoft 公司认为 Motorola 公司在标准制定时，向 IEEE 和 ITU 两组织分别作出了 RAND 承诺，承诺以公平合理的价格许可标准实施者，但 Motorola 公司向 Microsoft 公司开出的许可费过高，不符合其 RAND 承诺，遂向华盛顿西区法院提起诉讼。法院经过审理，认为 Motorola 公司与 IEEE 和 ITU 签订了具有约束力的合同承诺，承诺按照 RAND 条款和条件许可其已宣布的必要专利；同时，Microsoft 公司是 Motorola 公司对

IEEE 和 ITU 的承诺的第三方受益人。最终，判决 Microsoft 公司胜诉，要求 Motorola 公司在专利许可时满足 RAND 条件。

TCL 公司诉 Ericsson 公司案来来回回持续了十几年，早在 2007 年，TCL 公司就针对 2G 标准中的标准必要专利与 Ericsson 公司签订了 7 年的许可合同，随着许可合同即将到期，双方于 2011 年开始就 3G 标准中的标准必要专利进行许可谈判。经过 3 年的谈判，双方最终没有达成许可协议。2014 年 3 月 5 日，TCL 公司就 Ericsson 公司在通信专利包的许可谈判中违反 FRAND 承诺，在美国加州法院提出合同违约诉讼，请求法院就 Ericsson 公司 2G、3G、4G 专利包裁判一个 FRAND 费率。① 同时，Ericsson 公司也向美国得克萨斯州地方法院提起专利侵权诉讼，明确表示其遵守了 FRAND 承诺，并按照 FRAND 承诺提出的授权许可条件，请求法院支持。这些诉讼随后被合并审理。2017 年 12 月 22 日，美国加州中区法院就 Ericsson 公司和 TCL 公司的手机技术专利一案作出裁决，TCL 公司赢得了诉讼，裁决 TCL 公司需要支付的专利许可费远远低于 Ericsson 公司的要求。该案是 ICT 领域自 Motorola 公司诉 Microsoft 公司案后，美国法院再一次就 FRAND 许可费率作出裁判，因而受到极大的关注。Ericsson 公司向美国联邦巡回上诉法院提出上诉。2019 年 12 月 5 日，上诉法院对 TCL v. Ericsson 案作出判决，认为地区法院剥夺了 Ericsson 公司在陪审团审判的宪法权利，故撤销加州中区联邦地区法院的判决，发回重审。

（二）欧盟对标准制定中垄断行为的反垄断司法实践

前述的 Rambus 公司案是美国在标准制定阶段因专利权人的欺诈行为而引发的主要反垄断案件之一。在被美国 FTC 调查以来，作为全球知名存储芯片设计商的 Rambus 公司在欧洲也遭到了欧盟竞争委员会（European

---

① 参见石飞月：《爱立信被调查电信设备商的垄断反噬》，载《北京商报》2019 年 4 月 15 日，第 3 版。

Union Competition Commission，EUCC）的调查。2007 年，EUCC 作出了对 Rambus 公司的市场垄断行为调查的决定，在此 6 个月之前，美国 FTC 已经作出了限制 Rambus 公司收取专利授权许可费用权利的决定。2007 年 7 月 30 日，EUCC 发布一份初步“反对证据”，认为 Rambus 公司在 DRAM 标准的制定阶段，违反专利披露政策，未公开其拥有的与标准相关专利信息，这一欺诈行为构成“专利劫持”，违反了《欧盟运行条约》第 102 条。鉴于上述原因，EUCC 指出，若没有专利劫持行为，Rambus 公司无法向标准实施者要求支付专利许可费。故初步判定 Rambus 公司存在滥用市场支配地位的行为，违反了《欧盟运行条约》第 102 条。该案是 EUCC 第一次根据欧共体反托拉斯法处理“专利劫持”行为，系根据《欧共体条约》第 82 条确定的重要判例。经过两年的较量，Rambus 公司最终妥协，与 EUCC 达成和解，Rambus 公司同意降低其对所有标准实施者的专利许可费率，并维持 5 年，同时，未来的所有价格策略都将适用于整体产业，不再歧视任何一方。基于 Rambus 公司的承诺，EUCC 同意结束对 Rambus 公司的反垄断调查，不对其作出其他形式的惩罚。

第四章

标准实施中专利权人垄断行为的反垄断规制比较研究

标准的广泛认可会为标准必要专利权人带来巨大的商业利润，在标准实施过程中，标准必要专利权人可能通过实施一些垄断行为，以谋取高额的垄断利润。在标准实施过程中，标准必要专利权人涉及的垄断行为同样主要为滥用市场支配地位行为和垄断协议行为，本章将分别对这两方面垄断行为的反垄断规制进行探讨。

第一节　标准实施中滥用市场支配地位的反垄断规制

在标准的相关市场中，标准必要专利是必须使用的专利技术，且是不可替代的。因为标准排除了技术竞争，使标准必要专利的市场竞争力进一步加强，其权利人的议价能力也变得更大，使标准必要专利权人取得市场支配地位的可能性最大化。在专利许可时，标准必要专利权人可能会利用其市场支配地位实施限制竞争的行为以达到利益最大化。

对于标准实施中滥用市场支配地位行为的分类，美国采用概括描述的方式，如《谢尔曼法》第 2 条规定具有市场支配地位的经营者从事了排除、限制竞争的行为，就有可能被认定为滥用市场支配地位。[1] 而欧盟采用了原则性规定 + 列举法的方式，在《欧盟运行条约》第 102 条中先对滥用市场支配地位进行原则性的规定，然后列举出四种典型的滥用市场支配地位行为。[2] 我国《反垄断法》对滥用市场支配地位的规定与《欧盟运行条约》

---

① Sherman Antitrust Act - Section 2.

② Consolidated version of the Treaty on the Functioning of the European Union - Article 102 (ex Article 82 TEC).

较为相似，对典型的滥用市场支配地位行为进行列举式规定，并设定兜底条款对未列出的其他滥用行为进行囊括。[①]

本节以我国《反垄断法》列举的七种典型滥用市场支配地位行为为基础，按照限制交易的内容将其分为限制交易价格的行为与限制交易条件的行为，并分别从这两个方面对标准必要专利权人滥用市场支配地位行为的反垄断规制进行分析。

一、滥用市场支配地位限制交易价格的反垄断规制

（一）标准必要专利过高定价的反垄断规制

1. 标准必要专利中的过高定价

在市场竞争过程中，经营者为获取超额的利润，可能向交易相对方或竞争者要求高于正常竞争水平的价格。在标准必要专利领域，标准必要专利权人可能凭借其在标准实施中不可替代的地位，向标准实施者索要高于正常竞争水平的专利许可费。在市场经济条件下，并不是所有的过高定价行为都是违反《反垄断法》的，一般经营者的过高定价行为危害性较小，一般不会被认定为垄断行为，只有经营者具有市场支配地位，并且实施了过高定价行为，才可能违反《反垄断法》。过高定价其实就是具有市场支配地位的经营者对交易相对方的剥削行为，在多数国家和地区被列为滥用市场支配地位的行为。对于过高定价的界定，可以理解为经营者利用其市场支配地位以正常竞争条件下难以取得的明显高于公平标准的价格向下游企业或消费者销售商品或提供服务（或以难以取得的明显低于公平标准的价格向上游生产者购买商品或服务），以谋求超额垄断利润。英国竞争与市场监管局 2016 年因过高定价对辉瑞公司及其药品代理商 Flynn 罚款共计 8420

① 《反垄断法》第 22 条。

万英镑（约合 1.05 亿欧元）。[1] 该案中，辉瑞公司在 2013 年突然调整其生产的用于治疗癫痫的药物苯妥英钠胶囊的价格，英国竞争与市场监管局认为该药相比之前的版本，没有巨额研发的投入，也没有突出的创新性，这么高的涨价幅度没有合理的理由，最终给出了巨额罚单，并在一定期限内将该药的售价调整至可盈利的合理价格。[2]

对于过高定价是否应当进行规制，有两种不同的观点。

第一，应当规制过高定价行为，有以下三点理由：（1）监管易出现缺漏。过高定价在世界不同国家和地区都被列为滥用市场支配地位的行为，充分说明这种行为在市场竞争中的普遍性和危害性，为防止对垄断行为监管的缺失，应保留对过高定价行为的规制。（2）对消费者利益有损害。过高定价将导致消费者为相同质量的产品或服务支付更高的价格，损害消费者利益，致使整体社会福利减损。（3）市场自愈理论不绝对正确。有学者提出过高定价导致市场经济失调，但高价会吸引更多的竞争者进入市场，竞争增大，价格自然会回到合理的水平，这个理论并不能否认政府介入的必要性，并不是任何市场、任何时候都能够完成自愈。

第二，反对规制过高定价行为。有以下四点理由：（1）合理价格难以确定。要确定合理价格需要考虑的因素很多，如果没有较好的方法确定公平合理的价格，如何确定定价是否过高，即使对过高的定价进行规制，又应当设置为何种价格。（2）产生额外成本。反垄断规制是政府行为，这部分成本也是由政府支付，最终还是产生于公民，而且对于过高定价的干预可能成功也可能失败，但不论成功还是失败，产生的成本都可能比收益更大。（3）市场经济具有自愈功能。过高定价导致市场经济失调，但高价会

① The Competition and Markets Authority v. Flynn & Pfizer & The Commission of the European Union Intervener, Case No：C3/2018/1847 & 1874, Neutral Citation Number：[2020] EWCA Civ 339.

② 参见万江：《中国反垄断法：理论、实践与国际比较》（第 2 版），中国法制出版社 2017 年版，第 127 – 128 页。

吸引更多的竞争者进入市场，竞争增大，价格自然会回到合理的水平，不需要政府介入。（4）妨碍经营者自主定价。对于过高定价的限制相当于妨碍经营者的定价权，尤其是大型经营者在投入大量成本之后需要为商品设定价格来收回成本、赚取利润，妨碍定价权会打击经营者的创新热情，降低经营者扩大产能、追求竞争的积极性。

在具体对“过高”“不合理”的价格进行判断时，需要设置相应的价格参照标准，目前使用较多的有以下三种价格标准：（1）替代性竞争价格。替代性竞争价格是相关市场一段时间内或与当地市场状况相当的、临近市场内的有效竞争的市场价格。有效竞争价格能够在一定程度上反映市场公平竞争下的价格标准，但市场竞争无时无刻不在变化，无论是本市场过去的某一时间段还是竞争情况相当的临近市场，都无法真实地反映当下本相关市场的实际情况，在价格的判断上会有一定的偏差。（2）小微经营者竞争价格。不具备市场支配地位的小型经营者为了能够生存，其销售价格应该可以反映市场竞争中的真实价格水平，如果涉案经营者的销售价格明显高于小微经营者的销售价格，其行为就可能涉嫌过高定价。但是通过这种价格标准很难直接衡量不同经营者的价格体系，毕竟经营者制定产品或服务的价格要依据其产品或服务的成本、质量、经营模式、所具有的市场力量等众多因素共同决定，市场经济中价格的差异化也恰恰是这些因素综合的结果，如何公平、合理地判断这些决定价格的因素，是有一定挑战的。（3）经营者成本价格。成本价格比较好理解，就是核算经营者的所有成本再加上市场公平竞争下的合理利润所对应的销售价格。这种价格看似相对合理，但衡量成本是一项非常复杂的工作，不但考虑要全面，而且还有多种计算方法，不同的方法计算出来的成本会有一定的差异。在利润的计算上，同样没有一个统一的标准，现在采用最多的就是行业平均利润，但高于平均利润的经营者并不一定就是不合理的，所以，基于成本加利润的销售价格也难以达到真正的公平、合理。[①]

2. 欧美对标准必要专利过高定价的反垄断规制

《欧盟运行条约》第 102 条对过高定价的描述是以直接或间接方式强行规定不公平的收购或销售价格或其他不公平的贸易条件。[②] 对于过高定价的判断标准，欧洲终审法院在审理 United Brands 案[③]时，提出两个标准：第一，具有市场支配地位的企业提供的价格与其实际成本的差额是否过大；第二，该企业提供的价格与其他竞争性产品价格相比是否过高。德国《反限制竞争法》禁止具有市场支配地位的企业实施不公平的价格或交易条件的行为，在德国联邦反垄断局执法过程中，对于过高定价的认定主要通过对经营者销售净收入的对比，但由于经常无法取得这些销售收入数据，德国联邦反垄断局只能以经营者税收作为分析的依据，要求经营者降价或者推迟涨价。但是，过高定价仅有以上判断标准是不够的，在反垄断实务中，每一个个案都足够复杂，对于什么是过高的价格，暂时还没有一个明确的标准来进行界定。所以，虽然《欧盟运行条约》等一系列法规都对过高定价行为进行规定，但欧盟的司法及执法机构却鲜有此类的判例或处罚案件。对于欧盟及其成员国近些年出现的 ICT 领域的过高定价案件，也多以和解的方式结案，或者直接转交行业监管机构处理。

美国认为，过高定价是市场自由竞争中价格机制的正常调控，不能仅仅因为拥有市场支配地位并制定了垄断价格就认定其违法。相反，垄断价格还可能产生激励作用，吸引新的竞争者进入市场，对竞争有一定的促进作用。因而美国反托拉斯法中没有关于过高定价的相关规定，理论研究上

---

① 参见万江：《中国反垄断法：理论、实践与国际比较》（第 2 版），中国法制出版社 2017 年版，第 128 - 129 页。

② Consolidated version of the Treaty on the Functioning of the European Union – Article 102（ex Article 82 TEC）.

③ United Brands Co and United Brands Continental BV v. Commission, Case 27/76, [1978] E. C. R. 207.

也认为市场竞争机制本身具有对过高定价行为的修复能力，没有必要对过高定价进行规制。[①] 虽然并没有独立地在立法中对过高定价行为进行规定，但在司法上对过高定价行为的认定仍具有重要意义。在被称为“世纪末的审判”的 Microsoft 公司垄断案中，Microsoft 公司利用其在操作系统相关市场中的支配地位，对其 Windows 98 操作系统制定过高的定价（在 49 美元就可以赚取合理利润的情况下，定价从未低于 89 美元），致使消费者在购买 Windows 98 操作系统时，遭受不公平的对待。因为 Microsoft 公司在操作系统市场具有支配地位，消费者被迫只能接受 Microsoft 公司对 Windows 98 操作系统的定价，但 Microsoft 公司的这种过高定价行为是滥用市场支配地位的表现。于是，自 1999 年起，已出现多起消费者因 Microsoft 公司在 Windows 操作系统上的过高定价行为向法院提起的诉讼。1999 年，美国消费者协会还就 Microsoft 公司在 1996—1998 年因过高定价行为对消费者造成的损失进行调查，并出具了调查报告。报告显示在此期间消费者因 Microsoft 公司的过高定价行为，超额支付了 100 亿美元。[②]

过高定价在美国和欧盟反垄断规制中都存在一定的争议，将其适用在标准必要专利上会更为明显。在标准必要专利领域，知识产权不但要发挥激励发明人的功能，而且要兼顾标准的公共属性，所以需要考虑更多的因素，既要保障标准实施者、消费者能够享受公平、合理的商品价格，也不能影响标准必要专利权人获取相应的利润。在过高定价问题上，还需要关注发展中国家与发达国家的差异。发展中国家的专利拥有量远远低于发达国家，尤其是在高科技和药品领域，发达国家的优势更为明显，其标准必要专利产品和服务已经占领不具有市场竞争力的发展中国家的相关市场，

---

① 参见王先林：《超高定价反垄断规制的难点与经营者承诺制度的适用》，载《价格理论与实践》2014 年第 1 期，第 14 页。

② 参见《微软罪状：美国法院政府诉微软一案事实认定》，方兴东译，中国友谊出版公司 2000 年版，第 291 页。

在相关市场具有垄断地位。同时，发展中国家经济发展程度落后于发达国家，其国内消费者的消费承受能力远低于发达国家。基于上述方面的考虑，一些发展中国家会将涉及高科技、药品等领域的过高定价通过法律加以规制，如阿根廷、巴西、南非等国家均将专利产品的过高定价作为反竞争行为之一，通过专利法、竞争法对其进行规制。在南非，对特定药品收取过高的价格会被认定为垄断行为。① 虽然这些发展中国家的做法对专利权人通过知识产权获取利润造成了一定的阻碍，受到了来自发达国家的批评与抗议，但在实力差距过大的情况下，也具有一定的合理性。我国也是发展中国家的一员，在一些领域与发达国家存在较大差距，但近些年我国也取得了较快的发展，在很多关键领域已经处于世界领先地位，所以我国在对过高定价行为的处理上，应思考如何更好地兼顾对知识产权的保护与激励以及对消费者和社会公共利益保障。

3. 我国对标准必要专利过高定价的反垄断规制

我国《反垄断法》第 22 条第 1 款第 1 项对过高定价进行了描述。② 在我国华为公司诉 IDC 公司案中，法院认为 IDC 公司要求华为公司支付的标准必要专利费远远高于 IDC 公司要求 Apple、Samsung 等其他公司支付的标准必要专利费 7 倍之多，导致华为公司在相关市场竞争中成本增加、利润减少，市场竞争能力被强制阻碍，IDC 公司对华为公司标准必要专利许可费的报价构成过高定价。③ 2015 年我国国家发展和改革委员会就美国 Qualcomm 公司滥用市场支配地位案作出裁定，这是我国反垄断执法机构首例涉及过高定价的反垄断裁定。④ 国家发展和改革委员会在该案中指出，美国

---

① 参见王先林：《知识产权与反垄断法：知识产权滥用的反垄断问题研究》，法律出版社 2008 年版，第 262 页。

② 《反垄断法》第 22 条第 1 款："禁止具有市场支配地位的经营者从事下列滥用市场支配地位的行为：(一) 以不公平的高价销售商品或者以不公平的低价购买商品……"

③ 华为技术有限公司与 IDC 公司滥用市场支配地位纠纷上诉案，广东省高级人民法院〔2013〕粤高法民三终字第 306 号。

④ 参见丁茂中：《论专利高价许可的反垄断规制》，载《知识产权》2016 年第 3 期，第 71 页。

Qualcomm 公司滥用标准必要专利市场支配地位，收取不公平的高价的标准必要专利许可费，违反了我国《反垄断法》的规定。[①]

在标准实施过程中，标准实施者要实施标准就必须获得标准必要专利权人的许可，专利权人就有机会利用其垄断地位向标准实施者索取过高的专利许可费。通过过高定价的方式，标准必要专利权人不仅可以赚取高额的垄断利润，还可以通过增加标准实施的成本，排除、阻碍竞争对手进入相关市场。但是，标准必要专利权人的过高定价将导致消费者需要支付更高的价格购买到相应的商品或服务，损害消费者乃至社会公共利益。因此，需要对标准必要专利权人过高定价的垄断行为进行反垄断规制。

标准必要专利权人过高定价是否应当受到反垄断规制，可以通过两个步骤进行分析：第一，分析标准必要专利权人是否具有市场支配地位。在前文已经对市场支配地位的界定进行了详细的分析，此处不再赘述。第二，分析许可费的定价是否过高。对于过高定价的判断标准，前文也进行了分析。从司法及执法实践情况看，对过高定价的界定还是相当困难的，以至于世界范围内以过高定价认定为滥用市场支配地位行为，从而违反反垄断法的案件或处罚并不多见。在判断标准必要专利涉及过高定价的判断时，其判断方式与传统商品过高定价的判断方式并不完全相同，对于合理价格的认定也有着不同之处。

在解决标准必要专利过高定价问题时，有学者提出可以采取事前许可的方式，即在标准制定过程中要求必要专利权人对专利许可费的最高值作出承诺，使标准制定组织可以在选择标准技术路径时作出明确的对比，同时使标准实施者提前了解其实施标准所需要付出的成本，其可以将该成本和自己投入研发相同技术成本作比较，并在其中作出自己的抉择。事前许可方式可以通过专利在标准锁定之前给出明确的许可价格，来解决后续标

---

① 高通公司滥用无线标准必要专利许可市场和基带芯片市场支配地位案，中华人民共和国国家发展和改革委员会行政处罚决定书（发改办价监处罚〔2015〕1 号）。

准必要专利过高定价的问题。美国 FTC 在软博士公司案中指出，事前许可方案可能是解决标准必要专利权人实施过高定价垄断行为的有效方法。该方法不仅保障标准制定组织在制定标准时可以通过对比将最具性价比的技术纳入标准，还可以促使专利权人为进入标准主动提供一个相对合理的价格，并作出 FRAND 承诺。[①] 虽然事前许可有可能促使垄断的形成，但事前许可并不是指形成固定价格，在一些标准制定组织的政策中也对事前许可行为作出了规定，如 VITA 规定，在标准制定过程中，工作组成员应当对其最高许可费用和最严格许可条款作出 FRAND 承诺，[②] 但不能要求固定价格，标准制定工作组可以参考其成员提供的各种许可条件，同时，考虑到事前许可可能会造成垄断，禁止工作组成员间或者工作组成员与第三方间在任何会议上谈判或协商有关许可条件的内容。所以，事前许可一般不会导致垄断的形成。

因此，在规制标准必要专利过高定价行为时，不仅可以采用事后追究反垄断法律责任的方式，还可以采用事前许可的方式予以防范。

（二）标准必要专利价格歧视的反垄断规制

1. 标准必要专利中的价格歧视

《元照英美法词典》中对“歧视”的解释为：“没有正当理由，不平等地对待各方。”[③] 反垄断领域中的价格歧视主要指的是“行为人没有正当理由，对条件相同的交易相对方在交易价格等交易条件上实施差别待遇，致使一些交易相对方处于不利的竞争地位的行为”[④]。价格歧视行为可以是卖

---

① 参见吴太轩：《技术标准化的反垄断法规制》，法律出版社 2011 年版，第 119 - 120 页。

② DOJ, *Respones to Vmebus International Trade Association (Vita)'s Request Fof Business Review Letter*, The United States Department of Justice Antitrust Division, October 30, 2006 , https://www.justice.gov/atr/response - vmebus - international - trade - association - vitas - request - business - review - letter.

③ 薛波：《元照英美法词典》，法律出版社 2003 年版，第 420 页。

④ 孔祥俊：《反垄断法原理》，中国法制出版社 2001 年版，第 580 页。

方要求买方对相同等级、相同质量的产品或服务支付不同的价格，也可以是买方要求卖方对相同等级和质量的产品或服务提供不同的价格。在标准必要专利领域中的价格歧视主要表现在标准必要专利权人没有正当理由，交易条件不同的被许可人支付相同的专利许可费或要求条件相同的被许可人支付不同的专利许可费。价格歧视行为致使相同条件的交易相对方的交易成本产生较大差距，阻碍一些交易相对方进入相关市场参与公平竞争。[①]所以，价格歧视在不同国家和地区都属于违反反垄断法的行为，而且标准必要专利权人凭借其市场支配地位，甚至可以控制技术和产品两个相关市场的竞争，其反竞争效果更应当受到反垄断法的规制。[②]

在价格歧视的判断上，“条件相同”和“差别定价”的界定非常复杂，难度很大。在反垄断司法和执法实务中，市场状况纷繁复杂且瞬息万变，商业交易的方式、情形完全相同的情况非常少见，只能找到条件相似的交易相对方，很难找到条件完全相同的交易相对方。另外，差别定价是市场经济的常态，价格因各种市场因素的变动而变化，很难界定哪种差别定价是合法的，哪种是违法的。从剥削性角度看，价格歧视是对交易相对方的剥削性行为，但如果仅以价格歧视为由对经营者进行反垄断规制，可能会对正常市场经济产生负面影响，损害经营者及其交易相对方的经济利益和经济效率。从排挤性角度看，价格歧视是对交易相对人的差异化对待，目的是限制交易相对人之间的竞争，但受到差异化对待的交易相对人不在同一市场，价格歧视就不会产生排挤性的反竞争效果，即经营者变相拒绝与交易相对方交易，属于“利润压榨”行为。由于价格歧视在一定程度上具有经济合理性，而且对价格歧视行为的认定与规制所需付出的成本过大，

---

① 参见王先林：《知识产权法与反垄断法：知识产权滥用的反垄断问题研究》，法律出版社2001年版，第240页。

② 参见李煜：《标准必要专利滥用的反垄断法规制研究》，南京大学出版社2018年版，第98－99页。

所以单独因价格歧视进行反垄断的案件并不多见。①

在国际标准制定组织中，行业巨头经营者可能会对标准制定组织内部成员给予一定的优惠政策，而这些对部分交易相对方的优惠政策势必造成价格歧视，影响整个市场的公平竞争。所以，为避免这种情况的发生，标准制定组织一般都会在其知识产权政策中加入非歧视许可条款，要求标准必要专利权人作出 FRAND 或免费许可承诺。这些规定、条款在一定程度上限制了价格歧视的发生。②

由于标准必要专利的特殊性，不同于一般商品交易中的价格歧视行为，标准必要专利许可中的价格歧视行为有以下特殊之处：首先，反竞争效果不同。不具有市场支配地位的一般商品经营者实施价格歧视，一般不产生反竞争效果，也不需要受到反垄断法的规制，只有当其具备市场支配地位的情况下，才有可能产生反竞争的效果；标准必要专利权人较一般商品经营者更容易被认定具有市场支配地位，其产生反竞争效果的可能性会更高一些。其次，复杂程度不同。一般商品出现价格歧视的原因多种多样，可能是商品自身的原因也可能是交易过程、环境的原因，所涉及的影响因素众多，较难界定；标准必要专利权人对竞争资源的分配就是其价格歧视的主要原因，相对于一般商品更为单一。最后，范围不同。一般商品交易中的价格歧视范围较窄且难以确定，受时间、空间、环境状态、质量等多种因素的影响，很难准确界定为价格歧视；标准必要专利许可中的价格歧视就相对纯粹，只要是专利许可费的区别对待就有可能构成价格歧视，其价格歧视的范围相对更大一些。③

---

① 参见万江：《中国反垄断法：理论、实践与国际比较》（第 2 版），中国法制出版社 2017 年版，第 131 页。

② 参见吴太轩：《技术标准化的反垄断法规制》，法律出版社 2011 年版，第 131 页。

③ 参见李煜：《标准必要专利滥用的反垄断法规制研究》，南京大学出版社 2018 年版，第 99 页。

2. 欧美对标准必要专利价格歧视的反垄断法规制

美国规制价格歧视的立法主要为《谢尔曼法》第2条，同时有一部专门针对价格歧视行为制定的反托拉斯立法——《罗宾逊-帕特曼反价格歧视法案》。该法案第1条第a款规定，经营者直接或间接地对条件相同的交易相对方实施价格歧视，若价格歧视造成了阻碍竞争或商业垄断的反竞争效果，其行为是非法的。[①] 同时，在美国司法与执法实践中，对于专利许可费的歧视行为，司法和执法机构通常认为应当按照合理原则进行反托拉斯法的分析，而非单纯进行专利滥用的分析。《欧盟运行条约》第102条主要用来规制价格歧视行为，同时《技术转让协议指南》第4条也对价格歧视作出了规定，即经营者直接或间接、单独或与当事人控制下的其他因素相结合，限制当事人在向第三人销售产品时定价能力所达成的协议认定具有反竞争效果。[②] 也有经济学家认为标准制定组织中FRAND承诺在价格歧视方面主要指的是，标准实施者支付的标准必要专利许可费不应高于该专利在被纳入标准之前、有替代技术与之竞争时的许可费率。[③] 虽然FRAND承诺迄今为止仍然没有清晰的界定，但在标准必要专利许可过程中其作用还是应该予以肯定。所以，美国、欧盟以及国际标准化组织的相关立法与规定都要求标准必要专利权人的专利许可行为符合FRAND原则，否则，其行为就可能会被认定为滥用市场支配地位，而标准实施者对其的侵权行为也很难成立。

3. 我国对标准必要专利价格歧视的反垄断法规制

我国《反垄断法》第22条第1款第6项明确对价格歧视行为进行了规

① 参见尚明：《主要国家（地区）反垄断法律汇编》，法律出版社2004年版，第219页。

② 参见许光耀：《欧共体竞争立法》，武汉大学出版社2006年版，第183-184页。

③ 参见罗娇：《论标准必要专利诉讼的“公平、合理、无歧视”许可——内涵、费率与适用》，载《法学家》2015年第3期，第88页。

定。[①] 原国家工商行政管理总局公布的《关于禁止滥用知识产权排除、限制竞争行为的规定》也在第 11 条中对价格歧视行为进行了明确的规定。[②] 这些法律条款明确了我国对价格歧视行为判断的基本标准，对标准必要专利价格歧视判断可以通过以下几个步骤：首先，标准必要专利权人应当具有市场支配地位。虽然知识产权权利人并不一定具有市场支配地位，但标准必要专利权人与普通经营者或一般专利权人相比，具有市场支配地位的可能性要高很多，当然，对于标准必要专利权人的市场支配地位也还是需要进行认定的，这是前提条件。其次，对相同条件的标准实施者实行不同的许可费率。前文已经对条件相同的复杂性及其难以界定的实际情况进行了论述，在对标准必要专利许可中的价格歧视进行分析时，如果许可类型一致，交易条件是否相同通过形式对比大致可以分析出来，如果许可类型不一致，就更为复杂，还需要详细分析专利许可费的作价方法。在标准必要专利许可实务中，专利许可费的计算方法也非常复杂，包括固定价格、提成价格等，最终都只能通过个案进行分析。最后，没有正当理由实行许可费差别待遇。我国所有的法律规定中均没有对价格歧视的正当理由进行规定，但综合标准必要专利的特点以及其他条款中的正当理由，在标准必要专利许可中价格差别待遇的正当理由应当具备以下几个特点：第一，节约资源，提高效率；第二，对消费者权益及社会利益有益；第三，促进有效竞争。[③] 当然，这些分析都存在一定的困难度，在具体案件中，这些内容可以作为参考，但具体认定还是需要进行个案分析。

在我国立法中，也有直接对违反 FRAND 承诺进行价格歧视的限制性规

---

① 《反垄断法》第 22 条第 1 款第 6 项，"没有正当理由，对条件相同的交易相对人在交易价格等交易条件上实行差别待遇"。

② 《关于禁止滥用知识产权排除、限制竞争行为的规定》第 11 条："具有市场支配地位的经营者没有正当理由，不得在行使知识产权的过程中，对条件相同的交易相对人实行差别待遇，排除、限制竞争。"

③ 参见肖江平：《滥用市场支配地位行为认定中的"正当理由"》，载《法商研究》2009 年第 5 期，第 93 – 95 页。

定。如《关于禁止滥用知识产权排除、限制竞争行为的规定》第 13 条之规定。[①]《国家标准涉及专利的管理规定（暂行）》也对专利权人需要作出公平、合理、无歧视许可声明进行了规定。[②] 对于标准必要专利权人价格歧视的判断，可以通过在标准制定时其是否作出 FRAND 承诺来进行分析，若标准必要专利权人在标准制定过程中已经向标准制定组织作出了 FRAND 承诺，且在 FRAND 承诺的范围内进行了专利许可，则可以直接推定标准必要专利权人的行为不属于价格歧视行为。

（三）标准必要专利掠夺性定价的反垄断规制

1. 标准必要专利中的掠夺性定价

掠夺性定价（predatory pricing）是“企业降低价格旨在将竞争对手排挤出市场的行为”[③]。在掠夺性定价反垄断实践中，经营者的成本、规模等各不相同，对产品或服务的定价水平也不一样。那么在市场经济中，什么情形是正常的竞争性定价，什么情况属于掠夺性定价，是需要解决的关键性问题。在反垄断经济理论中，经营者生产一个单位的产品所消耗的成本称为边际成本，掠夺性定价是低于可合理预见的短期边际成本的行为，也属于竞争性定价的一种。经营者以利润最大化为竞争目标，在市场竞争中，经营者实现利润最大化的途径就是需要边际收入等于边际成本。也就是说，若经营者的定价低于其边际成本，经营者自身就要承担一定的损失。而掠夺性定价就是经营者通过让包括自己在内的经营者都承担损失，来打击竞争对手，形成垄断，并在达到垄断后通过获取垄断利润来弥补之前因掠夺

---

① 《关于禁止滥用知识产权排除、限制竞争行为的规定》（2020 年）第 13 条第 2 款第 2 项：具有市场支配地位的经营者没有正当理由，在其专利成为标准必要专利后，违背公平、合理和无歧视原则，实施拒绝许可、搭售商品或者在交易时附加其他的不合理交易条件等排除、限制竞争的行为。

② 《国家标准涉及专利的管理规定（暂行）》（2014 年）第 9 条、第 10 条、第 11 条、第 12 条、第 13 条。

③ 王传辉：《反垄断的经济学分析》，中国人民大学出版社 2004 年版，第 157 页。

性定价造成的损失。所以，在对经营者定价行为的认定上，若经营者的定价低于其边际成本，那么其定价行为已经不属于正常的竞争性定价行为。[①]

2. 欧美对标准必要专利掠夺性定价的反垄断规制

反垄断执法机构在分析掠夺性定价行为时的关键就是商品或服务价格与边际成本的分析，但是对经营者边际成本的衡量非常复杂。在反垄断实践中很难通过计算得出经营者的边际成本，美国经济学家阿里达（Areeda）和特纳（Turner）于1975年在其文章中提出了一个替代性方案，即平均可变成本（Average Variable Cost，AVC）。在经济学领域，经营者的成本可以分为不变成本（固定成本）和可变成本。不变成本是指在一定期间和生产规模范围内不发生变化的成本，比如场地、设备的成本等。可变成本则主要是在一定期间和生产规模范围内会发生变化的成本，如工资、原材料的成本等。虽然在时间足够长的情况下，不变成本也是会变化的，但在一定时期内，对不变成本和可变成本的区分还是有意义的。平均可变成本就是用可变成本除以产量计算出来的。[②] 欧洲终审法院在1991年审理AKZO案时，确立的判断掠夺性定价的基本原则，就是具有市场支配地位的经营者销售商品的价格低于其平均可变成本，该经营者的行为构成掠夺性定价，若商品价格介于平均可变成本和平均总成本（Average Total Cost，ATC）之间，并且有证据表明经营者具有排挤竞争对手的意图，也有可能构成掠夺性定价。[③] 但平均可变成本标准相对宽松，有可能无法约束高于平均可变成本但仍然阻碍市场竞争的行为，所以也受到了不少的负面评价，不过迄今为止，平均可变成本标准仍然是反垄断司法实务中判断掠夺性定价的主要标准。

---

① 参见王传辉：《反垄断的经济学分析》，中国人民大学出版社2004年版，第157－158页。

② 参见王传辉：《反垄断的经济学分析》，中国人民大学出版社2004年版，第158－159页。

③ 参见万江：《中国反垄断法：理论、实践与国际比较》（第2版），中国法制出版社2017年版，第133页。

认定销售价格低于平均可变成本只是掠夺性定价分析的第一步，只是初步确认了经营者有掠夺性定价行为的存在，还需要证明经营者有通过垄断利润弥补损失的可能性，也被称为补偿标准（recoupment）。这一步骤在美国反垄断实践中是证明掠夺性定价行为违法性的必要条件。

由此可见，从对掠夺性定价行为的分析上看，欧盟要证明经营者具有市场支配地位且实施了低于商品成本的销售行为，而美国要在此基础上继续证明经营者有通过垄断利润弥补损失的可能性。可见，欧盟与美国相比，美国在对掠夺性定价行为的认定上更为严格。

3. 我国对标准必要专利掠夺性定价的反垄断规制

我国《反垄断法》第 22 条第 1 款第 2 项对于掠夺性定价行为的描述是："没有正当理由，以低于成本的价格销售商品的行为。"反垄断实践中也称作"低价倾销"，有的学者称之为"不当低价"或"不当贱卖"。在市场经济中，与能够提供替代商品或服务的经营者竞争是每一个经营者的意图，所以，对竞争者的排挤意图也应该说是每一个经营者都具有的。但在反垄断领域，经营者的意图并不是反垄断机构考虑的重点，经营者具体行为本身及其对市场竞争的影响才是分析的重点。反垄断的核心目标是经济效率，只有经营者的定价行为对市场产生了反竞争的效果，降低了经济效率，才需要反垄断的介入，对其行为进行规制。①

与标准必要专利相关的掠夺性定价行为主要发生在标准的推广阶段。标准必要专利权人只有在标准得到市场的接纳后，才能通过标准扩大自身的影响力，排挤竞争对手，获取巨额的专利许可费用。所以标准必要专利权人可能会采取掠夺性定价行为来推广标准，如在全球电信业从仿真通信向数字通信转变时期，美国 Qualcomm 公司为了推广 CDMA 标准，允许韩国以很低的专利许可费使用 CDMA 标准中上千项 Qualcomm 公司的专利，

① 参见王传辉：《反垄断的经济学分析》，中国人民大学出版社 2004 年版，第 157 页。

通过CDMA标准在韩国的推广，该标准很快得到了全球的接受和采纳。Qualcomm公司的行为可能涉嫌掠夺性定价。①

在认定标准必要专利权人的行为是否构成反垄断意义上的掠夺性定价行为时，可以从以下四个方面进行判断：（1）经营者具有市场支配地位。（2）标准必要专利技术的许可价格或其产权的销售价格低于其成本。该成本可以是平均可变成本和平均总成本，也可以通过与同等竞争条件的其他技术拥有者的定价相比或是通过一定时期内该标准必要专利权人许可价格或售价的变化来判断。但在实践中，标准必要专利的成本不同于一般商品的成本，对其计算有一定的复杂性，低于成本价确实难以精确衡量。（3）有反竞争意图。标准必要专利权人具有阻碍竞争、控制市场的目的。（4）产生反竞争效果，对市场竞争造成实质性损害。对标准必要专利权人掠夺性定价行为的分析，若符合上述四个方面，基本可以推定其符合掠夺性定价的标准，应受到反垄断法的规制。②

二、滥用市场支配地位限制交易条件的反垄断规制

（一）标准必要专利拒绝交易的反垄断规制

1. 标准必要专利中的拒绝交易

拒绝交易是指具有市场支配地位的经营者在没有正当理由的情况下，拒绝与交易相对人进行交易。③ 在市场经济环境下，经营者有经营自主权，可以自主选择与某些交易相对方进行交易，也可以拒绝与某些交易相对方进行交易。反垄断机构干预经营者的经营自主权可能会影响经营者的投资、创新与经营意愿，损害消费者的利益，对整个市场经济产生负面的影响。

---

① 参见吴太轩：《技术标准化的反垄断法规制》，法律出版社2011年版，第132－133页。

② 参见吴太轩：《技术标准化的反垄断法规制》，法律出版社2011年版，第133－134页。

③ 参见杨越、刘昊波：《对买方滥用市场支配地位拒绝交易的反垄断法规制》，载《人民司法》2019年第20期，第93页。

所以，司法与执法机构在处理经营者拒绝交易问题时，必须细致谨慎，现有的一些判例也可以作为有益的参考。

2019 年的 FTC 诉 Qualcomm 公司案①，是高通公司的行为在美国本土首次被认定为垄断行为，在法院认定高通公司构成垄断的理由中，拒绝交易是重要一项。Qualcomm 公司对其交易相对方实行“无许可、无芯片”商业模式，与客户深度绑定，排挤竞争对手，其既构成了搭售，搭售不成又构成拒绝交易。最终法院认定 Qualcomm 公司垄断行为成立。根据 FTC 的请求，对 Qualcomm 公司“无许可、无芯片”行为予以禁止，并要求其将这两种业务进行拆分，使得市场主体获得与 Qualcomm 公司公平、合理的谈判机会。②

2. 欧美对标准必要专利拒绝许可的反垄断法规制

美国在处理拒绝交易问题时，若要强制经营者进行交易，就必须为交易明确限制条件，且必须针对经过充分竞争的市场上实际无法提供的商品。美国最高法院通过 1912 年的 Terminal Railroad 案③及 1945 年的 Associated Press 案④，总结并提出必要设施理论。1983 年美国第七巡回法院审理的 MCI Communications Corp. v. AT & T 案⑤，是必要设施理论的代表性案例，法院在该案中提出了构成必要设施理论的四项条件。欧盟在解决拒绝交易问题时，主要还是按照处理滥用市场支配地位行为的一般审查标准来作判断，即对是否损害了消费者的利益、是否排除了有效竞争、是否有效率、是否为维护市场竞争必须等方面进行分析。欧盟在 1994 年处理 Sealink 案⑥

---

① Federal Trade Commission, Plaintiff - Appellee, v. Qualcomm Incorporated, Defendant - Appellant, Case: 19 - 16122, 07/16/2019.

② 参见仲春:《标准必要专利与反垄断法的最新国际实践——美国 FTC 诉高通公司垄断一审案研究》，载《知识产权》2019 年第 11 期，第 23 - 24 页。

③ Unites States v. Terminal Railroad Ass'n of St. Louis. 224 U. S. 383 (1912).

④ Associated Press v. United States, 326 U. S. 1 (1945).

⑤ MCI Commc'ns Corp. v. Am. Telephone & Telegraph Co., 708 F. 2d1081 (7th Cir. 1983).

⑥ B & I Line v. Sealink Harbours and Stena Sealink, 5 CMLR 255 (1992).

时引入必要设施理论，随着经济的发展，欧盟在“必要设施原则”的适用上也明确要满足的必须的条件。可以说必要设施理论在欧盟的司法与执法实践中并没有过多地被使用到。我国《关于禁止滥用知识产权排除、限制竞争行为的规定》第 7 条[①]也提到了必要设施理论，但在司法与执法实践中还没有适用的案件出现。

在标准必要专利领域，拒绝交易行为主要表现为拒绝许可。简单地说，许可就是专利权人允许他人使用自己的专利技术的权利。专利权人行使专利权的主要方式就是专利许可，这也是知识产权的特性。[②] 专利法的立法目的就是保护专利权人的合法权益，专利权人有权阻止他人取得或使用其专利技术。所以，拒绝许可是专利权人拒绝授予他人使用其专利、排除他人的竞争能力，从而加强自己的垄断地位的行为。[③] 一般情况下，拒绝许可是专利权人享有的一种权利处分自由，其与许可类似，都是专利权人行使自己权利的一种方式。专利权人许可他人实施专利或拒绝他人实施专利都是为了实现利益最大化，其动机与产权人处理财产的动机相同，但是，就像有形财产的拒绝交易一样，在特定情况下，专利权的拒绝许可有可能违反反垄断法，但这种特定情况非常少见。一些国家和地区在其反垄断法实践中，对这方面问题逐步进行了探索。

美国《专利法》第 271 条第 d 款第 4 项规定了专利权人在没有许可或使用专用权利时不必负专利权滥用的责任。专利权人没有必须实施专利或许可他人实施专利的义务。在欧盟，知识产权的拒绝许可主要是将《欧盟运行条约》第 102 条不得拒绝供货商品的规定引申到了专利领域。欧盟关

① 《关于禁止滥用知识产权排除、限制竞争行为的规定》第 7 条第 1 款：“具有市场支配地位的经营者没有正当理由，不得在其知识产权构成生产经营活动必需设施的情况下，拒绝许可其他经营者以合理条件使用该知识产权，排除、限制竞争。”

② 参见彭志刚：《知识产权拒绝许可反垄断法律问题研究》，法律出版社 2011 年版，第 13 页。

③ 参见王先林：《知识产权法与反垄断法：知识产权滥用的反垄断问题研究》，法律出版社 2008 年版，第 226 页。

注的是拥有必要设施的具有市场支配地位的经营者是否从事了排他的行为，与专利权没有直接的关系，《欧盟运行条约》第 102 条的适用不会受到由专利权获得的市场支配地位或由专利权加强的市场支配地位因素的影响。在不同国家和地区的反垄断案件中，专利权人拒绝许可行为是否构成垄断行为并没有一个统一的答案，还需要视具体案情而定。

必要设施理论最早产生于美国，主要依据美国《谢尔曼法》第 2 条，后传入欧洲，在欧盟竞争法中得以适用。对于该理论，世界各国、地区并没有统一的概念，美国对必要设施理论的一般理解主要是围绕“必要设施”展开的。一个经营者拥有对于在另一个市场提供商品或服务的必要设施，在没有正当理由的前提下，拒绝其他个人或经营者使用或获取该必要设施，该经营者的行为就可能被认定为违反反垄断法的拒绝许可行为。[①] 在美国反垄断司法与执法实践中，相关机构一般不会将某一商品或设施轻易地认定为必要设施，对该理论的适用是非常严格的。要使用必要设施理论需要首先确定必要设施，这是不容易的，所以在司法与执法实践中都非常少见，但若拒绝许可和反竞争意图同时出现时，美国法院可以适用必要设施理论去处理该问题。

欧盟必要设施理论的依据来自《欧盟运行条约》第 102 条。随着理论及实践的不断丰富和发展，必要设施理论在欧盟可以理解为拥有客户或竞争者开展业务必需的设施，且该设施不能通过其他合理的手段复制。欧洲法院通过判例确立的判断必要设施理论，在表述方式上与美国法中规定的条件并非一一对应，但其具体内容并无实质的不同。

3. 我国对标准必要专利拒绝许可的反垄断法规制

标准必要专利是经营者生产符合技术标准的商品或提供满足标准的服务必须要使用到的专利技术。在没有其他标准和可替代方案的前提下，任

---

① 参见彭志刚：《知识产权拒绝许可反垄断法律问题研究》，法律出版社 2011 年版，第 148 - 149 页。

何经营者生产符合标准的商品或提供满足标准的服务都必须得到标准必要专利权人的授权许可，否则就无法生产该商品，也就无法进入相关商品市场。所以拒绝标准必要专利的许可与拒绝一般专利的许可相比，更加可能被认定具有反竞争的效果。另外，我国的标准制定机构尚未建立标准制定阶段的专利信息披露规则，经专利权人同意，将其专利技术纳入我国各级、各类标准的，视为专利权人许可他人在实施标准的同时使用其专利，这就是标准必要专利的默示许可规则。默示许可意味着标准必要专利权人的拒绝许可行为是对已经作出的专利许可承诺的否认，违背了“禁止反言原则”。当然并不是所有标准必要专利权人的拒绝许可行为都是具有反竞争效果，需要被反垄断规制的，在实务操作中，必须经过行政或司法认定的违反反垄断法的拒绝许可行为才会受到制裁。①

一般情况下，专利权人有权决定是否许可他人使用其专利技术，专利权人的拒绝许可只要对交易相对人能够公平对待，没有歧视，也没有对市场造成反竞争的后果，那么不论其许可实施其专利技术还是不许可实施其专利技术都是合法的，是不需要进行反垄断规制的。但若标准必要专利权人的拒绝许可行为造成了反竞争后果，就需要进行反垄断规制。

标准必要专利权人拒绝许可构成滥用市场支配地位需要从以下几个方面进行认定：第一，该标准必要专利构成必要设施。标准必要专利因标准的推广，被认定为必要设施的概率较大，尤其是国家法定的标准，其强制推广的属性使其被认定为必要设施的可能性更大，其他的事实标准与之相比被认定为必要设施的可能性会小一些，但作为标准的一部分，就具有公共属性，还是有相当大的概率被认定为必要设施。第二，无正当理由拒绝许可。若要拒绝许可交易相对人使用其专利技术，标准必要专利权人需要对其正当且合理的理由进行举证，如交易相对方具有恶意实施专利的情形，

---

① 参见李煜：《标准必要专利滥用的反垄断法规制研究》，南京大学出版社 2018 年版，第 85 页。

许可行为会造成标准必要专利权人的损害，具有可替代标准或相关技术，拒绝许可行为并未阻碍市场竞争与技术创新，等等。第三，交易条件合理。标准实施者向标准必要专利权人提出合理的交易条件和报价，标准必要专利权人也具备许可其标准必要专利的可行性。[①]

（二）标准必要专利限定交易的反垄断规制

1. 标准必要专利中的限定交易

限定交易是指没有正当理由，具有市场支配地位的经营者限定交易相对方只能与其进行交易，或者只能与其指定的经营者进行交易的行为。[②] 经营者的限定交易行为阻碍了竞争对手公平交易的机会，是对相关市场的封锁，破坏了正常的市场竞争秩序。当这种行为达到一定限度，就可能构成垄断，需要反垄断法进行规制。经营者违反反垄断法的限定交易行为需要满足以下三个条件：（1）具有市场支配地位；（2）利用其市场支配地位实施了限定交易行为；（3）没有正当理由。[③]

在技术标准实施过程中，限定交易主要是标准必要专利权人凭借其在标准相关市场中的支配地位，要求标准实施者在实施专利时满足一些限制性条款。这些限制性条款的出现主要是由标准必要专利具有与一般专利不同的特殊性决定的。在实施标准时，标准必要专利的许可谈判天然地造成标准必要专利权人与标准实施者地位的不平等。对标准实施者而言，其要想生产满足技术标准的商品就必须得到标准必要专利权人的授权许可，在交易相对方的选择上是唯一的。但对于标准必要专利权人而言，其可以任意选择交易相对方，若标准必要专利权人想要维持自己的垄断优势，可能

---

① 参见李煜：《标准必要专利滥用的反垄断法规制研究》，南京大学出版社 2018 年版，第 91 页。

② 参见邵静程：《论专利联营的反垄断法规制》，载《南京理工大学学报（社会科学版）》2012 年第 5 期，第 123 页。

③ 参见姚建军：《限定交易与搭售行为的认定》，载《人民司法》2015 年第 5 期，第 39 页。

会利用其优势地位在许可谈判中要求一些对自己有利但限制对方竞争和发展的条件。如果不对标准必要专利权人的行为加以限制，极易出现阻碍市场竞争后果。

2. 欧美对标准必要专利限定交易的反垄断规制

在美国，限定交易行为也可以称为排他性（exclusive）交易行为。具有市场支配地位的经营者通过限定交易行为阻碍竞争对手公平交易，提高竞争对手交易成本，造成市场的反竞争效果。但限定交易行为也可能促进经济效率，如固定交易相对方可以降低沟通成本与交易风险，也可以防止品牌间的搭便车。欧盟在《适用欧共体条约第 82 条查处市场支配地位企业滥用性排他行为的执法重点指南》① 中将限定交易行为分为附条件折扣（conditional rebate）和独家购买义务（exclusive purchasing）两种。附条件折扣是具有市场支配地位的经营者给予交易相对方特定购买行为的折扣。虽然通常情况下，附条件折扣属于正常的经营行为，但具有市场支配地位的经营者对市场的控制力可能造成反竞争的效果。独家购买义务是当具有市场支配地位的经营者在消费者的供应体系中是不可避免的，那么其对消费者的控制就是一种独家购买义务，这种强加给消费者的独家购买义务就可能会对其他竞争者产生排挤的效果。②

反垄断实务中，标准必要专利权人限定交易行为主要表现在以下几个方面：第一，价格限定。标准必要专利权人在许可协议中对标准实施者使用其专利技术生产产品的销售价格进行限定。在欧盟，其《关于对各种技术转让协议适用〈欧盟运行条约〉第 101 条第 3 款的委员会第 316/2014 号

---

① Guidance on the Commission's enforcement priorities in applying Article 82 of the EC Treaty to abusive exclusionary conduct by dominant undertakings.

② 参见万江：《中国反垄断法：理论、实践与国际比较》（第 2 版），中国法制出版社 2017 年版，第 144 页。

条例》（以下简称《技术转让条例》）[①] 将限制产品销售价格视为“黑色条款”。在美国，专利许可协议中对产品销售价格进行限制的行为被视为本身违法行为。第二，区域限定。标准必要专利权人对其专利许可的区域范围作出了限定，标准实施者只能在特定的区域内使用其专利技术。各国、各地区在区域限制方面的监管相对宽松，多采用合理原则进行分析。美国《知识产权许可的反托拉斯指南》[②] 认为，对区域的限定可能恰当地将不同的区域分配给不同的标准实施者，从而对竞争有促进作用；欧盟《技术转让条例》将对区域的限定归入限制竞争豁免的范围内，但该标准必要专利在许可给其他标准实施者的区域内应当有平行专利被实施，并且对限定的期限也作出了规定。第三，回授条款。标准必要专利权人在许可协议中要求标准实施者利用该标准必要专利作出的改进技术回授给其无偿使用。回授行为是标准必要专利许可中典型的滥用行为，但回授技术又能促进专利技术使用效率最大化，对创新有一定的促进作用，所以很多国家和地区允许在“对等”的条件下实施“回授”行为。不过回授行为对标准必要专利权人市场支配地位的加强或维持也显而易见，对市场竞争的阻碍不可忽视。第四，不竞争条款。该条款是指标准必要专利权人在许可协议中限制标准实施者在市场上与标准必要专利权人或其关联经营者就相互竞争的商品在研究、开发、生产和销售等方面进行竞争的条款。该条款直接限制了标准实施者与标准必要专利权人之间的竞争，降低标准实施者在商品市场及技术市场的竞争能力。美国《知识产权许可的反托拉斯指南》列出了评估不竞争条款的因素：（1）是否会促进标准必要专利技术本身的利用与开发；（2）是否会限制与标准必要专利技术相竞争的技术的利用与开发；（3）是

---

① Commission Regulation (EU) No 316/2014 of 21 March 2014 on the application of Article 101 (3) of the Treaty on the Functioning of the European Union to categories of technology transfer agreements Text with EEA relevance.

② Antitrust Guidelines For the Licensing of Intellectual Property (Proposed Update), Issued by the U. S. Department of Justice and the Federal Trade Commission.

否会限制各种替代技术间的竞争。而欧盟将这类不竞争条款归入限制竞争不能豁免的范围。①

3. 我国对标准必要专利限定交易的反垄断规制

我国《反垄断法》第17条第4款对限制交易行为进行了规定。但标准必要专利许可中的限定交易行为究竟是标准必要专利权人正当行使权利还是应受到反垄断法调整的违法行为，需要在不同的情形下针对个案单独分析。上文提到对限定交易多使用合理原则进行分析。在运用此原则进行分析时，还应注意以下因素：第一，标准必要专利权人的市场地位。虽然标准必要专利权人很有可能被认定为具有市场支配地位，但并不必然被认定，还是需要相关机构通过特定的流程和方法进行认定。只有具有市场支配地位的标准必要专利权人的限定交易行为才有可能被认定为滥用市场支配地位，从而被反垄断法调整。第二，限定行为是否超出权利范围。标准必要专利权人应在其专利权范围内对标准实施者进行限定，若超出其权利范围则属于权利滥用行为。第三，对标准实施者研究开发能力的影响。对标准实施者的限定内容不应减弱其后续的研究能力，如果标准必要专利权人的限定交易行为对标准实施者后续研究能力产生了削弱的作用，可能会违反《反垄断法》。第四，对竞争的影响程度。标准必要专利权人对标准实施者的生产进行限制，包括通过限定条款限制实施者使用的技术手段或生产的产品类型，阻碍了正常的市场竞争，可能会触犯反垄断法。②

（三）标准必要专利搭售的反垄断规制

1. 标准必要专利中的搭售

搭售是将两种或两种以上的商品（包括服务和知识产权在内）捆绑成一种商品进行销售，以致购买者为得到其所想要的商品就必须购买其他商

① 参见吴太轩：《技术标准化的反垄断法规制》，法律出版社2011年版，第137-139页。

② 参见吴太轩：《技术标准化的反垄断法规制》，法律出版社2011年版，第139-140页。

品的商业行为。这里第一种商品称为搭售品（tying product），第二种商品称为被搭售品（tied product）。[①] 搭售的构成要件由三部分组成：（1）搭售品与被搭售品是相互独立、可以分开的商品；（2）经营者（卖方）在相关市场具有市场支配地位；（3）经营者（卖方）的搭售行为导致市场竞争的损害，对市场竞争产生反竞争效果。[②]

在搭售行为的判断中，如何判断两种商品是相互独立、可以分开对搭售行为的认定至关重要。并不是所有的搭售行为都是违法行为，有些商品是基于使用习惯或技术原因捆绑在一起进行销售的，如鞋子与鞋带、打印机与墨盒等，有些商品捆绑在一起销售可以提高效率，如鞋子的左脚和右脚、汽车和轮胎等，这些搭售行为都属于合法行为，在对搭售行为违法性的判断上需要个案甄别。在《适用欧共体条约第 82 条查处市场支配地位企业滥用性排他行为的执法重点指南》中，欧盟提出了对两种商品相互独立、可以分开进行判断的标准：在没有搭售行为存在的情况下，买方可以在不购买被搭售品的情况下在同一经营者处购买到搭售品，这属于直接证明两种商品为不同商品。也可以通过间接方式进行证明，如相关市场还有生产和销售搭售品的经营者、实施搭售行为的经营者不具有市场支配地位，市场支配力弱小，等等。[③] 美国反垄断实践中，对于搭售行为的判断与欧盟的分析方法基本相同，也提出了有些商品的搭售行为有促进经济发展、节约社会成本等益处，当然，对于经济效率到底是提高还是降低的判断也没有明确的标准，还是需要个案分析。

对搭售行为是否产生反竞争效果的判断主要依据“杠杆理论”，即经营

---

① 参见王先林：《知识产权与反垄断法：知识产权滥用的反垄断问题研究》，法律出版社 2008 年版，第 241 页。

② 参见王传辉、葛菲等：《外资并购的反垄断管制——可口可乐收购汇源案的拓展研究》，经济管理出版社 2011 年版，第 162 - 163 页。

③ Guidance on the Commission’s enforcement priorities in applying Article 82 of the EC Treaty to abusive exclusionary conduct by dominant undertakings, para 51, https：//eur - lex. europa. eu/legal - content/EN/TXT/? qid = 1587458892866&uri = CELEX：52009XC0224（01），(last visited Apr 12, 2020).

者利用其市场支配地位，迫使买方在购买商品的同时接受购买另一商品，以达到取得或维持其市场支配地位的目的。杠杆理论在此时的表现就是经营者将搭售行为作为杠杆，将其在搭售品市场上的市场支配地位“传导”到被搭售品市场上，搭售行为具有一定的反竞争性，但仅通过杠杆理论也不能完全证明经营者能够通过搭售行为在被搭售品市场上获取垄断利润。[①] 欧盟对搭售行为的反竞争效果的判断，主要从经营者产生阻碍竞争的效果以及是否具有排除市场竞争的意图方面进行的分析。并且，欧盟提出经营者的搭售行为可能是为了规避政府的价格管制政策，通过搭售商品来弥补管制商品（搭售品）价格上的利润损失。美国对于搭售行为主要采用本身违法原则及效率性分析。对捆绑在一起销售能够节约成本、提高效率的搭售行为不认定为违反反垄断法的搭售行为。[②]

标准必要专利许可过程中的搭售行为主要指标准必要专利权人在许可标准实施者使用其专利技术时，要求标准实施者同时购买其他的技术、商品、服务或原材料等的行为。

标准必要专利权人的搭售行为可能会具有一定的反竞争性。标准必要专利权人通过搭售行为将标准相关市场的支配地位转移到另一个与之无关的市场，并导致标准必要专利权范围以外的另一市场的竞争的消除。但标准必要专利的搭售行为产生的效果并不一定都是反竞争性的，也有可能有利于标准必要专利的顺利实施，促进竞争，是具有一定的合理性的。例如，标准必要专利的有效实施必须依赖标准必要专利权人的相关服务，否则无法达到预期效果，而此服务在相关市场内仅有标准必要专利权人能够提供，此时标准必要专利权人的相关服务作为标准必要专利的被搭售品是标准必

① 参见［美］赫伯特·霍温坎普：《联邦反托拉斯政策：竞争法律及其实践》，许光耀、江山、王晨译，法律出版社 2009 年版，第 460－463 页。

② 参见万江：《中国反垄断法：理论、实践与国际比较》（第 2 版），中国法制出版社 2017 年版，第 139 页。

要专利有效实施的必要条件，该搭售行为具有一定的合理性。有些搭售行为还可以降低经营者的销售成本，从而实现消费者购买成本的降低。虽然搭售可能产生反竞争效果，也可能具有合理性，但搭售行为是一个事实行为，经营者实施搭售行为并不完全是因为搭售行为能够通过现有垄断获得另一个垄断，也有可能是其他原因，如价格歧视等。① 搭售的反竞争性不单单来源于两种或两种以上商品的捆绑销售，而是来源于这种捆绑销售的强制性。② 所以标准必要专利许可过程中的搭售行为，可能违背了标准实施者的意志，限制了标准实施者的选择自由，甚至可能实现在非搭售条件下无法实施的价格歧视，增加竞争者的市场进入障碍，故对搭售行为进行分析十分必要。

搭售行为的合理性得到越来越多的认可，所以对搭售行为竞争效果的分析是研究的主流方向。③ 在对标准必要专利权人搭售行为反竞争效果的认定上，若标准必要专利权人对其标准必要专利的许可存在明显破坏市场公平竞争秩序的要求，就可能会被认定具有反竞争的效果；若不存在，就可能不认定具有反竞争的效果，应对标准必要专利权人的正当市场行为予以保护。在具体分析标准必要专利权人的搭售行为的竞争效果时，还需要考虑以下三个因素：第一，搭售商品的定价。商品的定价是判断是否滥用支配地位的一个重要指标，分析标准必要专利权人对搭售商品的定价是否属于合理范围，若其对搭售商品的定价合理，则其搭售行为的违法性较小，若其对搭售商品的定价不合理，则其搭售行为的违法性较大。第二，搭售品与被搭售品的关联性。被搭售品与标准必要专利技术之间关联性的大小

---

① 参见［美］威廉·M. 兰德斯、理查德·A. 波斯纳：《知识产权法的经济结构》，金海军译，北京大学出版社 2005 年版，第 473 页。

② 参见［美］Jay Drawer：《知识产权许可》，王春燕等译，清华大学出版社 2003 年版，第 474 页。

③ 参见李剑：《合理原则下的单一产品问题——基于中国反垄断法搭售案件的思考》，载《法学家》2015 年第 1 期，第 83 页。

对其搭售行为的违法性有直接影响。两者关联性越大，其搭售行为的违法性越小；两者关联性越小，其搭售行为的违法性越大。第三，法定豁免情形。若存在法定豁免情形，则不具有违法性；若不存在，则被认定为违法的可能性较大。①

2. 欧美对标准必要专利搭售的反垄断规制

欧盟对于搭售行为的规制主要体现在《欧盟运行条约》第102条，而在美国，对搭售的规制主要依据包括《谢尔曼法》第1条、《克莱顿法》第3条以及《联邦贸易委员会法》第5条。但是这些条文并没有对搭售问题进行具体的规定。经营者采取搭售策略通常出于以下几个方面的考虑：第一，保护质量及商业信誉。这是为保证自家商品的质量、性能等，要求买方必须在购买某一商品的同时购买指定的另一商品。例如，钢笔的生产者要求消费者购买自己指定的墨水，若消费者购买了其他的墨水，一旦钢笔出现问题，很难区别是钢笔本身的问题还是墨水的问题。所以保护质量及商业信誉是经营者实施搭售行为考虑因素之一。第二，提高效率、降低交易成本。商品的搭售可以有效提高商品生产及销售两个方面的效率。将两种或两种以上的产品一起搭售，生产规模得到扩大，可以压低成本、提高效率、增加销量，并且合理的商品搭售可以有效减少消费者购买成本，提升消费者的购买率。第三，规避价格管制。政府实施的价格管制致使商品利润降低。经营者为实现利润最大化，可能通过搭售商品提高售价规避政府的价格管制政策，弥补因价格管制带来的利润损失。② 第四，杠杆作用。经营者将自己在搭售品市场的支配地位通过其搭售行为传导至被搭售品市场，这就是搭售杠杆作用的体现。但是，芝加哥学派提出具有市场支配地位的商品与完全竞争的商品的搭售无法提高甚至会减少垄断利润。不过该理论经

① 参见李煜：《标准必要专利滥用的反垄断法规制研究》，南京大学出版社2018年版，第92－93页。

② 参见王传辉：《反垄断的经济学分析》，中国人民大学出版社2004年版，第168－169页。

过修正，认为搭售行为有可能限制竞争。经营者的搭售行为目的是增加被搭售品市场的进入障碍，减少竞争者，或者通过搭售行为维护经营者在搭售品市场的市场支配地位，这都会阻碍市场的自由竞争。第五，降低新产品市场进入风险。新产品往往不容易被消费者接受，经营者通过将新产品与具有市场支配地位或具有一定知名度的商品进行捆绑销售，增加消费者对新产品的接受程度，从而增加新产品的销量。[①]

在美国，司法实践中多次出现相关的案件，在 Anderson Co. v. Trico Prods. Corp. 案[②]中，Anderson 公司拥有挡风玻璃雨刷片的专利技术，在对专利进行许可时，其要求汽车制造商在使用具有其专利技术的雨刷片的同时，必须优先购买 Anderson 公司“标准化的”雨刷的雨刷臂及其余部件。法院认为 Anderson 公司在专利许可时的搭售行为阻碍了雨刷臂市场的自由竞争，具有一定的违法性，驳回其对 Trico 公司侵犯专利权的起诉。另一起轰动全球的反垄断案是 Microsoft 公司垄断案。20 世纪 80 年代，Microsoft 公司已经成为全球最大的软件生产商，凭借 Windows 系统掌握了全球 90% 以上的 PC 操作系统市场。1989 年，FTC 对 Microsoft 公司展开调查。FTC 通过调查查明，Microsoft 公司将应用软件与操作系统进行捆绑销售，并在操作系统中设置相应的技术措施，阻碍竞争对手的应用程序在 Microsoft 公司的操作系统上运行。1993 年，FTC 内部对 Microsoft 公司案未形成统一意见，遂将案件移交 DOJ 处理。1994 年 DOJ 对 Microsoft 公司提起第一次反垄断诉讼，指控其强迫计算机生产商与其签订排他性的授权协议，以阻止计算机生产商使用 Microsoft 公司竞争对手的操作系统，影响市场公平竞争秩序。同年，DOJ 与 Microsoft 公司达成和解，并签订谅解协议，Microsoft 公司同意修改与计算机生产商的授权协议，使其他应用软件生产商拥有公

---

① 参见王传辉、葛菲等：《外资并购的反垄断管制——可口可乐收购汇源案的拓展研究》，经济管理出版社 2011 年版，第 164 页。

② Anderson Co. v. Trico Products Corp, 237 F. Supp. 834（WD N Y 1964）.

平的竞争机会。但华盛顿地方法院于 1995 年否决了该谅解协议。于是 DOJ 上诉至哥伦比亚特区上诉法院，获得支持，由希伯尔曼法官签发了谅解协议的同意令。但 Microsoft 公司一直未按照谅解协议履行约定。1995 年，Netscape 公司开发出新产品“Navigator 网络浏览器”，并迅速占领浏览器市场。Microsoft 公司为了打压 Netscape 公司，开发了 Internet Explorer（以下简称 IE）浏览器，并通过与计算机生产商签订排他性许可合同，要求其在预装 Windows 95 操作系统时，捆绑安装 IE 浏览器。在 Microsoft 公司的压倒性的攻势下，Netscape 公司 Navigator 浏览器所占的市场份额急剧下降。1996 年，Netscape 公司向 DOJ 投诉 Microsoft 公司。计算机生产商 Compaq 公司等也向 DOJ 提供了相应的证据材料，指控 Microsoft 公司在预装 Windows 95 操作系统时，强迫计算机生产商们预装其自主研发的 IE 浏览器。1997 年，美国 DOJ 向哥伦比亚特区联邦法院起诉 Microsoft 公司，指控其违背 1995 年的谅解协议，违反了反垄断法，要求法院判处 Microsoft 公司解除其操作系统与 IE 浏览器的绑定销售，并缴纳每日 100 万美元的罚款。Microsoft 公司认为 IE 浏览器是 windows 95 操作系统不可或缺的组成部分，DOJ 的行为将会对 Microsoft 公司高新技术产品的开发造成阻碍。经过审理，虽然哥伦比亚特区联邦法院法官驳回了 DOJ 的请求。但同时作出了禁止 Microsoft 公司将 IE 浏览器与 Windows 操作系统捆绑销售的裁定。1998 年，DOJ 与 20 个州的总检察官联合对Microsoft 公司提出六项反垄断指控。同年，美国上诉法院认为哥伦比亚特区联邦法院的裁定阻碍了 Microsoft 公司研发新产品，驳回了该裁定。此时，Microsoft 公司的新一代操作系统 Windows 98 已经上市销售，在 Windows 98 中依然捆绑了 IE 浏览器。2000 年，哥伦比亚特区联邦法院认为 Microsoft 公司违反《谢尔曼法》并作出一审判决：Microsoft 公司不得把预装 IE 浏览器作为 Windows 95 许可协议的限定条件，停止在 Windows 95 的销售中捆绑 IE 浏览器；将 Microsoft 公司拆分成专营计算器操作系统和专营软件两个部分，10 年内不能合并。

Microsoft 公司不服判决，遂上诉至哥伦比亚特区联邦上诉法院。2001 年，拆分 Microsoft 公司的判决被上诉法院驳回。同年，Microsoft 公司作出让步，并提出与 DOJ 重新谈判。最终，双方重新达成和解协议，DOJ 宣布不再要求拆分 Microsoft 公司，并撤销了部分指控。2002 年，哥伦比亚特区联邦法院批准了和解协议。和解协议内容包括：（1）Microsoft 公司不得参与可能阻碍竞争对手公平参与竞争的排他性交易；（2）Microsoft 公司将 Windows 部分源代码对外公布，使竞争者也可以基于 Windows 操作系统进行软件的开发；（3）计算机生产商将使用统一的合同条款。[①] 从 Microsoft 公司垄断案可以看出，Microsoft 公司利用其 Windows 95 操作系统的授权协议，要求计算机生产商预装其自主研发的 IE 浏览器作为获得 Windows 95 许可的前提条件，这种捆绑销售行为排挤了浏览器市场其他竞争者，损害了像 Netscape 公司之类的竞争者公平竞争的机会。Microsoft 公司利用其在 Windows 操作系统市场的市场支配地位，通过搭售行为将其在 Windows 操作系统市场的影响力延伸到浏览器市场。这种搭售行为不仅影响了浏览器市场的公平竞争，也限制了消费者的选择自由，是一种典型的滥用市场支配地位的行为。以上两个案件，一个是强迫买方购买被搭售品的行为，另一个是同他人达成搭售协议，排挤第三方，限制第三方市场竞争力的行为，都具有一定的反竞争性，属于滥用市场支配地位的行为。

2014 年修订发布的《关于技术转让协议适用〈欧盟运行条约〉第 101（3）条的规定》和《关于技术转让协议适用〈欧盟运行条约〉第 101 条的指南》中对搭售行为的判断标准进行了详细规定。对于专利权的搭售行为并非不能豁免，可以由相关当事人按照流程向欧盟委员会进行申请，若欧盟委员会收到当事人的申请 4 个月内没有对提出申请的搭售行为提出反对意见，那么该搭售行为就可以得到豁免。实践中，欧盟最著名的搭售行为反

---

① 参见周浩：《世纪末的审判——美国司法部诉微软公司垄断案》，载《人民法院报》2011 年 1 月 21 日，第 8 版。

垄断案件同样是 Microsoft 公司垄断案。2001 年，欧盟委员会声称 Microsoft 公司在其 Windows 操作系统中捆绑了“媒体播放器”软件，该行为对其他开发类似程序的公司造成不公平竞争。2004 年，欧洲法院审理了该案，法院认为 Microsoft 公司凭借其开发的 Windows 操作系统在操作系统相关市场占有超过 90% 的市场份额，具有市场支配地位，将其媒体播放器软件 Windows Media Player 与 Windows 操作系统捆绑销售，是利用其在操作系统市场上的市场支配地位，销售媒体播放器市场的产品，本质上是想将其在操作系统市场上的垄断力扩展到媒体播放器市场，排挤其他媒体播放器软件生产商，破坏市场的公平竞争，影响消费者的自由选择权，损害消费者利益，属于滥用市场支配地位的搭售行为，应当承担反垄断法律责任。[①] 遂对其处以 6 亿美元的罚款。此后，Microsoft 公司与最大竞争对手 Real Networks 公司达成和解，并于 2005 年 6 月开始在欧洲提供不包含“媒体播放器”软件 Windows Media Player 的Windows 操作系统。2007 年，Opera 软件公司向欧盟委员会投诉 Microsoft 公司将 IE 浏览器与 Windows 操作系统捆绑搭售的滥用市场支配地位的行为。欧盟委员会于 2009 年发表声明指出 Microsoft 公司将 IE 浏览器与 PC 端 Windows 操作系统捆绑销售的行为违反欧盟反垄断法，要求 Microsoft 公司改变营销模式。同年，Microsoft 公司与欧盟委员会达成和解协议，承诺给用户提供浏览器的选择权。[②] 但在 2013 年，欧盟委员会宣布 Microsoft 公司拒绝向用户提供可供选择的浏览器，未能遵守 2009 年的和解协议，按照反垄断法律规定对其处以 5.61 亿欧元罚款。[③]

---

① 参见吴太轩：《技术标准化的反垄断法规制》，法律出版社 2011 年版，第 128 页。

② 微软公司在 Windows 7 操作系统设置了浏览器选择提示，当用户登录操作系统，系统桌面会弹出一个对话框，用户可以在对话框中选择自己喜欢的浏览器。

③ 参见严恒元：《欧盟：持续加大制裁力度》，载《经济日报》2014 年 9 月 23 日，第 13 版。

3. 我国对标准必要专利搭售的反垄断规制

我国《反垄断法》第22条第1款第5项对搭售行为进行了规定。[①]《禁止滥用市场支配地位行为暂行规定》第18条对具有市场支配地位的经营者在交易时附加其他不合理的5项交易条件以及4项正当理由进行了详细的列举。[②]《关于禁止滥用知识产权排除、限制竞争行为的规定》第9条也对经营者实施搭售行为，排除、限制竞争作出了规定。[③] 第10条列举了6项附加不合理限制条件的行为。[④]

根据国内外对于搭售行为的法律规定及司法实践，对标准必要专利许可中的搭售行为进行反竞争效果分析时，主要通过以下路径进行：（1）具有市场支配地位。具有市场支配地位会使其搭售行为的反竞争性被认定的概率高很多，更可能违反反垄断法。（2）搭售品与被搭售品是两个独立的产品。标准必要专利与其被搭售品不在同一个相关市场，或被搭售品并非对于标准必要专利的实施不可或缺。在分析时，最主要的因素就是看被搭

---

① 禁止具有市场支配地位的经营者没有正当理由搭售商品，或者在交易时附加其他不合理的交易条件。

② 《禁止滥用市场支配地位行为暂行规定》第18条："禁止具有市场支配地位的经营者没有正当理由搭售商品，或者在交易时附加其他不合理的交易条件：（一）违背交易惯例、消费习惯或者无视商品的功能，将不同商品捆绑销售或者组合销售；（二）对合同期限、支付方式、商品的运输及交付方式或者服务的提供方式等附加不合理的限制；（三）对商品的销售地域、销售对象、售后服务等附加不合理的限制；（四）交易时在价格之外附加不合理费用；（五）附加与交易标的无关的交易条件。本条所称'正当理由'包括：（一）符合正当的行业惯例和交易习惯；（二）为满足产品安全要求所必须；（三）为实现特定技术所必须；（四）能够证明行为具有正当性的其他理由。"

③ 《关于禁止滥用知识产权排除、限制竞争行为的规定》第9条："具有市场支配地位的经营者没有正当理由，不得在行使知识产权的过程中，实施同时符合下列条件的搭售行为，排除、限制竞争：（一）违背交易惯例、消费习惯等或者无视商品的功能，将不同商品强制捆绑销售或者组合销售；（二）实施搭售行为使该经营者将其在搭售品市场的支配地位延伸到被搭售品市场，排除、限制了其他经营者在搭售品或者被搭售品市场上的竞争。"

④ 《关于禁止滥用知识产权排除、限制竞争行为的规定》第10条："具有市场支配地位的经营者没有正当理由，不得在行使知识产权的过程中，实施下列附加不合理限制条件的行为，排除、限制竞争：（一）要求交易相对人将其改进的技术进行独占性的回授；（二）禁止交易相对人对其知识产权的有效性提出质疑；（三）限制交易相对人在许可协议期限届满后，在不侵犯知识产权的情况下利用竞争性的商品或者技术；（四）对保护期已经届满或者被认定无效的知识产权继续行使权利；（五）禁止交易相对人与第三方进行交易；（六）对交易相对人附加其他不合理的限制条件。"

售品是否标准必要专利实施必不可少的。我国Qualcomm公司处罚案中，非无线标准必要专利不是强制实施的专利，但Qualcomm公司在进行专利许可时，不对标准必要专利与非标准必要专利进行区分，而是将非标准必要专利在标准必要专利许可的同时进行搭售，所以被我国国家发展和改革委员会认定为垄断行为进行处罚。华为公司诉IDC公司案涉及的都是标准必要专利，不论是第几代移动通信的标准必要专利都具有不可替代性，所以对2G、3G、4G标准必要专利进行捆绑销售并不会限制相关市场的竞争，不属于支配地位的延伸，故法院驳回了华为公司关于IDC公司搭售违反反垄断法的要求。[①]（3）无正当理由。标准必要专利权人能否有效的举证证明其搭售行为具有正当性十分重要，这是反垄断执法机构判断其行为反竞争性能否成立的关键步骤。（4）违背交易相对人意愿。标准必要专利权人的搭售行为需要具有强迫性，Qualcomm公司案中，Qualcomm公司迫使被许可人接受其无线标准必要专利与非无线标准必要专利的一揽子许可，违背了被许可人的意愿。华为公司诉IDC公司案中，IDC公司不存在强迫许可华为公司的情况，没有违背华为公司的意愿。

第二节 标准实施中垄断协议的反垄断规制

在标准实施阶段，标准必要专利权人可能会为了限制标准实施者或部分标准制定组织内的特定成员的竞争，谋取高额的垄断利润，联合起来形成一些垄断协议。虽然标准必要专利对标准有充分的积极意义，但标准必要专利权人的垄断协议还是存在反竞争的可能性，本节将对标准实施过程中专利联营以及专利权人联合抵制行为反垄断规制进行分析。

---

① 参见李煜：《标准必要专利滥用的反垄断法规制研究》，南京大学出版社2018年版，第96－97页。

一、标准实施中专利联营的反垄断规制

（一）标准实施中开放式与互补性的专利联营

专利联营（patent pool），又称为“专利池”“专利联盟”“专利集营”等，指的是两个或两个以上专利权人之间达成协议，用于相互之间或向第三方许可使用其一件或多件专利。[①] 专利联营可以是联营内部成员之间推选一位成员，然后由该成员将联盟内部成员的专利统一对外授权，也可以联营全部成员共同将专利授权给一个组织或机构，再由该组织或机构对外进行授权。例如，DVD 技术标准下的 6C 专利联营是由联营成员之一的东芝公司具体负责，而 MPEG－2 技术标准的联营许可则是由专门的知识产权管理企业 MPEG－LA 公司负责经营。[②] 根据专利联营形成之后是否向联营外的经营者开放，专利联营可以分为开放式专利联营和封闭式专利联营。标准的一项重要任务就是推广标准，所以标准必要专利联营属于典型的开放式专利联营。[③] 虽然开放式专利联营的反竞争性通常要小于封闭式专利联营，但并不表示开放式专利联营不会产生反竞争效果。[④] 根据组成联营的各专利之间的关系，可以将专利联营分为互补性专利联营和竞争性专利联营。标准必要专利联营属于典型的互补性专利联营。在标准之中，各标准必要专利是互补的关系，[⑤] 共同完善标准的技术路径。在标准实施过程中，标准必要专利联营可能迫使标准实施者只能从联营获得标准必要专利使用许可，

---

① 参见闫娜：《标准与标准必要专利研究》，知识产权出版社 2019 年版，第 267 页。

② 参见张波：《论以反垄断法规制标准化进程中的专利联营》，载《山东大学法律评论》2006 年总第 3 辑，第 27 页。

③ 参见李煜：《标准必要专利联营的反垄断法规制》，载《竞争政策研究》2017 年第 3 期，第 90－91 页。

④ 参见李煜：《标准必要专利滥用的反垄断规制研究》，南京大学出版社 2018 年版，第 61 页。

⑤ 参见李煜：《标准必要专利联营的反垄断法规制》，载《竞争政策研究》2017 年第 3 期，第 91－92 页。

否则就无法生产符合标准的产品或提供符合标准的服务。[①]

（二）欧美对标准实施中专利联营的反垄断规制

在美国，反托拉斯机构主要通过合理原则来判断专利联营的竞争效果。1997 年美国 DOJ 批准 MPEG－2 标准必要专利联营许可就是一起典型案例。[②] DOJ 最终作出不采取强制行动的决定主要依据以下六个因素：（1）该许可是非独占性的；（2）该专利联营只包括互补性的而非竞争性的专利，且是 MPEG－2 标准所必需的；（3）该专利联营利用专家来选择哪些专利是必需的，可以包括到联营中；[③]（4）该专利联营带来了显著的效率；（5）该专利联营允许单方面同该标准进行竞争；（6）该专利联营承诺平等进入。[④] 在之后的案件中，DOJ 强调，专利联营可能产生反竞争效果，需根据合理原则进行审查，并且强调分析的重心是"效率"和"潜在的反竞争效果"。欧盟主要通过《欧盟运行条约》第 101 条、《技术转让协议集体豁免条例》以及《关于技术转让协议适用〈欧盟运行条约〉第 101 条指南》来规制专利联营行为。对于标准必要专利联营，欧盟持肯定的态度，在分析方法上主要采用经济效果评价方法，即标准必要专利联营的性质主要通过其反竞

---

① 参见王晓晔：《论标准必要专利的特殊性》，载《中国价格监管与反垄断》2015 年第 10 期，第 21 页。

② Department of Justice Antitrust Division, Response to Trustees of Columbia University, Fujitsu Limited, General Instrument Corp., Lucent Technologies Inc., Matsushita Electric Industrial Co., Ltd., Mitsubishi Electric Corp., Philips Electronics N. V., Scientific－Atlanta, Inc., and Sony Corp. (collectively the "Licensors"), Cable Television Laboratories, Inc. ("CableLabs"), MPEG LA, L. L. C. ("MPEG LA"), and their affiliates for the issuance of a business review letter pursuant to the Department of Justice's Business Review Procedure, 28 C. F. R. § 50. 6. (June 26, 1997), https://www.justice.gov/atr/response－trustees－columbia－university－fujitsu－limited－general－instrument－corp－lucent, (last visited Apr 28, 2020).

③ 参见饶爱民：《美国专利联营反托拉斯审查的实践及其借鉴意义》，载《中国工商管理研究》2009 年第 5 期，第 75 页。

④ 参见王先林：《知识产权与反垄断法：知识产权滥用的反垄断问题研究》，法律出版社 2008 年版，第 288－289 页。

争效果与竞争效率来综合判断，使用方法与美国基本相同。我国《反垄断法》中没有专利联营的相关表述，这是因为专利联营可能构成不同种类的垄断协议，需要分类进行规制。[①] 国家市场监督管理总局《关于禁止滥用知识产权排除、限制竞争行为的规定》中对“专利联营”进行了明确的定义，并规定了具有市场支配地位的专利联营管理组织没有正当理由不得实施滥用行为。

（三）我国对标准实施中专利联营的反垄断规制

由于专利联营可能构成不同种类的垄断协议，我国并没有对标准必要专利联营进行直接的规定。但通过对欧美专利联营反垄断规制的分析发现，不同国家和地区反垄断法在对标准必要专利联营进行判断时有较大的一致性，通常需要考虑以下几方面的因素：（1）构成专利联营的专利的性质。标准必要专利联营中的专利必须是标准必要专利。只有标准必要专利之间才是完全的互补关系，而非竞争关系。但对于标准必要专利的认定是需要专业人士才能够完成的，所以标准必要专利联营还应当具有完善的专家审查机制。（2）是否存在固定价格。固定价格可能被认定为价格卡特尔，属于本身违法行为。（3）标准必要专利联营是否具有开放性。与开放性专利联营相比，封闭式专利联营更容易成为垄断的工具，联营成员因为有固定的利润而怠于创新，联营外的专利技术无法加入标准，从而对技术创新产生较大影响。（4）是否允许存在竞争。标准必要专利联营是开放性专利联营，应当允许开发可替代技术，允许可替代技术与原标准必要专利竞争，这样才能促进创新。（5）是否可以单独许可。标准必要专利权人可以单独进行专利许可，标准实施者也有权利选择只接受其中某项标准必要专利。如果是强制标准实施者接受一揽子许可，则可能限制公平竞争。（6）是否

① 参见李煜：《标准必要专利联营的反垄断法规制》，载《竞争政策研究》2017 年第 3 期，第 94 页。

允许平等进入。允许平等进入可以消除专利联营损害竞争对手的可能性。①

二、标准实施中联合抵制的反垄断规制

（一）标准实施中涉及标准必要专利的联合抵制

本书对专利联合抵制作了整体分析，并主要针对标准制定过程中标准必要专利权人的联合抵制的反垄断进行了分析。在标准制定好之后，进入标准的实施过程，标准实施者就必须使用标准中的必要专利技术。标准必要专利权人很可能联合起来，共同拒绝许可标准必要专利或提高标准必要专利的价格，以提高竞争对手进入市场的成本，削弱其市场竞争力，从而达到将竞争对手排挤出市场的目的。在市场经济中，经营者的市场竞争力应由市场竞争机制来决定，而标准实施中的联合抵制破坏了正常的市场竞争规制，损害了被抵制者的利益，进而损害了消费者和社会的整体利益，应当进行反垄断规制。

标准实施过程中的联合抵制与专利联营的拒绝许可有一定的相似之处，都是多个标准必要专利权人达成拒绝许可专利的协议，但两者也有不同之处：专利联营的拒绝许可是滥用市场支配地位的一种形式，而构成滥用市场支配地位的前提就是专利联营者必须具有市场支配地位，且需要无理由拒绝非排他性许可。而联合抵制并不需要标准必要专利权人必须具有市场支配地位，而且不需要受限于拒绝许可的条件，即使是拒绝独占许可同样有可能因排挤竞争对手被认定为联合抵制。所以，当标准实施者发现拒绝许可的标准必要专利权人不具有市场支配地位时，可以在寻求救济的时候采用联合抵制的反垄断规制。②

标准必要专利联合抵制不只产生反竞争的效果，也可能具有一定的合

---

① 参见吴太轩：《技术标准化的反垄断法规制》，法律出版社 2011 年版，第 146－147 页。

② 参见王先林等：《知识产权滥用及其法律规制》，中国法制出版社 2008 年版，第 401 页。

理性，如基于促进效率和技术提升的考虑或出于消费者健康与安全的考虑等。[①] 所以，判断标准实施过程中标准必要专利权人联合抵制行为是否违法，应当通过合理原则进行分析，权衡联合抵制行为产生的竞争效率与反竞争效果，最终得出是否违反反垄断法的结论。

（二）欧美对标准实施中联合抵制的反垄断规制

联合抵制最早出现在美国，但在立法中并没有对联合抵制进行具体的描述，而是在执法活动中慢慢确立的。联合抵制的分析模式在美国经历了合理原则，到本身违法原则，再回归合理原则的不同阶段。发生于 1914 年的 Eastern States Retail Lumber Dealers Association v. United States 案（以下简称 Retail Lumber Dealers Association 案）是美国第一起联合抵制案。在对该案进行分析时，美国最高法院使用了合理原则，综合分析了对零售商与批发商之间竞争的限制效果与促进作用，最终判定联合抵制行为违反了《谢尔曼法》第 1 条。[②] 该案之后，案中使用的合理原则经常被其他案件引用，形成了以合理原则为基准的分析模式。到 1959 年的 Klor's, Inc. v. Broadway 案（以下简称 Klor 案），美国最高法院认为联合抵制无须对市场竞争受损情况进行分析，其本身就是严重限制竞争的行为。[③] 紧接着在 1966 年的 United States v. General Motors 案（以下简称 General 案）中，美国最高法院在分析时借鉴了 Klor 案的本身违法原则，最终判令 General 公司的联合抵制行为违法。[④] 20 世纪 60 年代芝加哥学派兴起，开始对联合抵制行为适用本身违法原则进行批判，对美国联合抵制的司法与反垄断执法产生了重要的影响。在 1985 年的 Northwest Wholesale Stationers v. Pacific Stationery

① 参见吴太轩：《技术标准化的反垄断法规制》，法律出版社 2011 年版，第 148 页。

② Eastern States Retail Lumber Dealers Association v. United States, 234 U. S. (1914).

③ Klor's, Inc. v. Broadway - Hale Stores, Inc., 359 U. S. (1959).

④ United States v. General Motors, 384 U. S. (1966).

& Printing Co. 案（以下简称 Northwest Wholesale Stationers 案）中，美国最高法院对所有联合抵制案的判例进行了分析，得出联合抵制并非只有严重限制竞争的效果，只有同时满足抵制人市场力量强大、被抵制人无法通过其他渠道获得相关产品、抵制行为对竞争无促进作用等情况，才能够认定违法。最终，法院通过综合分析，判令 Northwest Wholesale Stationers 的行为并不违法。[①]紧接着，1986 年，在 FTC v. Indiana Federation of Dentists 案（以下简称 Federation of Dentists 案）中，美国最高法院重申了对联合抵制行为的分析应适用合理原则，综合分析了抵制者的市场力量、是否控制了重要设施等因素，最终认定联合抵制行为违法。[②]

在欧盟，联合抵制同样没有作为类型化的违法行为在法律中进行规定，《欧盟运行条约》第 101 条并未直接提及联合抵制，且在司法判例以及学术著作中也较少出现联合抵制的案件或研究。但欧盟并非认为联合抵制行为是合法的，而是将该行为分散在其他垄断行为中加以分析。欧盟与美国同样都认为联合抵制行为应适用合理原则而非本身违法原则，在分析时都需要对抵制人的市场力量、是否控制必要设施以及限制与促进竞争的效果等因素进行判断。但美国并不区分联合抵制者的关系是横向还是纵向，而欧盟会严格区分，其认为横向联合抵制限制竞争的危害性更大。[③]

（三）我国对标准实施中联合抵制的反垄断规制

我国《反垄断法》第 17 条第 4、5 项对禁止联合抵制行为进行了规定，该条第 4 项对技术中发生的联合抵制行为进行了规定，但这两款都规定得较

---

① Northwest Wholesale Stationers v. Pacific Stationery & Printing Co. , 472 U. S. (1985).

② FTC v. Indiana Federation of Dentists, 476 U. S. (1986).

③ 参见侯利阳：《垄断行为类型化中的跨界行为 以联合抵制为视角》，载《中外法学》2016 年第 4 期，第 1046 - 1052 页。

为原则，不具有可操作性。[1] 在与之配套的立法中，《工商行政管理机关禁止垄断协议暂行规定》（以下简称《禁止垄断协议暂行规定》）第11条对联合抵制中垄断协议的具体表现形式进行了规定。[2] 其他的立法中没有出现对联合抵制更为具体的规定。

判断标准制定中联合抵制行为是否违法，需要考虑以下几个因素：第一，实施了联合抵制行为，即达成了《禁止垄断协议暂行规定》第11条规定的垄断协议。第二，产生的反竞争效果大于促进竞争的效率。通过合理原则判断联合抵制行为是否违法，需要对其产生的反竞争效果与对竞争的促进效率进行比较，结合多种影响因素作出综合判断。第三，未履行专利信息披露义务。专利信息及时披露有助于司法机关更准确地对联合抵制行为进行分析，同时，若标准必要专利权人专利违反信息披露政策，可以作为认定其违法性的重要依据。[3]

第三节　标准必要专利 FRAND 许可费的反垄断规制

标准必要专利 FRAND 许可费是否合理是标准必要专利反垄断的核心问题之一。一项专利技术被纳入标准之中后，其专利权人与标准实施者在专利许可费问题上会变为对立的两方，标准必要专利权人希望自己的专利技

---

① 《反垄断法》第17条第4、5项：“禁止具有竞争关系的经营者达成下列垄断协议：……（四）限制购买新技术、新设备或者限制开发新技术、新产品；（五）联合抵制交易……”

② 《禁止垄断协议暂行规定》第11条：“禁止具有竞争关系的经营者就联合抵制交易达成下列垄断协议：（一）联合拒绝向特定经营者供应或者销售商品；（二）联合拒绝采购或者销售特定经营者的商品；（三）联合限定特定经营者不得与其具有竞争关系的经营者进行交易；（四）通过其他方式联合抵制交易。”

③ 参见李煜：《标准必要专利滥用的反垄断规制研究》，南京大学出版社2018年版，第75－76页。

术能够借助标准的实施为其带来更多的额外价值，而标准实施者希望实施标准的成本越低越好，因而两方在标准必要专利许可费上产生了诸多纠纷。因为 FRAND 原则过于笼统，并不能有效地为计算 FRAND 许可费提供实质性的帮助。因此，通过反垄断法对标准必要专利许可费进行规制是否具有正当性、如何判断 FRAND 许可费是否合理，在计算标准必要专利 FRAND 许可费时应遵循怎样的原则、标准与方法都需要进行深入的探讨。

一、标准必要专利 FRAND 许可费反垄断规制的正当性

对于标准必要专利 FRAND 许可费问题，司法实践中通常通过合同法或专利法等私法来解决，如 2013 年美国法院审理的 Microsoft 公司诉 Motorola 公司案[①]。但是，随着此类纠纷越来越深入、复杂，通过反垄断法来解决该问题变得越来越普遍，如 2013 年我国法院审理的华为公司诉 IDC 公司案[②]，2017 年英国法院审理的 Unwired Planet 公司诉华为公司案[③]，2019 年美国法院审理的 FTC 诉 Qualcomm 公司案[④]等。诚然，通过公法抑或私法来解决标准必要专利 FRAND 许可费问题，本身并不存在明显的界限，且两者是相辅相成的关系。但从问题导向、整体解决的思路分析，通过发挥反垄断法对市场竞争规制的功能，可以产生更为有利的效果。[⑤] 通过民法典或专利法等私法规制标准必要专利 FRAND 许可费虽然具备一定合理性与优势，但私法路径规制本身的缺陷也同样明显：第一，FRAND 承诺没有直接在专利权人

---

① Microsoft Corp. v. Motorola, Inc. , 2013 U. S. Dist. LEXIS 60233.

② 华为技术有限公司与 IDC 公司滥用市场支配地位纠纷上诉案，广东省高级人民法院〔2013〕粤高法民三终字第 306 号。

③ Unwired Planet International Ltd v. Huawei Technologies Co. Ltd & Anor, (2017) EWHC 711 (Pat) (05 April 2017), Case No: HP – 2014 – 000005.

④ Federal Trade Commission, Plaintiff – Appellee, v. Qualcomm Incorporated, Defendant – Appellant, District Court No. 5: 17 – cv – 00220 – LHK.

⑤ 参见王佳佳:《论标准必要专利许可定价行为的反垄断规制》，载《经济法论丛》2019 年第 1 期，第 247 页。

与标准实施者之间形成合同，且其作为第三方受益合同的性质也存在争议。第二，单纯的私法路径很难统揽整个案件的全貌，缺乏市场竞争损害的分析模式，无法解决 FRAND 许可费涉及的市场竞争损害问题。[①] 当然，即使通过私法路径来解决标准必要专利 FRAND 许可费问题，诉讼中也通常使用反垄断分析作为抗辩或者反诉的理由。

目前，通过反垄断法来规制标准必要专利 FRAND 许可费问题是较为普遍的做法。反垄断法可以更好地解决标准必要专利滥用对公平竞争及公共利益造成的损害。作为维护市场竞争秩序的基本法，反垄断法自身的优势有利于标准必要专利 FRAND 许可费问题的彻底解决。首先，标准必要专利具有锁定效应，标准必要专利权人据此在许可市场上具有绝对优势。FRAND 承诺就是为了约束标准必要专利权人的这种绝对优势，防止其滥用市场力量。可以说，FRAND 承诺设置的基本理念与反垄断法规制市场力量滥用行为的理念是一致的。其次，反垄断法具有域外效力，适用范围更广，只要对境内市场竞争产生排除、限制影响的标准必要专利 FRAND 许可费纠纷，就能够适用反垄断法进行规制。最后，通过反垄断法对标准必要专利 FRAND 许可费纠纷进行规制的路径较为丰富。包括我国在内许多国家是执法与司法并举的反垄断体系，不仅利益相关方可以寻求司法救济，任何单位和个人就垄断行为都有权向反垄断执法机构举报，反垄断执法机构也可以主动进行查处和处罚。[②] 同时，通过反垄断法规制标准必要专利 FRAND 许可费问题可以合理地避免理论上对 FRAND 承诺性质的争议。有无 FRAND 承诺并不影响反垄断法规制标准必要专利许可费的正当性，只要标

---

① 参见王佳佳：《论标准必要专利许可定价行为的反垄断规制》，载《经济法论丛》2019 年第 1 期，第 248 - 249 页。

② 参见孟雁北、姜姿含：《标准必要专利定价行为的反垄断法规制研究》，载《价格理论与实践》2015 年第 2 期，第 31 页。

准专利权人存在滥用市场支配地位的行为，就可能被反垄断法规制。[①]

二、标准必要专利 FRAND 许可费确定的原则

（一）综合考虑专利权价值及专利权人对标准的贡献

随着科技的飞速发展，技术专利化、专利标准化已经成为国际市场的竞争规律。近些年，国内外已经出现多起涉及标准必要专利许可纠纷的案件，尤其是近几年，该类案件出现得越来越频繁，其中具有代表性的如美国的 Microsoft 公司诉 Motorola 公司案[②]、欧盟处罚 Microsoft 公司案、Unwired Planet 公司诉华为公司案[③]、TCL 公司诉 Ericsson 公司案[④]以及我国的华为公司诉 IDC 公司案[⑤]、华为公司诉 Convensant 公司案[⑥]，等等。在确定标准必要专利 FRAND 许可费时，对于标准必要专利与标准价值的关系，一直都是学界和实务界关注的焦点问题。有学者提出，标准必要专利 FRAND 许可费不应包括专利技术因被纳入标准所产生的额外价值。[⑦] 也有学者主张，不应当将专利技术因被纳入标准产生的额外价值作为确认标准必要专利 FRAND 许可费的必经之路。[⑧]

笔者认为，在计算标准必要专利 FRAND 许可费时考虑专利技术因被纳入标准产生的额外价值还是必要的，因为若不考虑该部分额外价值就可能

---

① 参见王佳佳：《论标准必要专利许可定价行为的反垄断规制》，载《经济法论丛》2019 年第 1 期，第 250 – 251 页。

② Microsoft Corp. v. Motorola, Inc. , 2013 U. S. Dist. LEXIS 60233.

③ Unwired Planet International Ltd v. Huawei Technologies Co. Ltd & Anor, [2017] EWHC 711 (Pat) (05 April 2017), Case No: HP – 2014 – 000005.

④ TCL Communication Technology Holdings Ltd. v. Telefonaktiebolaget LM Ericsson, No. 2018 – 1363, 2018 – 1732 (Fed. Cir. Dec. 5, 2019).

⑤ 广东省高级人民法院（2013）粤高法民三终字第 306 号民事判决书。

⑥ 江苏省南京市中级人民法院（2018）苏 01 民初 232、233、234 号民事判决书。

⑦ 参见张平涉：《涉及技术标准 FRAND 专利许可使用费率的计算》，载《人民司法》2014 年第 4 期，第 14 – 15 页。

⑧ 参见韩伟：《标准必要专利许可费的反垄断规制——原则、方法与要素》，载《中国社会科学院研究生院学报》2015 年第 3 期，第 74 页。

会出现标准必要专利权人的专利劫持行为。专利劫持指的就是专利权人因自己的专利被纳入标准成为标准必要专利，进而试图赚取标准本身价值的行为。因为对于标准必要专利权人来讲，其专利技术被纳入标准，就相当于排除了其他的竞争者，在标准相关市场内享有垄断地位，仅凭其专利技术本身的价值已经能够获得合理的垄断利润。如果此时专利权人还要再获得因加入标准而产生的其他附加利润，会增加标准实施的成本，而标准实施成本的增加对标准实施者是不公平的，会造成标准实施者与标准必要专利权人之间纠纷的加剧，同时，标准实施者也可能因为过高的标准实施成本而放弃实施标准，造成对标准推广的不利影响。

在计算标准必要专利 FRAND 许可费时考虑专利技术因被纳入标准产生的额外价值虽然是必要的，但在实践过程中确实很难操作。第一，这部分额外价值的计算非常复杂，需要考虑的因素众多，而这些因素都与标准本身价值以及额外价值的确定息息相关，若是计算时有所遗漏，算出来的结果必然对标准必要专利权人或标准实施者是不公平的，所以很难精准的算出专利的价值以及额外价值。第二，虽说标准必要专利权人赚取因专利技术被纳入标准而产生的额外利润会造成标准实施者成本的增加，对标准实施者不公平，但标准必要专利权人若只能赚取与其专利本身价值相当的利润也同样是不公平的。因为专利权人为了能够使自己的专利纳入标准，会参与标准制定以及后续推广的相关工作，这些工作同样会产生大量的时间成本、金钱成本、人力成本以及管理成本，并且还要承担标准推广失败的风险。这部分成本与风险的价值应当在计算标准必要专利 FRAND 许可费时予以体现。第三，专利技术被纳入标准直接推动了技术标准化的进程，而技术标准化可以有效提升行业生产与交易效率、节约成本，可以说标准必要专利权人在降低标准实施者生产或服务成本以及提高消费者公共利益方面具有一定的贡献。

综上所述，标准必要专利 FRAND 许可费若完全与标准价值无关，似乎并不合理，应充分考虑专利权本身的价值及专利权人对标准及标准实施者的贡献。实践中可以在计算标准必要专利 FRAND 许可费时，将上述标准必要专利权人的成本与风险加入专利本身的价值，或者给予标准必要专利权人合理的补偿。

（二）厘清确需的标准必要专利及价值

标准必要专利 FRAND 许可费应以标准实施者实施标准确需的标准必要专利为基础进行计算。对于标准必要专利权人的非标准必要专利、标准调整后弃之不用的原标准必要专利不应纳入 FRAND 许可费的计算范畴。另外，标准必要专利的许可范围直接影响其专利价值，在许可费的计算上也应做出体现。

首先，某项专利技术被纳入标准之后，原竞争技术均被排除在标准相关市场之外，标准必要专利权人在标准相关市场中获得了支配地位。标准必要专利权人为了获取更多的利润，可能会在标准必要专利许可谈判中，利用其在标准相关市场的市场支配地位将其非标准必要专利与标准必要专利一起打包许可，而标准实施者在与标准必要专利权人的专利许可谈判中，标准实施者通常处于相对弱势的地位，经常被迫同意这种不公平的专利许可协议。这是不公平、不合理的专利授权许可。

其次，标准会随着科技的发展不断地更新与改进，这就会导致标准中某些标准必要专利可能会被舍弃或替换掉，标准中的标准必要专利的数量也可能会增加或减少。从标准实施者的角度看，其仅需要为其实施标准所必须使用的标准必要专利付费，对于已经被替换或淘汰的标准必要专利，在其没有使用的情况下，完全可以不支付相应的专利许可费。即使标准必要专利许可协议已经生效，如果标准及其中的标准必要专利情况出现了变化，其专利授权许可费也应当进行相应的调整。由此，在司法实践中，如果标准实施者能够举示某些标准必要专利在标准中已经不具有必要专利特征的证据，标准实施者就无须为这部分专利支付标准必要专利许可费。

最后，由于知识产权具有地域性，专利保护也有严格的地域限制。专利的保护范围对于专利价值的确定非常重要，所以，标准必要专利 FRAND 许可费的确定需要考虑该专利的具体许可范围。标准实施者获得标准必要专利许可后就可以在相应的许可范围内进行使用，同时会在相应的许可范围内得到保护。但是若超出许可范围，则无法受到保护。对于不受保护的专利技术，标准实施者就不需要支付许可费用。因此，在标准必要专利实践中，应当核实标准必要专利的许可范围，确定与其许可范围相适应的许可费。

（三）避免专利许可费堆栈

一个标准中可能包含大量的标准必要专利技术，这些标准必要专利技术可能由不同的标准必要专利权人所拥有。专利许可费堆栈指的就是在计算标准必要专利许可费时没有考虑标准中与其专利互补的其他标准必要专利的专利许可费，可能导致标准实施者需要分别得到不同标准必要专利权人的许可，从而支付所有标准必要专利累计的专利许可费，增加了标准实施者的成本，限制了标准实施者的产出。如此一来，标准的推广、相关市场的竞争以及社会公共利益都会受到影响。所以，在确认标准必要专利 FRAND 许可费时，需要确保每一项标准必要专利收取的许可费处于一个恰当的区间，同时，对于标准实施者为实施标准支付的总的标准必要许可费也应有一定的限额。

在 Microsoft 公司诉 Motorola 公司案[①]中，法官否定了 Motorola 公司的标准必要专利许可费计算方法，其中一个重要的原因就是法官认为 FRAND 许可费应当尽可能地避免潜在的标准必要专利许可费叠加的风险，应当根

---

① Microsoft Corp. v. Motorola Inc. , Case No. C10 - 1823JLR, 2013 U. S. Dist. LEXIS 60233.

据标准必要专利的堆栈情况来进行整体计算，而不能仅仅将所有标准必要专利权人的许可费用进行简单的叠加，要确保每一项标准必要专利的许可费加总之后的总额不至于过高。另外，在我国华为公司诉美国 IDC 公司案[①]中，法院也明确提出标准必要专利许可费不应当超过产品利润的一定的比例。这些案例能够充分说明避免专利许可费堆栈情况的发生是标准必要专利 FRAND 许可费确认的原则之一。

三、标准必要专利 FRAND 许可费分析路径

目前确定标准必要专利 FRAND 许可费主要有两种分析路径，分别为商业路径和技术路径。商业路径通过将可比较许可协议体现的商业谈判结果作为参照物，从宏观角度确定标准必要专利 FRAND 许可费。技术路径通过分析技术贡献度，对专利的具体价值进行评估，从微观角度确定标准必要专利 FRAND 许可费。当然，在证据缺失的情况下，还可以通过其他辅助因素综合分析、确定标准必要专利 FRAND 许可费。[②]

（一）比较分析法

比较分析法的法理依据是行为人是自己行为所获利益的最佳判断者。对于标准必要专利权人而言，其签订标准必要专利许可协议一定有利可图，比不签订该协议的利润要多；对于标准实施者而言，其接受标准必要专利许可协议也是有利可图，通过实施标准所获取的利润一定要高于其所支付的标准必要专利许可费。所以，在交易条件相当的情况下，将自由协商达成的标准必要专利许可协议作为参照物，是目前计算标准必要专利 FRAND

① 广东省高级人民法院（2013）粤高法民三终字第 305 号民事判决书。

② 参见赵启杉：《标准必要专利合理许可费的司法确定问题研究》，载《知识产权》2017 年第 7 期，第 13 页。

许可费的常用方法之一。典型案例如我国的华为公司诉 IDC 公司案[①]以及 Unwired Planet 公司诉华为公司案[②]等。

在华为公司诉 IDC 公司标准必要专利许可费确认案中，华为公司指控 IDC 公司违背了其所向 ETSI 作出的 FRAND 承诺，在对华为公司进行标准必要专利许可时提出了苛刻的许可条件以及远高于 IDC 公司向同类竞争者收取的专利许可费，请求法院确定涉案标准必要专利的 FRAND 许可费。一审和二审法院都采用了比较分析法来计算标准必要专利 FRAND 许可费。法院搜集了国际主流的手机制造商的相关数据，选取了 Apple 公司和 Samsung 公司两家与华为公司交易条件相当的公司，但 Samsung 公司与 IDC 公司的标准必要专利授权许可协议是在 IDC 公司起诉 Samsung 公司的情况下签订的，Samsung 公司存在受胁迫的可能性，该协议不能作为参考依据。而 Apple 公司与 IDC 公司是在双方自愿的情况下签订的标准必要专利许可协议，因此，最终将 Apple 公司与 IDC 公司之间的标准必要专利授权许可协议作为参照协议对华为公司与 IDC 公司的标准必要专利许可费进行计算。该案是全球范围内首例由法院确定标准必要专利具体许可费的案件，法院在审理时提出了四个标准必要专利许可费计算的注意要点，这四个要点本来对应的应是专利价值评估法，但受限于当事人所提交的证据，无法准确地适用价值评估来计算标准必要专利的许可费，最终决定适用比较分析法来确定许可费率。当然，虽然比较分析法比价值评估法更适合该案的审理，但在适用比较分析法选取交易条件相当的参照物时，论证得并不充分，甚至 Apple 公司与 IDC 公司的许可情况与华为公司与 IDC 公司在许可范围以及计价方式上都存在明显的不同，但法院并没有针对这些不同之处给出合理的解释，在结论的说服力上存在瑕疵。

---

① 广东省高级人民法院（2013）粤高法民三终字第 305 号民事判决书。

② Unwired Planet International Ltd. V. Huawei Technologies Co. Ltd, Royal Courts of JHP, Case No：HP - 2014 - 0000005.

在 Unwired Planet 公司诉华为公司案中，Unwired Planet 公司指控华为公司侵犯其六项英国专利，其中五项为标准必要专利。而华为公司认为 Unwired Planet 公司提出的标准必要专利许可费不符合 FRAND 原则。最终，法院判决华为公司侵犯了 Unwired Planet 公司两项标准必要专利，并依据双方提供的证据，确定了标准必要专利的 FRAND 许可费。[①] 该案法官指出，标准必要专利 FRAND 许可费可以适用两种方法进行计算：第一种是比较分析法，第二种是专利价值评估法。在该案中，法院经过调查，Unwired Planet 公司的标准必要专利全部受让自 Ericsson 公司，最终确认将 Ericsson 公司与 Unwired Planet 公司所签订的许可协议作为参照标准，通过计算权利人标准必要专利占比，对可比较许可协议的筛选，最后确定出该案所涉及标准必要专利许可费合理的基准费率。

比较分析法是在交易条件相当的情况下，以自由协商达成的许可协议作为参考依据计算标准必要专利许可费的方法。司法实务中，此方法需要的证据更直接，判断的过程为渐变，司法效率较高。该方法的关键就在于参考依据的选择上，如果不能通过举证找到合理的参考协议，这一方法也将无法适用。

（二）专利价值评估法

专利价值评估法的法律依据是标准必要专利权人仅就自己专利技术本身的价值获益。在判断标准必要专利价值的时候应当将标准必要专利所覆盖的那部分价值从产品的整体价值中区分出来，也就是分析产品的整体情况以及标准必要专利对产品的贡献程度。美国在其司法判例中曾明确表示，标准必要专利权人应提供区分涉案标准必要专利所覆盖的以及涉案标准必要专利未覆盖的技术特征及其为被告所创造的利润的证据。否则，标准必

---

① 参见仲春、关佩仪：《国际标准必要专利热点案件介评》，载《中国应用法学》2020 年第 2 期，第 56 页。

要专利权人须提供以整机为基数计算利润和损害赔偿的可靠理由。[①] 由此确立了标准必要专利价值评估法中的两个基本规则，即“技术分摊规则”和“整体价值规则”。

专利价值评估法要求标准必要专利权人明确其专利对产品价值的贡献程度，若能够证明其标准必要专利对最终产品达到全面覆盖，就可以运用整体市场价值规则，以产品的整体价值作为计算许可使用费或损害赔偿的标准。若不能证明，则需要适用技术分摊规则，区分出其标准必要专利对最终产品的贡献所占的价值。在实践中，需要确定产品所涉及的所有标准必要专利许可费的总额，然后计算涉案标准必要专利对产品价值的贡献比例，通过该比例从专利许可费总额中计算出涉案标准必要专利的合理许可费。专利价值评估法以技术分摊规则为基础，采用“倒推法”或者“自上而下”（Top - down）的方式对标准必要专利 FRAND 许可费进行计算。典型案例如 In re Innovatio IP Ventures 案[②]以及 Samsung 公司诉 Apple 公司案[③]等。

在 In re Innovatio IP Ventures 案中，Innovatio 公司指控 Cisco 公司、Netgear 公司、SonicWALL 公司、Motorola 公司和 Hewlett - Packard 公司等制造商制造符合 IEEE 802. 11 标准的无线网络设备侵犯了其标准必要专利权。这些制造商们也同样向法院提起了确认不侵权之诉。该案的争议焦点就是标准必要专利 FRAND 许可费的确定问题。该案中，法官认为双方提供的许可协议都不能符合比较分析法所认可的参考标准，所以，法官就设计了“自上而下分析法”规则（“Top-down approach”），即先通过调查，计算出无线芯片的平均价格，再根据市场惯例及芯片制造商实际情况计算出

---

① Garretson v. Clark, 111 U. S, 120 - 121 (1884).

② See In re Innovatio IP Ventures. LLC, 2013 U. S. Dist. LEXIS 144061.

③ Samsung Electronics Co. , Ltd. v. Apple Japan, Godo Kaisha: Tokyo District Court 2011 (Wa) 38969.

制造商的实际利润，将制造商实际利润作为专利许可费的上限（专利许可费超过实际利润将导致制造商无利可图，甚至赔钱），乘以 Innovatio 公司的标准必要专利数在 IEEE 802. 11 标准中所有标准必要专利总数的占比（该占比应充分考虑各标准必要专利在标准中的重要程度，可以设置不同的权重），得出的即为 Innovatio 公司标准必要专利许可费。该案很好地解决了无法适用比较分析法时计算标准必要专利 FRAND 许可费的问题。

该案还涉及另外一个问题，即标准必要专利许可费计算基数的问题。Innovatio 公司作为标准必要专利权人，希望能够以终端产品的价格作为标准必要专利许可费的计算基数，但制造商们希望能够以无线芯片的价格作为计算基数。争议焦点就在于保护范围是否包含中央处理器（central processor）、控制处理器（control processor）、天线（antenna）等芯片以外的组件，即确定何为受标准必要专利保护的最小可销售单元。最终，法院采纳了制造商们的意见，将无线芯片的价格作为标准必要专利 FRAND 许可费的计算基数。

Innovatio 案是唯一一个在司法审判中使用最小可销售专利实施单元（The Smallest Salable Patent - Practicing Unit，SSPPU）概念的案件。SSPPU 并不是一个独立的规则，而是建立在技术分摊规则基础之上的一种计算工具，主要用来明确标准必要专利对产品价值的具体贡献，以便将其价值从整体价值中区分出来。[①] 所以 SSPPU 是在使用技术分摊规则进行分析的过程中，若标准必要专利的覆盖范围仅限于产品的一个特定部件时，为了使相关技术分摊更为便利才使用的一种计算方式，这种方法不适用于对复杂专利组合的侵权损害赔偿和合理许可费计算，所以不应将 SSPPU 作扩大化解释。这种方式一般仅在特定场景下使用，在分析时是否适用该方法还是应当视具体的情况而定。

---

① 参见 David J. Kappos，Paul R. Michel：《最小可销售专利实施单元的起源、沿革及走向》，载《竞争政策研究》2017 年第 2 期，第 92 - 93 页。

在 Samsung 公司诉 Apple 公司案中，Samsung 公司指控 Apple 公司侵犯其标准必要专利权，请求法院颁布临时禁令并判决 Apple 公司给予侵权赔偿。最终法院没有支持 Samsung 公司的禁令请求，但支持了 Samsung 公司要求 Apple 公司支付侵权赔偿的请求。在计算 Apple 公司的侵权赔偿额时，东京法院使用了以技术分摊规则为基础的专利价值评估法的分析思路。首先确定 UMTS 标准在侵权产品总销售额中的贡献度，接着计算 Samsung 公司标准必要专利在 UMTS 标准中的所占的比例（根据标准必要专利的贡献程度设置不同的权重），然后使用该比例在产品总销售额贡献度中分摊出 Samsung 公司标准必要专利的价值。该案中，虽然对标准必要专利侵权赔偿计算过程相对简单，但整体思路非常清晰，值得肯定。不过法院完全依据第三方评估报告对 UMTS 标准必要专利总数进行筛选，该报告若被当事人提出异议，法院应如何应对。所以，目前对于标准必要专利的总数的有效分析与评估不论在理论界还是实务界，都仍是一个值得研究的问题。

（三）其他因素辅助分析法

比较分析法和专利价值评估法是目前确定标准必要专利 FRAND 许可费或侵权损害赔偿的主要方法。但这两种方法对证据的相关性要求较高，若缺少相关证据进行支撑，就需要综合其他因素来辅助分析。在 Microsoft 公司诉 Motorola 公司案[①]中，法官根据标准必要专利 FRAND 许可的特点，对“Georgia-Pacific”因素进行了修正，将原有的 15 个因素进行了不同程度的修改，形成了 11 个因素的最终修订版，进一步确定 FRAND 许可费的分析方法：第一，对涉案标准必要专利在标准中所占的比例进行分析，在计算占比时，根据标准必要专利对标准的贡献程度设置不同的权值；第二，分析涉案标准必要专利的实际价值，即对终端产品的贡献程度；第三，分析

① Microsoft Corp. v. Motorola, Inc. , 2013 U. S. Dist. LEXIS 60233.

其他具有可比性专利技术的许可协议，将这些专利技术的许可费作为参考计算涉案标准必要专利 FRAND 许可费。在该案中，法院认为双方当事人举示的证据均不具备比较分析的要求，最终在权衡之下选择了 Microsoft 公司提供的证据作为参考依据。但在 Microsoft 公司提供的证据的基础上对计算数据进行了修正，考虑到使用专利池许可费作为基准可能会出现误差，在 FRAND 许可费计算时采取了一定程度的补救措施，将计算出的结果作为许可费的下限，鼓励双方最终能够通过谈判来确定 FRAND 许可费。

四、标准必要专利 FRAND 许可费分析方法

标准必要专利 FRAND 许可费计算是标准必要专利纠纷中的核心问题，理论界和实务界对此都作出了各种探索，也提出了各种具有借鉴意义的方法。不过在具体确认标准必要专利 FRAND 许可费上，欧美选择了不同的路径。欧盟倾向于当事双方协商解决，通过约束标准实施者与专利权人的谈判行为，推动双方达成许可协议。而美国更倾向于通过司法途径来确认标准必要专利的 FRAND 许可费。在标准必要专利 FRAND 许可费的计算方法上，欧美以及我国所使用的方法也不相同，都希望通过这些方法计算出符合 FRAND 原则的标准必要专利许可费，既能够体现标准必要专利的真实价值，又能够保障标准实施者、消费者的个人利益以及社会公共利益免受侵害。但是各种方法都不是完美的，都有其各自的利弊之处，以下将对目前主要的几种标准必要专利 FRAND 许可费计算方法进行分析。

（一）假设性谈判协商法与 George – Pacific 因素法

1970 年，在 Georgia – Pacific 公司诉 Plywood 公司案[①]中，法院提出了在假想谈判中确定专利合理许可费需要考虑的 15 个因素，得到了理论界和

① Georgia – Pacific Corp. v. United States Plywood Corp., 318 F. Supp. 116, 166 U. S. P. Q. (BNA) 235 (S. D. N. Y. 1970).

实务界较为广泛的认同，这 15 个因素被称为“Georgia - Pacific 因素”。后来在 2010 年的 Microsoft 公司诉 Motorola 公司案中，法院在参考 Georgia - Pacific 因素的基础上，删除了不适合 FRAND 原则的第 4 个和第 5 个因素，创新性采纳了 Motorola 公司提出的“假设性谈判协商法”，也被称为“合理许可费方法”。

1. 假设性谈判协商法

假设性谈判协商法的思想来源于侵权纠纷发生后，假想有意愿的专利权人和有意愿的被许可人在 FRAND 条件下谈判协商得出合理的专利许可费的方法。[①] 假设标准必要专利权人和标准实施者都是理性的商业主体，双方愿意支付或获取多少许可费来获取标准必要专利的授权许可或将自己的专利技术纳入标准并许可他人使用。1946 年，美国专利法中就出现了使用假设性谈判协商（合理许可费）的方法来计算专利侵权损害赔偿费记载。[②] 自此假设性谈判协商法成为美国专利侵权损害赔偿计算方法的理论依据。1995 年，Rite - Hite 公司诉 Kelley 公司案[③]中提出了将假设性谈判协商法用于一般专利许可费的计算。但标准必要专利是一般专利的特殊形式，直到 2013 年 Microsoft 公司诉 Motorola 公司案中才正式使用该方法来计算标准必要专利 FRAND 许可费，并将该方法分为三个步骤：第一，明确许可费基础；第二，确定合理许可费率；第三，调整确定的合理许可费率。

假设性谈判协商法的目的是通过假定双方自愿协商，最终形成符合 FRAND 原则的许可费，该许可费是双方一致达成的，能够同时满足双方的利益需求。该方法使许可费的计算过程可操作性更强，将模糊的 FRAND 原则具体化，计算出来的许可费也更加符合“公平、合理、非歧视”的

① 参见秦天雄：《标准必要专利许可费率问题研究》，载《电子知识产权》2015 年第 3 期，第 86 页。

② 参见阮开欣：《解读美国专利侵权损害赔偿计算中的合理许可费方法》，载《中国发明与专利》2012 年第 7 期，第 64 - 68 页。

③ Rite - Hite Corp. v. Kelley Co. , 56 F. 3d 1538 (Fed. Cir. 1995).

FRAND 原则。

因为标准排除了标准必要专利技术之外的其他竞争性可替代技术，标准实施者只能选择标准必要专利技术，没有其他选择的余地，所以在谈判地位上会存在一定的差异。标准必要专利权人利用其在标准市场中的垄断地位，拥有较强的议价能力，而标准实施者在通常情况下都会被迫同意更有利于标准必要专利权人的许可条件。在使用假设性谈判协商法确定标准必要专利 FRAND 许可费时，应尽量保障标准实施者能够在协商谈判时与标准必要专利权人的地位平等，这样协商出来的标准必要专利 FRAND 许可费才更加公平、合理。该方法计算出来的许可费金额在双方的可接受范围内，符合标准必要专利权人及标准实施者的预期，可以有效避免不必要的纠纷或矛盾，在司法实务中被多次使用。

2. George – Pacific 因素法

在 Georgia – Pacific Corp. v. United States Plywood Corp. 案中提出的 15 个因素是针对普通专利侵权损害赔偿需要考虑的因素，后来在 Microsoft 公司诉 Motorola 公司案中，为了适应标准必要专利的特殊性，对原有的 George – Pacific 因素法中的 15 个因素进行了修正。下面将逐一对 George – Pacific 因素法中的 15 个因素[①]进行分析。

（1）专利许可人曾许可涉案专利获得的许可费，用以证明或试图证明一个既定的许可费。该因素是将同一专利权人的同一专利曾经的许可费作为参照标准，通过纵向比较同一专利在不同交易中收取的许可费，判断许可费之间是否存在较大差距。

（2）被许可人使用与涉案专利类似的其他专利所支付的许可费。对被许可人就同类专利所支付的许可费进行横向比较，判断是否存在较大差距。

（3）许可的性质和范围。该因素主要是从许可行为本身进行分析，不

---

① Georgia – Pacific Corp. v. United States Plywood Corp., 318 F. Supp. 116, 166 U. S. P. Q. (BNA) 235 (S. D. N. Y. 1970).

同的许可性质和许可范围对被许可人行使权利的范围有直接的影响。例如，是以独占还是非独占的方式进行许可，许可的地域或产品的销售对象是否存在限制条件，根据许可性质和范围的不同许可费也会存在一定的差异。

（4）专利权人制定的旨在维护其专利垄断的政策和市场计划，如在许可中设置特殊条件以维持其垄断地位，或者直接拒绝许可。该因素要求确认专利权人是否为了维护其垄断地位，提出了无法达成的许可条件。

（5）专利权人与被许可人之间的商业关系，如双方是否为发明人与推广者的关系，或彼此之间是同一地域范围内相同行业的竞争对手。该因素主要判断专利权人与被许可人之间是否存在竞争关系，对于有竞争关系的被许可人，专利权人若给予其专利许可，专利权人的利益必将受到损失，故专利权人对具有竞争关系的被许可人提出的许可价格也会更高。[①]

（6）被许可人销售专利产品对促进被许可人其他产品销售效果的影响。该因素主要分析被许可人销售专利产品对销售其他非专利产品的贡献或价值。若专利产品的销售对被许可人销售其他非专利产品具有显著的贡献，这个贡献的价值应当在许可费的计算上予以考虑。[②]

（7）专利的有效期及许可期限。该因素对于合理许可费的计算非常重要。在专利的有效期内，被许可人可以正常享有并自由行使许可范围内的专利权利，在此情形下，专利权人具有较强的议价能力。若专利的有效期临近甚至已经过期，则专利权人的议价能力将会下降乃至丧失。另外，许可期限的长短也对专利许可费的高低有直接的影响。较长的专利许可期限对于许可关系的稳定至关重要，尤其是对于被许可人来讲，较长的许可期限可以避免因专利许可费波动带来的风险，降低就专利许可进行谈判与沟

---

① See J. Gregory Sidak, *Bargaining Power and Patent Damages*, Stanford Technology Law Review, Vol. 19, p. 18 (2015).

② 参见谭袁：《标准必要专利核心争议：探究及制度建构》，中国社会科学出版社 2019 年版，第 143 页。

通的成本。因此，被许可人更愿意就一个较长的许可期限进行协商。[①]

（8）专利产品在当前市场的受欢迎程度、商业成功情况以及使用专利产品的获利能力。该因素主要分析专利在相关市场的应用情况，若涉案专利具有较高的认可度，使用涉案专利生产的产品具有较高的利润率，则适当增加许可费的额度也是合理的。

（9）涉案专利相对于可以取得类似结果的旧的设备或模式的优势。分析专利技术相对于其他可替代技术的优势。[②] 若专利技术的优势较大，则专利技术的价值较高，专利权人的议价能力也就更强；如果专利技术的优势不大，则专利技术的价值较低，此时被许可人的议价能力较强。

（10）发明专利的性质、发明专利的商业产品的特征及该专利为用户带来的价值。该因素主要分析的是涉案专利对现有产品或新产品的改进或研发的贡献。若涉案专利技术对于产品的改进和研发贡献较大，专利权人的议价能力就较强；若涉案专利技术对于产品的改进和研发贡献不大，专利权人的议价能力就会减弱。

（11）侵权人利用该发明的程度及检验使用价值的证据。该因素主要分析涉案专利被侵权人使用的程度。一般而言，一件专利的使用频率越高，该专利就比使用频率低的专利更有价值。

（12）在类似商业领域中，使用该技术或类似技术的费用在利润或售价中所占的比例。在通常情况下，专利权人和被许可人通过自愿协商达成的专利许可费在利润或售价中所占的比例。

（13）可实现利润中应归因于发明的部分。该因素主要分析专利在被许可人可实现利润中贡献的比例，比例越高，专利权人的议价能力就越强，

---

① See J. Gregory Sidak, *Bargaining Power and Patent Damages*, Stanford Technology Law Review, Vol. 19, p. 19 (2015).

② 参见张吉豫：《标准必要专利“合理无歧视”许可费计算的原则与方法——美国“Microsoft Corp. v. Motorola Inc.”案的启示》，载《知识产权》2013 年第 8 期，第 30 页。

被许可人也更愿意支付更高的专利许可费。[①]

(14) 合格的专家的证词。该因素将相同领域内的专家意见加以考虑，是通过业内专家更准确地对专利许可费进行计算。

(15) 谈判双方自愿、理性地达成许可协议时，都可能同意的许可费金额，即一个理性的被许可人愿意为制造包含专利的产品所支付的许可费金额。被许可人在支付该金额后还能获得合理的利润，并且专利权人也接受这一金额。该因素假定许可人与被许可人能够自愿、理性地达成许可协议，这样确定的专利许可费一定是双方都能满意的结果。当然，该许可费还是要在专利权人和被许可人都赚取合理利润的情况下，满足理性和自愿原则所作出的。[②]

3. Georgia – Pacific 因素法的修正

Georgia – Pacific 因素法主要是针对一般专利纠纷案件中侵权损害赔偿的计算，而标准必要专利不同于一般专利，是专利的一种特殊形式，Georgia – Pacific 因素法在计算标准必要专利 FRAND 许可费时并不能完全适用。所以在 2013 年 Microsoft 公司诉 Motorola 公司案中，为了满足标准必要专利 FRAND 许可费的计算要求，Robart 法官对 Georgia – Pacific 因素法进行了三个方面的修正：第一，与标准必要专利价值相关的因素非常多，在分析的过程中应排除因专利被纳入标准所产生的额外价值，主要关注技术本身的价值；第二，聚焦于 FRAND 许可的基本要求，不考虑许可人与被许可人之间的商业关系或拒绝许可的商业效果；第三，标准必要专利许可费的比较对象应选取通过 FRAND 许可或类似的协商达成的许可协议。[③] 具体修订内

---

① 参见谭袁：《标准必要专利核心争议：探究及制度建构》，中国社会科学出版社 2019 年版，第 145 页。

② 参见张吉豫：《标准必要专利“合理无歧视”许可费计算的原则与方法——美国“Microsoft Corp. v. Motorola Inc.”案的启示》，载《知识产权》2013 年第 8 期，第 30 页。

③ 参见张吉豫：《标准必要专利“合理无歧视”许可费计算的原则与方法——美国“Microsoft Corp. v. Motorola Inc.”案的启示》，载《知识产权》2013 年第 8 期，第 30 页。

容如下：

（1）将 Georgia - Pacific 因素法中的因素 1 改为标准必要专利权人在 FRAND 条件下曾经收取过的专利许可费。Georgia - Pacific 因素法中的因素 1 主要考察专利权人曾经收取的专利许可费。但 FRAND 承诺是一个重要的限制条件，标准必要专利的许可费应当是在 FRAND 条件或其他类似条件下双方协商出来的。所以，为了满足这个条件，选取的参考对象必须是在 FRAND 条件或类似条件下协商达成的专利许可协议。

（2）Georgia - Pacific 因素法中的因素 2 的修改与 Georgia - Pacific 因素法中的因素 1 的修改类似，同样是增加了 FRAND 许可条件作为主要考察对象。

（3）Georgia - Pacific 因素法中的因素 3 无修改。

（4）Georgia - Pacific 因素法中的因素 4 不再考虑。该因素主要考虑专利权人为维护其垄断地位制订的计划。但是标准必要专利的许可需要符合 FRAND 原则，专利权人不能拒绝许可或使用其他维护垄断地位的方式，因而 Georgia - Pacific 因素法中的因素 4 在 FRAND 条件下不再适用。[①]

（5）Georgia - Pacific 因素法中的因素 5 不再考虑。与 Georgia - Pacific 因素法中的因素 4 的原因类似。Georgia - Pacific 因素法中的因素 5 主要考察专利权人与被许可人之间是否存在竞争关系，但在 FRAND 许可条件下，标准必要专利权人不能歧视任何被许可人，即使被许可人包括其竞争对手，也需要按照 FRAND 承诺进行许可。

（6）Georgia - Pacific 因素法中的因素 6 改为专利被纳入标准所产生的额外价值之外的价值，也就是专利技术本身的价值。Georgia - Pacific 因素法中的因素 6 主要考察专利技术对被许可人销售以及这种衍生销售或陪护销售的贡献。在 FRAND 许可条件下，更应当关注标准必要专利本身的价值，

① 参见张吉豫：《标准必要专利“合理无歧视”许可费计算的原则与方法——美国“Microsoft Corp. v. Motorola Inc.”案的启示》，载《知识产权》2013 年第 8 期，第 29 页。

而非其他附加价值。

（7）Georgia – Pacific 因素法中的因素 7 将许可期限改为专利的有效期。主要关注的是专利的许可期限以及自身的有效期，该因素对计算 FRAND 许可费的影响较小。在 FRAND 条件下，标准必要专利的许可期限不能短于其有效期，实践操作中，应将标准必要专利的许可期限直接等同于有效期。

（8）Georgia – Pacific 因素法中的因素 8 的修改与 Georgia – Pacific 因素法中的因素 6 类似，同样是改为除去额外价值，关注、专利技术自身价值。Georgia – Pacific 因素法中的因素 8 主要关注的是专利的既存获利能力、商业运用情况及其市场普及率。在 FRAND 许可条件下，需要重点关注标准必要专利本身的价值，而不是专利技术被纳入标准之后的附加价值。

（9）Georgia – Pacific 因素法中的因素 9 改为在确定标准必要专利 FRAND 许可费时，应当考虑标准制定和实施前的可替代技术。Georgia – Pacific 因素法中的因素 9 考察的是专利技术相对于替代技术的优势。在 FRAND 许可条件下，假定协商谈判的当事人需考虑专利技术被标准采纳之前的可替代技术的情况。

（10）Georgia – Pacific 因素法中的因素 10 改为将专利技术自身的价值与被纳入标准带来的附加价值区分开。Georgia – Pacific 因素法中的因素 10 主要考察的是涉案专利对现有产品或新产品的改进或研发的贡献。在 FRAND 许可条件下，通过假定协商谈判重点考察标准必要专利对于标准技术能力的贡献，以及这些相关技术能力对于标准实施者产品的贡献。①

（11）Georgia – Pacific 因素法中的因素 11 的修改与 Georgia – Pacific 因素法中的因素 10 的修改类似，也是改为将专利技术自身的价值与被纳入标准带来的附加价值区分开。Georgia – Pacific 因素法中的因素 11 主要考察的是涉案专利被侵权人使用的程度以及侵权人由此获得的利益。在 FRAND 许

① 参见张吉豫：《标准必要专利“合理无歧视”许可费计算的原则与方法——美国“Microsoft Corp. v. Motorola Inc.”案的启示》，载《知识产权》2013 年第 8 期，第 30 页。

可条件下，通过假定协商谈判重点考察标准必要专利对于标准技术能力的贡献，以及这些相关技术能力对于标准实施者及其产品的贡献。

（12）Georgia－Pacific 因素法中的因素 12 改为不应以非 FRAND 许可费所占的比例作为参照对象，必须考察 FRAND 条件下专利商业许可的通常实践。Georgia－Pacific 因素法中的因素 12 分析的是在通常情况下，专利权人和被许可人通过自愿协商达成的专利许可费在利润或售价中所占的比例。在标准必要专利许可费计算中，非 FRAND 条件下签订的专利许可协议不能作为参照对象，只能以 FRAND 条件下签订的许可协议作为考察对象。

（13）Georgia－Pacific 因素法中的因素 13 没有明显的修改，但是应当区分专利技术本身的价值以及专利被纳入标准之后的附加价值。Georgia－Pacific 因素法中的因素 13 主要考察的是被许可人的利润构成。在 FRAND 许可条件下，应当将标准必要专利自身的价值在对利润总额的贡献中区分出来。这些附加价值会使标准必要专利权人获得不适当的利润，不符合标准必要专利权人所作出的 FRAND 承诺。

（14）Georgia－Pacific 因素法中的因素 14 无修改。

（15）Georgia－Pacific 因素法中的因素 15 改为假想协商谈判时，标准必要专利权人在 FRAND 条件下与标准实施者自愿达成许可协议，促进标准的推广，避免专利劫持与专利费堆栈。①

（二）事前价值（the ex ante value）参考法

1. 事前价值参考法释义

有学者认为，符合 FRAND 原则的标准必要专利许可费应建立在标准制定时以假想协商谈判的基础上，由此确立了事前价值参考法来计算标准必

---

① See J. Gregory Sidak, *The Meaning of FRAND*, *Part* 1: *Royalties*, Journal of Competition Law & Economics, Vol. 9, p. 940 (2013).

要专利 FRAND 许可费。[①] 事前价值参考法是基于标准必要专利 FRAND 许可费应体现专利被标准采纳之前的价值，而非被纳入标准之后获得的额外价值。符合 FRAND 承诺的标准必要专利许可费应由标准制定前与其他可替代性技术方案之间竞争所形成的专利许可费率决定，从中选取最为合理的可替代性技术方案的许可费率作为确定标准必要专利 FRAND 许可费的参照标准。[②]

一般的专利许可考察的多为事后（ex post）因素，在专利许可谈判时也是针对当时的具体情况进行分析，但标准必要专利与一般专利不同，对其许可需要满足 FRAND 条件，这就需要充分考虑专利技术及其替代技术在"事前"（ex ante）的许可情况，将专利技术在标准制定之前就具备的价值与被纳入标准之后产生的附加价值区分开来。计算时不包括因标准而产生的价值，否则就违背了 FRAND 承诺的目标。[③]

在标准制定时，具有竞争关系的各专利权人为了能够被纳入标准，会给出最充分竞争后的许可费报价。标准制定组织及标准实施者就专利权人提出的报价进行分析与筛选。专利权人为了将自己的专利进入标准，其给出的许可费报价一定是其能够给出的最具有竞争力的报价，该报价是在充分竞争的情况下作出的，符合 FRAND 许可费的原则。美国 FTC 在其专利报告中指出，在损害赔偿案例中，根据专利技术被纳入标准之前的事前价值对 FRAND 许可费进行定义，这对于使消费者受益于即将被纳入标准的专

① See Layne－Farrar, Anne, Padilla, A. Jorge, Schmalensee, Richard, *Pricing patents for licensing in standard setting organisations: Making sense of FRAND commitments*, Antitrust Law Journal, Vol. 74, p. 671－706（2007）.

② 参见肖延高、邹亚、唐苗：《标准必要专利许可费困境及其形成机制研究》，载《中国科学院院刊》2018 年第 3 期，第 260 页。

③ See Mark A. Lemley, Carl Shapiro, *A Simple Approach to Setting Reasonable Royalties for Standard－Essential Patents*, Berkeley Technology Law Journal, Vol. 28, p. 1146－1147（2013）.

利技术是必要的。[1] 市场竞争就像一个过滤器，可以过滤掉不具有市场竞争力的、不合理的专利许可，留下符合 FRAND 原则的、使标准制定组织和标准实施者更为满意的专利许可。在谈判过程中，专利权人的谈判地位更为有利，议价能力也更强，其所提出的标准必要专利许可费是不合理的，所以在选取 FRAND 许可费参考标准的时候选择在标准制定之前的专利许可费。在标准制定之前，具有竞争关系的专利权人相互竞争，并没有过于明显的优势地位，议价能力也处于市场正常水平，与被许可人的议价能力相当，所以，此举可以平衡强势的专利权人与弱势的被许可人的谈判地位。同时，在标准制定之前，竞争的专利技术都是潜在的标准必要专利。在这个阶段，这些潜在的但最终没有成为标准必要专利的专利技术，相当于帮助标准实施者进行了一次谈判，对标准必要专利许可费进行了有力的约束。[2]

2. 存在的问题

事前价值参考法在计算标准必要专利 FRAND 许可费上具有明显的优势，但该方法也并不是没有问题的，以下对事前价值参考法的不足之处进行分析。

第一，可操作性差。该方法在理论分析上的优势明显，但实际操作非常困难。首先，事前工作量过大，无法承受。标准的每个阶段都有其主要的任务，在标准制定阶段，标准制定组织和组织成员的主要任务就是制定标准。制定标准的工作量非常大。标准制定组织需要组织标准制定的所有工作，一个标准中会包含数量庞大的专利技术，若在标准制定阶段要求确定每一个标准必要专利的 FRAND 许可费，这个工作量是远远超出标准制定

---

① See Federal Trade Commission, *The Evolving IP Marketplace: Aligning Patent Notice and Remedies with Competition.* p. 22 – 23 (2011).

② 参见谭袁：《标准必要专利核心争议：探究及制度建构》，中国社会科学出版社 2019 年版，第 133 页。

组织的工作能力范围的，根本不可能完成。标准必要专利权人也是标准制定组织的成员，本身就承担了标准制定的实际任务，且多数专利权人同时参与了多个标准制定组织，每一个标准制定组织都可能同时在制定多个标准，若都需要在标准制定阶段确定标准必要专利的FRAND许可费，则标准必要专利权人的工作量也将大到无法承受。事前价值参考法意图在标准制定之时解决标准制定问题以及标准实施后的专利许可问题，这种工作量几乎是无法完成的。如果一定要在标准制定阶段确定标准必要专利FRAND许可费，标准制定组织和标准必要专利权人必将投入大量的人力、物力、财力，导致标准化的成本大大增加，不但是对未来标准实施者以及社会公共利益的损害，也使标准的制定面临随时可能停滞的风险。① 所以在实践中，标准制定组织仅仅要求标准必要专利权人作出FRAND承诺，待标准顺利实施，再考虑标准必要专利FRAND许可费这个棘手的问题。其次，事后取证困难，难达标准。既然无法在标准制定阶段对标准必要专利FRAND许可费进行计算，那就在标准实施过程中遇到纠纷再进行处理。但在实践过程中，在纠纷产生之后再想去收集标准制定前标准必要专利权人及其竞争者的相关证据难度非常大，市场条件、各企业的成本状况都难以了解清楚，能够收集到的证据非常有限，收集到的证据也通常不能满足标准必要专利FRAND许可费计算的要求。

第二，抑制制定标准积极性。事前价值参考法会抑制专利权人参与标准制定的积极性。专利权人在技术研发时花费了大量的时间和金钱，希望能够通过专利许可费回收成本，赚取利润。在专利许可费的计算上，专利权人作出了整体的衡量，即不加入标准仅通过单独授权的形式收取的专利许可费应该是专利权人的心理价位。但是为了能够被纳入标准，扩大许可的范围，专利权人可能会放弃一定的利益，降低其专利许可费以换取进入

---

① See Jorge L. Contreras, *Fixing FRAND: A Pseudo - Pool Approach to Standards - Based Patent Licensing*, Antitrust Law Journal. Vol. 79, p. 60 (2014).

标准的机会。不过专利权人进入标准是希望能够利用标准排除竞争技术，取得或加强其市场的垄断地位，赚取较高的垄断利润，若在此时还要求具有市场支配地位的标准必要专利权人收取为进入标准而在激烈竞争中设定的专利许可费，那么，技术标准化对于专利权人的价值并没有那么明显。若技术标准化对专利权人没有足够的吸引力，作为要使用专利技术实现利益最大化的专利权人就没有动力加入技术标准化的工作，标准的制定工作将面临严峻的问题。由此可见，事前价值参考法使得专利权人借助专利技术标准化所取得的市场支配地位没有实际的价值，也无法取得预期的垄断利润。虽然该方法排除了标准必要专利许可费中的垄断因素，使许可费满足了 FRAND 条件，但却打击了专利权人参与标准制定的积极性。

事前价值参考法为分析标准必要专利 FRAND 许可费提供了一个便捷且完整的分析框架，使抽象的 FRAND 原则具体化，在实践中有一定的影响力。2013 年，美国 DOJ 和 USPTO 联合发布的《关于标准必要专利自愿性 FRAND 许可救济的政策声明》中就明确指出，确定标准必要专利 FRAND 许可费应当采用事前价值参考法。2019 年 12 月，美国 DOJ 和 USPTO 认为其 2013 年联合政策声明在禁令问题上有不妥之处，故撤回了其 2013 年的联合政策声明，并与 NIST 共同发表了新的《受制于自愿 F/Rand 承诺的标准必要专利的补救政策声明》[①]，新声明中并未否定之前声明中提出的应当采用事前价值参考法的意见。还有许多案例中也涉及该方法，如 Microsoft 公司诉 Motorola 公司案、Innovatio 案、Apple 公司诉 Motorola 公司案等。在 Apple 公司诉 Motorola 公司案中，波斯纳法官提出计算标准必要专利 FRAND 许可费时，首先对被许可人获取纳入标准之前的专利的许可成本进行分析，衡量专利技术本身的价值与专利技术被纳入标准产生的附加价值。

---

① The U. S. Patent & Trademark Office (USPTO), the National Institute of Standards and Technology (NIST), and the U. S. Department of Justice, Antitrust Division (DOJ), Policy Statement on Remedies for Standards - Essential Patents Subject to Voluntary F/Rand Commitments (2019).

这种方法在找到合格的参照标准的情况下是一种合适的方法，但在绝大多数找不到合适可比较的参照协议的情况下，对标准必要专利的事前价值该如何界定，需要进一步研究。

（三）Bottom – up 方法及 Top – down 方法

在确定标准必要专利 FRAND 许可费的过程中，不论使用何种方法，标准必要专利的价值的判断都是许可费计算的关键所在。标准必要专利的价值主要通过其对多方面的贡献度来综合确定，使用的方法主要包括 Bottom – up 方法和 Top – down 方法两种。

1. Bottom – up 方法

Bottom – up 方法也被称为增量值法，是基于为最终产品添附的价值来确定合理许可费的方法。① 该方法运用在标准必要专利 FRAND 许可费的确定中，首先确定专利技术相对于最接近的可替代技术的价值增量，接着计算出可替代技术的具体价值，最后计算出标准必要专利的实际价值。Bottom – up 方法通过分析专利技术对标准以及专利产品的贡献程度来计算专利技术的实际价值，经常被法官运用在司法实践之中，最早在司法实践中的运用是美国 1915 年联邦最高法院审理的 Dowagiac 公司诉 Minn 公司案②。2011 年，美国联邦贸易委员会在其年度知识产权报告中指出计算标准必要专利 FRAND 许可费可以使用 Bottom – up 方法，标准必要专利技术相对于与其最接近的可替代技术的增值部分，就是标准实施者在标准必要专利许可费协商谈判中愿意支付的 FRAND 许可费的上限，法院在判决时，不应该将标准必要专利许可费或侵权损害赔偿判定高于此上限。

在确定标准必要专利 FRAND 许可费案件中，标准必要专利的增量价值是分析标准必要专利 FRAND 许可费的重要因素之一。Bottom – up 方法的

---

① Ericsson, Inc. v. D – Link Systems, Inc. , 773 F. 3d 1201, 1226 (Fed. Cir. 2014).

② Dowagiac Mfg. Co. v. Minn. Moline Plow Co. , 235 U. S. 641, 648 (1915).

依据就在于标准必要专利权人应当就标准必要专利与纳入标准之前的其他可替代技术相比，为标准化及标准化产品所添附的价值享有利益，法院不应判决标准实施者支付高于增值的许可费或损害赔偿。①

在 Microsoft 公司诉 Motorola 公司案中，Microsoft 公司曾向法院提出使用此方法，重点关注标准被制定之前的情况，Microsoft 公司提出先将涉案标准必要专利的自身价值进行分离，再确定能够作为参照标准的可替代技术或相似技术，最后计算出涉案标准必要专利与参照标准之间的价值增量，根据该价值增量计算标准必要专利的 FRAND 许可费。但法院考虑到许多标准制定组织并不支持明确的多边事前谈判，指出 Microsoft 公司提出的这种方法不具有现实可操作性，最终没有采用该方法。即使如此，该案的法官仍然指出，计算标准必要专利 FRAND 许可费必须确定标准必要专利本身的价值，而这需要明确地分析出标准必要专利对于标准以及标准化产品的重要性及贡献程度，以及标准制定之前，作为标准必要专利可替代技术的价值，这些在标准必要专利 FRAND 许可费的计算中都是重要的参考因素。

虽然 Bottom - up 方法不需要标准必要专利权人和标准实施者进行许可谈判，可以节省谈判的成本，但在实践操作中，实现该方法非常困难，在合格的 FRAND 许可费参照标准的选择上，标准必要专利权人和标准实施者很难达成统一的意见，参照标准的无法确定将导致后续的工作无法开展，这确实是该方法需要解决的一大难题。② Bottom - up 方法充分考虑了标准必要专利在被纳入标准之前的竞争状况，但在实践过程中，标准必要专利本身的价值与其对标准的贡献所增加价值很难直接关联。一个标准中通常都包含有大量的标准必要专利，而其中一个标准必要专利的变化（比如将涉

① Federal Trade Commission, The Evolving IP Marketplace: Aligning Patent Notice and Remedies With Competition.

② 参见刘运华、曾闻：《国外标准必要专利许可费计算方法对中国专利开放许可制度设计的启示》，载《中国科技论坛》2019 年第 12 期，第 111 页。

案标准必要专利换为标准制定前与标准必要专利竞争的次等级最好的替代技术）都可能引起另一个标准必要专利价值的变化，这个情况是非常复杂的，也是非常难以界定的。Bottom - up 方法过于强调标准必要专利的价值，还容易导致标准必要专利许可费堆栈。因为 Bottom - up 方法都是单独对每项标准必要专利的价值以及对标准的贡献进行评估，并没有对标准整体费率进行总体考虑，所以容易造成标准必要专利许可费的堆栈，在使用时应当重视这些问题，综合其他方法计算出符合 FRAND 原则的标准必要专利许可费。

2. Top - down 方法

Top - down 方法也被称为“倒置法”“从上至下法”。这种方法要求首先确定标准中全部标准必要专利的整体价值（全部标准必要专利的许可费总量），然后在总量的基础上，在考虑每一个标准必要专利相对价值差异的前提下，确定每一个标准必要专利所分配的数量。该方法首先确定了标准必要专利的总额，也就是标准实施者为实施标准所支付的标准必要专利许可费总额是一定的，其中某一项标准必要专利许可费的确定仅对标准中其他标准必要专利的许可费产生影响。用公式表达可以概括为标准必要专利权人 FRAND 许可费 = 整体费率 × 权利人所占整体费率之份额。①

该方法最早由 Holderman 法官在 In re Innovatio 案②中提出。他指出，在使用该方法分析标准必要专利 FRAND 许可费时，需要对标准必要专利技术本身的价值以及技术标准化的价值进行区分。该方法与我国华为公司诉 IDC 公司案中的比较分析法类似，将比例原则使用在标准的整体价值之内，标准必要专利权人在标准整体价值（经济利益）内进行合理的分配，在一

---

① 参见郭禾、吕凌锐：《确定标准必要专利许可费率的 Top - Down 方法研究——以 TCL 案为例》，载《知识产权》2019 年第 2 期，第 61 页。

② In re Innovatio IP Ventures, LLC, 2013 U. S. Dist. LEXIS 144061, at ∗47 (N. D. Ill. 2013).

定程度上可以避免标准必要专利许可费堆栈的问题。[①] 在 2017 年 TCL 公司与 Ericsson 公司标准必要专利 FRAND 许可费确认案中，美国加利福尼亚中区联邦地区法院也开始在计算涉案标准必要专利 FRAND 许可费时，采用 Top - down 方法尝试解决标准必要专利许可费堆栈的问题。2019 年，在华为诉康文森案中，华为公司请求我国江苏省南京市中级人民法院对华为公司与康文森公司所涉及的标准必要专利许可费率予以确认。该案中，康文森公司主张采用比较分析法来计算 FRAND 许可费率，但法院没有采纳康文森公司的计算方法，最终选择使用Top - Down 方法对 FRAND 许可费率进行计算。[②] 该案是我国首次采用 Top - Down 方法对标准必要专利 FRAND 许可费进行计算。[③]

有学者认为，Top - down 方法是分析标准必要专利 FRAND 许可费最理想的方法。使用 Top - down 方法时应该对标准中所有的标准必要专利进行统一的评估，将每一个标准必要专利对最终产品的利润的贡献及价值进行量化，再在标准必要专利之间进行合理的分配。[④] 这一方法评估的是所有标准必要专利整体的事前价值，这种方式可以有效地避免事后分析的困难与较高的成本，整体费率的固定又有效地解决了标准必要专利费堆栈的问题，通过对专利价值的分析，考虑到了标准必要专利价值的差异性，能够给予标准必要专利权人相对公平的对待。[⑤]

Top - down 方法主要可以分为两个步骤：第一步，确定标准必要专利

---

① 参见闫娜：《标准与标准必要专利研究》，知识产权出版社 2019 年版，第 218 页。

② 江苏省南京市中级人民法院（2018）苏 01 民初 232、233、234 号民事判决书。

③ 参见谢玲：《标准必要专利许可费中 Top - Down 方法探析》，载《标准科学》2020 年第 2 期，第 14 - 15 页。

④ 参见祝建军：《标准必要专利使用费率的司法裁量规则——评华为公司诉交互数字集团标准必要专利使用费纠纷案》，载《中国知识产权报》2014 年 1 月 8 日，第 9 版。

⑤ 参见李剑：《标准必要专利许可费确认与事后之明偏见　反思华为诉 IDC 案》，载《中外法学》2017 年第 1 期，第 233 页。

整体费率，也就是通过最终用户产品价格 ×（标准贡献/产品价值）[①] 计算出标准中所有标准必要专利的整体许可费率。这一步可以有效避免标准必要专利许可费堆栈的问题。欧盟委员会于 2017 年 10 月在针对标准必要专利问题的会议上提出，要避免标准必要专利许可费叠加的情况，不能单独对某一个标准必要专利的价值进行计算，应当重点关注标准中全部标准必要专利的整体费率。[②] 第二步，计算标准必要专利权人所持有的标准必要专利在整体费率中所占的份额。假设每个标准必要专利的价值相等，那么标准必要专利权人所持有的标准必要专利占整体费率的份额 = 标准必要专利权人持有的标准必要专利数量/标准中标准必要专利总量。此时标准中标准必要专利总量指的是举证期届满前，标准中所有的有效标准必要专利及专利申请。这里涉及的标准必要专利及专利申请必须是有效的。首先，因为专利具有期限性，每一个专利的到期时间不同，可能在进行分析时，该标准必要专利已经到期，那么该标准必要专利权人就不能够再要求标准实施者为其支付专利许可费。其次，标准也在不断地调整之中，标准必要专利的数量也在不断变化，有些专利已经不能满足相应的需求，变为非必要专利，对于非标准必要专利，标准实施者也有权不使用该专利，从而影响标准必要专利权人的标准必要专利许可费在标准总许可费中所占的份额。基于上述两种情况，在统计有效标准必要专利时一定要排除非标准必要专利、垃圾专利、无效专利，确保计算的专利都是标准实施所必要的且在有效期内的专利技术。

虽然 Top－down 方法的计算过程比较简单，但计算过程中所需要的数据却并不容易获得。在实际操作中，每个标准必要专利的价值不可能完全

① 参见肖延高、邹亚、唐苗：《标准必要专利许可费困境及其形成机制研究》，载《中国科学院院刊》2018 年第 3 期，第 261 页。

② Communication From The Commission to The European Parliament, The Council and The European Economic and Social Committee Setting out the EU approach to Standard Essential Patents (2017), at p. 7.

一样，比如标准必要专利剩余有效期的长短不同、技术的复杂程度不同等，所以专利的相对价值率、相对强度等也都难以确定。影响这些数据的因素非常复杂，需要充分有效的证据来进行支撑，在实际操作中有一定的难度。从美国、英国的相关案例可以看出，该方法也可能会造成标准必要专利许可费率低于标准必要专利权人预期的情况，对标准必要专利权人进行技术创新和技术标准化的积极性带来消极的影响。①

五、标准必要专利 FRAND 许可费确定的个案考察

标准必要专利兼具标准与专利的双重属性，标准制定组织一方面要保障所制定的标准能够顺利推广与认可，另一方面要保障标准必要专利权人的专利创造能够得到相应的回报，所以几乎所有的标准制定组织都制定了 FRAND 许可政策。标准必要专利的许可状况对经营者参与标准化活动有直接的影响，对标准的发展至关重要。但标准制定组织的 FRAND 许可政策仅仅是形式上的规定，并没有具体的指引。在实践中，标准必要专利权人与标准实施者因为标准必要专利许可费产生争议的情况数不胜数，本部分将对标准必要专利 FRAND 许可费纠纷典型案例进行梳理与比较，分析主流国家与地区标准必要专利 FRAND 许可费的计算规则与方法，为我国提供借鉴。

（一）Microsoft 公司诉 Motorola 公司案

1. 案情简述

Microsoft 公司诉 Motorola 公司案是标准必要专利 FRAND 许可纠纷典型案例。该案法院将标准必要专利权人所作出的 FRAND 承诺认定为第三人受益合同，并首次利用修正后的 Georgia – Pacific 因素法计算涉案标准必要

① 参见刘运华、曾闻：《国外标准必要专利许可费计算方法对中国专利开放许可制度设计的启示》，载《中国科技论坛》2019 年第 12 期，第 112 – 113 页。

专利 FRAND 许可使用费，该案的判决多次被同类案件引用、参考。

该案中原告 Microsoft 公司是一家美国跨国科技公司，是目前全世界最大软件供货商。被告 Motorola 公司同样是一家跨国公司，是全球电子通信的领导者。该案涉及两个标准，分别为 IEEE 制定的无线局域网标准（802.11 专利池）以及 ITU 制定的图像压缩编码标准（H.264 专利池）。Motorola 公司的两个专利组合分别被这两个标准采用，成为两个标准中的标准必要专利。

2010 年 10 月，Microsoft 公司向 ITC 提起“337 调查”，指控 Motorola 公司生产的手机侵犯 Microsoft 公司的专利权，之后双方进行了交叉许可的谈判。2010 年 10 月 21 日和 29 日，Motorola 公司致函 Microsoft 公司，同意许可Microsoft 公司使用其拥有的 802.11 及 H.264 标准必要专利，并提出了相应的专利许可费，即 Microsoft 公司每一个最终产品（不是组建软件）价格的 2.25%。2010 年 11 月 9 日，Microsoft 公司向美国华盛顿州西区联邦地区法院起诉 Motorola 公司违反其向 IEEE 和 ITU 作出的 FRAND 承诺。2010 年 11 月 10 日，Motorola 公司同样向该法院提起诉讼，要求法院禁止 Microsoft 公司使用Motorola 公司的 H.264 标准必要专利。随后，Motorola 公司也向 ITC 提出“337 调查”，指控 Microsoft 公司的 Xbox 侵犯其专利权，要求 ITC 禁止 Microsoft 公司的 Xbox 进口到美国。同时，Motorola 公司知道 Microsoft 公司的 Windows 和 Xbox 的欧洲集货中心设置在德国，遂在德国法院起诉 Microsoft 公司专利侵权，提出了禁止 Microsoft 公司在德国销售 Xbox 的要求。Microsoft 公司向美国华盛顿州西区联邦地区法院提请法庭动议，要求法院在作出 Motorola 公司向该院提出的禁令判决前，禁止 Motorola 公司在德国执行任何可能从德国法庭拿到的禁令。2012 年 4 月，美国华盛顿州西区联邦地区法院同意了 Microsoft 公司的法庭动议，禁止 Motorola 公司在德国执行任何可能从德国法庭拿到的禁令。Motorola 公司向美国联邦第九巡回法院提出上诉，第九巡回法院维持了地区法院的判决。2012 年 11

月，美国华盛顿州西区联邦地区法院作出判决：第一，Motorola 公司向标准制定组织所作出的 FRAND 承诺构成 Motorola 公司与标准制定组织之间的可执行合同；第二，标准实施者 Microsoft 公司可以作为第三方受益者（third party beneficiary）执行该合同；第三，Motorola 公司标准必要专利最终的许可费率应满足 FRAND 承诺；第四，不支持Motorola 公司的禁令请求。2013 年 4 月，法官对标准必要专利许可使用费的判决公示：第一，Motorola 公司的 H. 264 标准必要专利组合合理的 FRAND 许可费范围是 0. 55 ~ 16. 339 美分，该案判决 FRAND 许可费为 0. 555 美分；第二，Motorola 公司的 802. 11 标准必要专利组合合理的 FRAND 许可费范围是 0. 8 ~ 19. 5 美分，该案判决 FRAND 许可费为 3. 471 美分。[①]

2. 案件分析

（1）FRAND 承诺性质的认定

该案中，第一个具有争议的问题就是 FRAND 承诺的性质认定问题。在 802. 11 标准和 H. 264 标准制定时，被告 Motorola 公司向 IEEE 和 ITU 分别作出了以 FRAND 条件许可这两个标准必要专利的承诺，Microsoft 公司作为标准实施者，以 Motorola 公司向 IEEE 和 ITU 作出 FRAND 承诺的第三方受益人的身份，向美国华盛顿州西区联邦地区法院提起诉讼，指控 Motorola 公司在许可其标准必要专利时违反了 FRAND 承诺。美国华盛顿州西区联邦地区法院经过仔细的审查，认为标准必要专利权人 Motorola 公司向标准制定组织 IEEE 和 ITU 作出的 FRAND 许可承诺，是基于标准制定组织专利政策中对标准必要专利权人的要求，该 FRAND 承诺应视为标准制定组织与标准必要专利权人之间签订的合同。而 Microsoft 公司作为标准实施者，应视为以该合同为基础的第三方受益人。第三方受益人享有请求标准必要专利权人按照 FRAND 承诺许可其标准必要专利的权利，也享有在标准必要专利

① 参见闫娜：《标准与标准必要专利研究》，知识产权出版社 2019 年版，第 223 - 224 页。

权人违反 FRAND 承诺时提起违约之诉的权利。

在此案之前的相关判决中，美国法院就曾指出，FRAND 许可义务建立在标准必要专利权人自愿与标准制定组织签订的具有合同性质的 FRAND 许可承诺的基础之上，而要求标准必要专利权人作出该 FRAND 承诺的专利政策是标准制定组织成员在其加入该组织的基本协议中就声明遵守的既定规则，所以，标准制定组织的专利政策以及标准必要权人所作出的 FRAND 承诺均具有法律意义，FRAND 承诺的执行是一个合同法的问题。[①] 也就是说，站在标准制定组织的角度，其要求标准必要专利权人签订了 FRAND 许可承诺合同，同时将标准实施者作为该 FRAND 许可承诺合同的第三方受益人，这其实也就是提前赋予标准实施者能够获得实施标准中可能出现的标准必要专利的权利。[②]

因此，最终法院认定标准必要专利权人作出的 FRAND 许可承诺是一种第三人受益合同，标准实施者可以以第三方受益人的身份要求标准必要专利权人在许可标准必要专利时履行其所作出的 FRAND 承诺。

（2）许可费计算方法

第一，Microsoft 公司建议的 FRAND 许可费计算方法。Microsoft 公司认为在计算 FRAND 许可费时应当要考虑标准被采用或实施之前的状况，也就是要考虑该专利技术被纳入标准之前其专利本身的价值。Microsoft 公司提出为了计算被纳入标准的专利技术的经济价值，可以先计算出专利技术被纳入标准前的其他替代技术的价值，将被纳入标准的专利技术的价值与纳入标准前的其他替代技术的价值进行比较，得出的增值价值就是标准必要专利技术的价值。也就是说，若假设专利技术的价值是 100，纳入标准前

---

① Mark A. Lemley, *Intellectual Property Rights and Standard - Setting Organizations*, California Law Review, Vol. 90, p. 1889 (2002).

② J. Gregory Sidak, *The Meaning of FRAND: Injunctions.* Journal of Competition Law & Economics, Vol. 11, p. 201 - 269 (2015).

其他替代技术的价值是 90，而纳入标准后专利价值的增量是 10，所以标准必要专利的价值就是 10。① 法院不否认专利技术对于标准具有一定的增值贡献，通过计算贡献也有助于 FRAND 许可费的确定，但 Microsoft 公司提出的增量值法无法简单地将专利的价值与其对标准的增值直接关联。因为如果用另一件专利替代现在被纳入标准的专利，则标准将会发生变化，而标准的运行是多维度的，这个变化难以预测，所以这种方法在实践中难以操作。

第二，Motorola 公司建议的 FRAND 许可费计算方法。Motorola 公司提出了与 Microsoft 公司不同的假设双边协商法。Motorola 公司认为，可以模拟在具备 FRAND 许可义务的情况下，通过假设双边协商的方法来确定 FRAND 许可条件。法院认为，从实践情况来看，FRAND 许可协议通常是标准必要专利权人与标准实施者通过双边协商的方式达成的，法院在假设双边协商的方法上也具有诸多经验。在之前诸多专利侵权案件中都会涉及专利许可费的计算，法院对 Georgia – Pacific 因素法框架的运用具有丰富的实践经验。所以在需要确定 FRAND 许可费并且双方当事人争议较大的情形下，由司法机关进行一次假设性的双边协商谈判，经过协商与谈判，很大概率会形成一个双方都可以接受的合理的标准必要专利许可费。但是，法院同时也指出，FRAND 原则下的标准必要专利许可费不同于一般情况下的专利许可费。一般情况下的专利权人有许可专利的自由，可以选择不许可其专利技术；而标准必要专利权人必须以 FRAND 原则进行许可，许可的自由权被一定程度的限制。除此之外，还有其他诸多因素都需要进行考虑，所以，不能直接使用 Georgia – Pacific 框架对假设双边协商的情况进行分析。

第三，法院采用的 FRAND 许可费计算方法。法院经过审理，在充分听取 Microsoft 公司与 Motorola 公司关于 FRAND 许可费计算方法后，原则上

---

① 参见谭袁：《标准必要专利核心争议：探究及制度建构》，中国社会科学出版社 2019 年版，第155 – 156 页。

采用 Motorola 公司提出的假设双边协商的方法，但对其作出了适当的调整。法院认为，未被纳入标准的专利权人享有完全的许可自主权，可以自主选择是否进行专利许可以及自主设定专利的许可条件，但标准必要专利权人必须遵守 FRAND 原则进行专利许可，同时，一个标准中会存在多项标准必要专利，标准实施者需得到所有标准必要专利权人的许可才能够实施标准。法院还关注了标准必要专利权人与标准实施者在协商中可能出现的相关因素，在沿用 Georgia－Pacific 因素对 FRAND 许可费进行分析的基础上，对其进行了适当的修改：①将 Georgia－Pacific 框架第 1 条改为标准必要专利权人曾收取的 FRAND 许可费；②将其第 2 条改为标准实施者曾使用类似标准必要专利所支付的 FRAND 许可费；③将其第 6 条改为不应考虑专利被纳入标准产生的附加价值，只应考虑专利本身的价值；④将其第 7 条改为标准必要专利权人给予的 FRAND 许可期限应达到有效期；⑤其第 8 条的调整与第 6 条类似；⑥将其第 9 条改为在标准制定和实施前可能取代涉案专利而被纳入标准的替代性技术；⑦将其第 10 条、第 11 条改为涉案专利对标准以及标准实施者产品的贡献；⑧将其第 12 条改为必须通过包含 FRAND 承诺的商业行为来考察，而非 FRAND 承诺的专利许可费不能作为比较的基础；⑨将其第 15 条改为标准必要专利权人承诺的 FRAND 许可条件必须符合 FRAND 的目的；⑩其第 4 条、第 5 条不再适用，第 3 条、第 13 条、第 14 条未作调整。①

另外，法院还对专利许可使用费堆栈、总量控制以及专利劫持等因素进行了考虑。除此之外，法院还考虑了标准制定组织的目的以及标准必要专利权人的利益，即标准必要专利的 FRAND 许可费应当设定在能够促进标准被推广和采用以及能够保障标准必要专利权人获得合理利润的水平。综合考虑这些影响标准必要专利 FRAND 许可费计算的因素，有利于对标准制

---

① 参见张吉豫：《标准必要专利“合理无歧视”许可费计算的原则与方法——美国“Microsoft Corp. v. Motorola Inc.”案的启示》，载《知识产权》2013 年第 8 期，第 25－26 页。

定组织、标准必要专利权人、标准实施者以及社会公共利益的平衡。

在对该案的具体分析上，法院首先确定 Motorola 公司在 H. 264 和 802. 11 两项标准内分别拥有标准必要专利组，然后对两项标准的制定背景、技术路径、特点、专利情况以及 Motorola 公司的涉案专利技术对涉案标准和 Microsoft 产品的重要性进行分析，接着分析 Motorola 公司的涉案专利技术对涉案标准和 Microsoft 产品的贡献，通过分析 Motorola 公司的涉案专利情况以及每个涉案专利对涉案标准及 Microsoft 产品的贡献大小。但 Motorola 公司认为法院修改了 Georgia - Pacific 框架的内容，其对 Motorola 公司标准必要专利 FRAND 许可费计算方法违反了联邦巡回上诉法院的规定。但第九巡回法院指出该案为合同违约案件，可以对专利侵权案件中确立的 Georgia - Pacific 框架进行适度的调整后适用，最终维持地区法院的判决。①

（二）华为公司诉 IDC 公司案

1. 案情简述

该案原被告均为 ETSI 的会员。原告华为公司是我国最大的民营通信科技公司，向全球运营商及用户提供通信产品及服务。被告美国交互数字公司(Inter Digital Corporation，简称 IDC 公司）拥有大量无线通信技术标准必要专利，但并不直接进行产品的生产，以许可专利获取专利许可费为主要经营模式。该案原被告在国际通信领域都具有举世瞩目的地位和声誉，故此案也被称为“中国标准必要专利第一案”，在标准必要专利 FRAND 许可费的认定上具有较高的示范作用。

IDC 公司拥有大量 2G、3G 乃至 4G 无线通信标准的标准必要专利，这些标准必要专利也被纳入中国移动终端、无线通信和基础设施等标准之中，华为公司要生产符合我国乃至国际标准的手机，就必须使用 IDC 公司的专

---

① 参见闫娜：《标准与标准必要专利研究》，知识产权出版社 2019 年版，第 224 - 226 页。

利技术。所以二者就 IDC 公司的标准必要专利许可费问题经过了多次谈判，但却一直未能达成一致意见。

从 2008 年 9 月开始，IDC 公司先后 4 次向华为公司送达书面授权要约，提出给予华为公司其全部的 2G、3G 和 4G 专利的全球性、非排他性、需支付许可费的许可条件，同时要求华为公司将其所有专利免费许可给 IDC 公司。将 IDC 公司提供给华为公司的许可条件与 IDC 公司与 Apple 公司、Samsung 公司的许可条件相比，其第一次和第二次要约中要求华为公司支付的许可费用是同期 Apple 公司支付费用的 100 倍，是 Samsung 公司的 10 倍。IDC 公司对华为公司的许可条件中还不区分标准必要专利与非标准必要专利，并明确表示，若华为公司拒绝其中任何一个许可条款，就是拒绝整份专利授权要约。

2011 年 7 月，IDC 公司向 ITC 请求对华为公司进行“337 调查”，同年 9 月，IDC 公司向美国特拉华州联邦地区法院提起诉讼，指控华为公司侵犯其专利权，请求法院判令华为公司停止侵权，并要求对华为公司发布全面禁令，禁止华为公司的产品进口至美国以及在美国境内销售。2011 年 12 月 6 日，华为公司向深圳市中级人民法院起诉 IDC 公司滥用市场支配地位，违反 FRAND 承诺，请求法院判令 IDC 公司以符合 FRAND 原则许可条件对其标准必要专利进行许可。2012 年 10 月，美国国会众议院情报委员会以危害国家安全为名调查华为公司，并宣称华为公司的产品可能被用作间谍活动，对美国国家安全造成威胁。此举对华为公司的产品在美国市场的进口和销售都造成了恶劣的影响和沉重的打击。2013 年 1 月 24 日，华为公司对 IDC 公司在美国特拉华州联邦地区法院提起的诉讼提出反诉，请求法院判令 IDC 公司以符合 FRAND 原则许可条件对其标准必要专利进行许可。2013 年 2 月 4 日，深圳市中级人民法院作出判决，判决 IDC 公司应按照 FRAND 承诺许可其标准必要专利，并按照 IDC 公司对 Apple 公司和 Samsung 等公司的标准必要专利许可费标准作出了该案许可费具体的判定。IDC 公司上诉至广东省高级人民法院。广东省高级人民法院经过审理认为深圳市中级人民法院对标准必要专利许可费的认定较为公正、合理，并于 2013 年 10 月 29 日作出终审判决，驳回上诉，维持原判。[①]

2. 案件分析

（1）影响 FRAND 许可费的因素

在该案中，法院提出了计算标准必要专利 FRAND 许可费需要考虑的因素，这也是我国法院首次通过公开判决提出应考虑的三个因素[②]：

其一，比例限制。比例限制指的是标准必要专利许可费不应超过标准实施者所获得的产品利润的一定比例。[③] 两审法院均认为产品的最终利润是由包括技术、资本、劳动以及管理等多方面因素共同创造的，而专利技术仅仅是众多因素中的一种，无法占据全部利润。另外，一个产品中也不一定只有一种技术，而标准必要专利权人仅仅能够提供其中的一种或一部分专利技术，并不能提供该产品所需的全部技术。所以，标准必要专利权人也仅有权获取与其专利所占比例相适应的利润，其要求的许可费不能超过标准实施者产品的总利润，否则，应认定标准必要专利权人的许可使用费不符合 FRAND 承诺。[④]

其二，反专利劫持。专利劫持指的就是专利权人因自己的专利成为标准必要专利，进而试图赚取标准本身价值的行为。在标准必要专利领域，标准实施者欲进入标准市场就必须使用标准必要专利，而当标准实施者除了得到标准必要专利权人授权没有其他更好的选择时，标准必要专利权人就能够适度地强迫标准实施者接受其提出的许可条件，而若是在充分竞争

① 参见闫娜：《标准与标准必要专利研究》，知识产权出版社 2019 年版，第 220 页。

② 参见李扬、刘影：《FRAND 标准必要专利许可使用费的计算：以中美相关案件比较为视角》，载《科技与法律》2014 年第 5 期，第 870 页。

③ 参见何荣华：《标准必要专利公平合理无歧视原则研究》，中南财经政法大学 2018 年博士学位论文，第 154－155 页。

④ 参见徐家力：《标准必要专利许可费之争——以“高通诉魅族”案为切入点》，载《江苏社会科学》2018 年第 1 期，第 171 页。

的市场中，其他替代技术拥有者可能会向标准实施者提供更加优惠的条件，这就是标准必要专利权人的专利劫持行为。在该案中，两审法院都没有在判决书中明确使用“专利劫持”这个概念，但仍表示标准必要专利权人不应当从标准本身中获得利润，因为对于标准必要专利权人来讲，进入标准就已经排除了其他替代技术，已经能够获得其他竞争者无法获得的利润，若此时再要求标准实施者支付高额的专利许可费，是对标准实施者的利益损害。专利权人的贡献是其技术的创新，获得的报酬也应限于其专利本身，而不能因专利被纳入标准获得额外的利润，在确定 FRAND 许可费时，应当防止专利劫持行为的发生。

其三，反专利许可费堆栈。一个标准中往往会纳入多项专利技术，这些专利技术可能属于不同的专利权人，而标准实施者可能为了实施标准需要向不同的标准必要专利权人支付专利许可费。这些专利技术及其对应的许可费很有可能在标准实施者处集中，造成专利许可费用的重叠。而重叠在标准实施者处的专利许可总费用加重了其实施标准的成本，对标准的推广与接纳，乃至社会的公共利益带来不利影响。另外，许可费的认定范围应仅限于标准必要专利，不应当让标准实施者对非标准必要专利支付许可费。两审法院均指出，一个标准中含有多项标准必要专利，每一项标准必要专利的许可费应当与其专利技术在标准中实际的贡献比例相当，也就是说专利权人只能获得与其专利所占比例对应的许可费，防止专利许可费的堆栈。①

在进行 FRAND 许可费计算时，该案两审法院在判决书中虽然都体现了对“比例原则”的分析，但并没有完全考虑到该案的所有问题。如没有具体分析涉案标准中的标准必要专利数量、IDC 公司拥有的标准必要专利在总的标准必要专利中的比例及贡献以及这些贡献在华为公司的哪些产品上怎

① 参见闫娜：《标准与标准必要专利研究》，知识产权出版社 2019 年版，第 222 页。

样体现等。分析这些问题确实存在一定的难度，但对计算合理的标准必要专利 FRAND 许可费还是必要的。

（2）法院采用的 FRAND 许可费计算方法

在该案中，华为公司与 IDC 公司均未向法院提出涉案标准必要专利 FRAND 许可费的计算方法，深圳市中级人民法院及广东省高级人民法院均在判决中采用比较方法来计算该案标准必要专利的 FRAND 许可费。

该案法院采用的比较方法主要指的是，在大致相同的交易条件下，标准必要专利权人对标准实施者收取的大致相同的标准必要专利许可费或者采用大致相同的许可使用费率。在大致相同的交易条件下，若标准必要专利权人对不同的标准实施者采取不同的专利许可费标准，甚至专利许可费差额巨大，支付较高专利许可费的标准实施者可以认为标准必要专利权人违反 FRAND 承诺，对其实施了歧视行为。在该案中，两审法院需要为计算 IDC 公司与华为公司标准必要专利 FRAND 许可费选取一个对比对象，经过对全球著名手机制造商的销售额、出货量、营收、市场份额等情况进行分析，2007 年，IDC 公司与 Apple 公司签订了为期 7 年的标准必要专利许可协议，该协议是 IDC 公司与 Apple 公司通过平等协商自愿达成的，符合 FRAND 许可原则。2009 年，IDC 公司与Samsung公司签订了为期 3 年的标准必要专利许可协议，但该协议是在 IDC 公司起诉 Samsung 公司的情况下，Samsung 公司被迫与其签订的，不符合 FRAND 许可原则。所以两审法院选取了 IDC 公司与 Apple 公司的标准必要专利许可费作为对比对象来进行分析。①

该案两审法院认为，IDC 公司与 Apple 公司在双方平等、自愿的基础上，协商达成了全球范围的、不可转让的、固定许可费用的、非独占的标准必要专利许可协议。该协议许可的专利组合覆盖 Apple 公司当时的产品以

① 参见李扬、刘影：《FRAND 标准必要专利许可使用费的计算：以中美相关案件比较为视角》，载《科技与法律》2014 年第 5 期，第 873 - 874 页。

及将来可能使用到的某些移动电话技术。同时，法院查明 Apple 公司 2007 年到 2014 年的销售总收入，并由此推算出该交易的许可费率。[①] 以 IDC 公司与 Apple 公司的这份协议为参考，法院认定 IDC 公司与华为公司的标准必要专利许可费以相关产品实际销售价格计算，不超过 0.019%。[②]

法院虽然使用比较方法计算出了 IDC 公司与华为公司的标准必要专利许可费，但考虑过于简单，可能存在一些偏差。例如，法院选取 Apple 公司与 IDC 公司的标准必要专利许可费作为参照物的标准就相对简单，Apple 公司和Samsung 公司向 IDC 公司支付的专利许可费是通过分析 IDC 公司的年报得来的，IDC 公司与华为公司的标准必要专利许可费也就是将 Apple 公司与 IDC 公司的专利许可情况直接套用在华为公司与 IDC 公司的交易上计算出来的。另外，法官对该案的分析是在 IDC 公司与华为公司纠纷发生之后，但考察的对象却是在纠纷发生之前的交易行为，由于时间的节点不同，双方当事人对交易的态度也会有所差异。[③] 仅仅经过这种比较和推理所得出的许可费是否科学，值得商榷。

受限于当事双方所提交的证据以及并无前例可以借鉴，法院在标准必要专利许可费的具体分析确实不够详尽，对于比较方法中最重要的比较对象的选择也不够严谨，虽然法院分析了全球著名手机制造商的相关数据，也通过不属于自愿原则排除了 Samsung 公司与 IDC 公司的专利许可方案，但 IDC 公司与 Apple 公司已经执行的许可协议也还是和 IDC 公司与华为公司即将签署的许可协议的情况有明显差异，两者不仅许可范围不同（IDC 公司与 Apple 公司是全球许可，IDC 公司与华为公司是中国许可），而且计价方式也有所区别（Apple 公司与 IDC 公司的标准必要专利许可协议规定的

① 参见李剑：《标准必要专利许可费确认与事后之明偏见 反思华为诉 IDC 案》，载《中外法学》2017 年第 1 期，第 237 - 238 页。

② 广东省高级人民法院（2013）粤高法民三终字第 306 号民事判决书。

③ 参见陈林林、何雪锋：《司法过程中的经验推定与认知偏差》，载《浙江社会科学》2015 年第 8 期，第 31 页。

计价方式是固定许可费总额，而华为公司与IDC公司的标准必要专利许可协议要求的计价方式是固定许可费率)。法院选择比较对象应当是交易条件相当，但从实际情况来看，两者在多个方面都有着明显的差异，法院如果能够说明这些差异可以被忽略的理由，其最终确定的标准必要专利合理许可费才更有说服力。[①] 不过华为公司与IDC公司标准必要专利许可案是全球第一起由法院确定具体合理许可费率的标准必要专利FRAND许可费确认案，在缺少相关案例参考且双方当事人举证不充分的情况下，我国两审法院能够对标准必要专利FRAND许可费计算方式进行大胆尝试，是对标准必要专利许可领域的有效探索，值得肯定。

六、标准必要专利FRAND许可费反垄断规制建议

在全球标准必要专利许可领域，FRAND原则被广泛适用。虽然不同国家和地区对FRAND原则的认识不同，对标准必要专利FRAND许可费的计算方法也有差异，但都没有影响FRAND原则在标准必要专利领域的重要作用。随着经济全球化的推进，国际贸易需要知识产权、标准化、反垄断等相关法律突破国家的地域限制，像技术标准一样在世界范围内建立相对统一的规则体系，以便更好地进行沟通、交流。[②] 本部分对标准必要专利FRAND许可费相关问题进行了全面的讨论，分析了当前世界主流国家和地区对标准必要专利FRAND许可费的不同理解和具体做法。通过这些分析，笔者提出对标准必要专利FRAND许可费的些许浅见，以期有助于我国乃至世界更好地解决标准必要专利FRAND许可费问题，促进世界主流趋势的形成。

---

① 参见赵启杉:《标准必要专利合理许可费的司法确定问题研究》，载《知识产权》2017年第7期，第14页。

② 参见［美］哈罗德·J. 伯尔曼:《法律与革命：西方法律传统的形成》，高鸿钧等译，法律出版社2008年版，第663－664页。

（一）厘清 FRAND 承诺适用的先决问题

标准必要专利许可纠纷在世界范围内频频发生，不同国家和地区的法院或反垄断执法机构在处理这些纠纷时所适用的裁决方式以及结果也大不相同，究其原因还是不同的国家和地区对 FRAND 承诺基本问题的认识存在偏差。所以，在解决标准必要专利 FRAND 许可费问题之前，需要先明确 FRAND 承诺的基本问题。

1. 明确 FRAND 承诺的内涵及性质

（1）FRAND 承诺的内涵

FRAND 承诺本是标准制定组织的知识产权政策，但没有一个标准制定组织对其进行了具体的规范和定义。迄今为止，学界和实务界仍对 FRAND 承诺充满了争议。在实践中，公平和无歧视主要对程序问题进行处理，合理主要对实体问题进行判断。不过，程序与实体之间多有重叠之处，这种分类并不绝对。FRAND 承诺从美国传向欧洲，又扩展到中国，其公平、合理、无歧视的内涵对标准必要专利的许可起到了至关重要的作用。对 FRAND 承诺的研究是世界各国学界以及实务界的切实所需。

标准必要专利 FRAND 许可中的“公平”，是在地位不平等的标准必要专利权人与标准实施者进行许可谈判时，要做到平衡分配双方利益及其权利义务。“合理”指的是许可条件合理，包括限制条件合理、分配合理以及许可费合理等。“无歧视”是条件相似的标准实施者应当获得同等的许可条件。总体来说，标准必要专利权人必须以合理的标准必要专利许可费，以及公平且无歧视的许可条件，许可给愿意按照 FRAND 原则使用标准必要专利的标准实施者，标准必要专利权人的 FRAND 义务会一直伴随标准必要专利直至其有效期结束，在有效期内，专利权转移 FRAND 义务也随之转移，而且在标准必要专利有效期内，标准必要专利权人不能单方面撤销 FRAND 承诺。

（2）FRAND 承诺的性质

要解决标准必要专利 FRAND 许可费纠纷，首先要明确标准必要专利权人所作的 FRAND 承诺的性质。目前世界各地对 FRAND 承诺性质有多种界定。例如，存在于美国学术界的一方当事人及合同内容不完整的不完整契约说；美国法院在 Microsoft 公司诉 Motorola 公司案中提出的以标准实施者为受益第三人的第三人受益合同说；德国曼海姆地区法院在 Microsoft 公司诉 Motorola 公司案中否定第三人受益合同说，提出该承诺并不包含强制缔约意味的要约邀请说；美国学者提出的确保所有标准实施者受益的默示许可说；我国北京知识产权法院 2017 年在西电捷通诉索尼案①中提出的 FRAND 承诺不能认定为向技术标准实施者作出专利许可的单方法律行为说。

然而，从合同的角度看，FRAND 承诺一方当事人不确定，合同的条款也不确定，不能被认定为专利许可合同或第三人受益合同。从要约邀请的角度分析，要约邀请重点在要约邀请人有发出要约的义务，且要约邀请可以撤回、撤销，FRAND 承诺不可撤回、撤销，规定标准必要专利权人需承担的义务，因此，FRAND 承诺也不能认定为要约邀请。从单方法律行为的角度来看，FRAND 承诺是标准必要专利权人单方面作出的承诺，不需要标准实施者作出同意的意思表示。同时，在不可撤销、附条件生效等方面，FRAND 承诺也都符合单方面法律行为的特征。因此，FRAND 承诺应该属于附带第三方权利义务的单方民事法律行为，其中附带第三方权利义务指的就是标准实施者享有的以 FRAND 条件实施标准必要专利的权利以及以诚信的态度参与标准必要专利许可谈判的义务。

FRAND 承诺在标准必要专利许可中具有重要作用，对标准制定组织、标准必要专利权人及其受让人、标准实施者都产生法律约束力。标准必要

① 北京市高级人民法院（2017）京民终 454 号民事判决书。

专利权人及其受让人应遵守 FRAND 承诺以满足 FRAND 的条件许可标准必要专利，标准制定组织应当监督标准必要专利权人对 FRAND 承诺的履行，标准实施者同样应当遵守 FRAND 原则，善意履行诚信谈判的义务。

2. 明确标准制定组织在 FRAND 许可费纠纷中的定位

FRAND 承诺是标准制定组织的一项基本知识产权政策，但在专利权人作出 FRAND 承诺之后就不再过问，在发生 FRAND 许可纠纷时，标准制定组织不参与对标准必要专利的认定，也不参与具体 FRAND 许可费的解决。

究其原因，首先，标准制定组织的主要任务是标准的制定，其主要精力集中在对标准技术方案的判断而非更多地介入商业纠纷。其次，标准必要专利的 FRAND 许可谈判是商业谈判，属于市场竞争行为，标准制定组织不应介入或干预市场竞争行为。再次，标准制定组织工作多，人员少，而一个标准就涉及多项标准必要专利，标准制定组织没有足够的人力、财力以及时间参与每一个标准必要专利的 FRAND 许可谈判。最后，标准制定组织目前并没有争议解决的职能，争议解决需要有强制性，标准制定组织不具有争议解决的职能，即使对 FRAND 许可费作出了判定或对标准必要专利作出了认定，也没有强制力保障实施，当事人也就不愿再认可标准制定组织的判评。事实上，实践中标准必要专利 FRAND 许可费纠纷也都是通过当事人自主协商、法院裁决或国家执法机构裁决的方式解决，标准制定组织均没有参与其中。

虽然标准制定组织有上述主、客观原因不愿或不能参与标准必要专利 FRAND 许可费纠纷的解决，但标准制定组织作为 FRAND 承诺政策的制定者和要求者，不能仅仅制定一个模糊的 FRAND 政策，然后就采取不作为的态度，让其他主体凭借各自对 FRAND 承诺的理解去解决标准必要专利 FRAND 许可费纠纷。

其实，标准制定组织在解决标准必要专利 FRAND 许可费问题上具有相当的优势。首先，标准是标准制定组织制定的，标准中的技术路径以及专利技术的选择也是标准制定组织决定的，对标准必要专利情况的了解程度远超司法或执法机关。其次，标准制定组织的技术专家在标准领域具有较高的话语权，其在对标准必要专利的认定以及标准必要专利 FRAND 许可费的确定上所作出的判断，具有很高的权威性。[①] 最后，标准制定组织是中立的第三方，既要保障标准必要专利权人的利益，以保障专利权人进入标准的积极性使标准顺利制定，也要保障标准实施者的利益，以保障标准能够被广泛接纳，顺利推广实施。所以，标准制定组织对标准必要专利的认定及标准必要专利 FRAND 许可费的确定，具有中立性和公正性，可信度更高。

3. 建立 FRAND 许可费公开机制

（1）FRAND 许可费公开的必要性

标准必要专利兼具标准的公共属性与专利的私有属性，两者的结合所产生的巨大经济效益是两者融合的动力，也是两者融合必然性的重要体现。[②] 但标准必要专利是一把“双刃剑”，在使用中可能会出现专利劫持与专利反向劫持的情况。有学者进行过统计，专利诉讼中标准必要专利诉讼的发生概率远高于非标准必要专利诉讼。[③] 而导致标准必要专利许可费纠纷频发的重要原因之一正是许可费的不公开。[④] 实践中，标准必要专利权人通常以商业秘密为由拒绝公开标准必要专利许可费，对标准必要专利许可谈判造成了巨大的障碍。

在实践中，标准必要专利权人在标准相关市场中具有市场支配地位，

① 参见畅君元：《ICT 领域涉及标准的专利许可谈判中标准必要专利认定的困境及其解决对策》，载《企业科技与发展》2020 年第 4 期，第 22 页。

② 参见何培育等：《论技术标准专利权滥用行为的法律规制——兼评华为与交互数字集团案》，载《科技管理研究》2014 年第 4 期，第 134 页。

③ 参见肖延高等：《标准必要专利许可费困境及其形成机制研究》，载《中国科学院院刊》2018 年第 3 期，第 257 页。

④ 参见祝建军：《标准必要专利使用费的公开——以治理专利劫持和反向劫持为视角》，载《人民司法》2015 年第 15 期，第 54 页。

同时，利用不公开许可费形成的不对称优势对标准实施者实施专利劫持行为。[①] 为了对标准必要专利权人形成制约，标准制定组织制定了 FRAND 政策，该政策也是世界各地确定标准必要专利许可费遵循的原则。司法机关要求标准必要专利权人不得拒绝许可，对于标准必要专利权人申请禁令救济也持谨慎的态度，甚至一些法院或反垄断执法机构不允许标准必要专利权人申请禁令救济，这就是标准实施者利用 FRAND 承诺对标准必要专利权人实施了反向劫持[②]行为。专利的劫持行为与反向劫持行为造成了大量标准必要专利纠纷的产生，导致司法资源浪费严重。

标准必要专利许可费是衡量标准必要专利许可行为是否符合 FRAND 原则的重要标准，但对于标准必要专利许可条件的评估以及价值的判断都非常复杂，计算标准必要专利许可费需要耗费大量的资源。此时，如果可以对比在先达成的标准必要专利许可费，将对后续 FRAND 许可费的判定大有益处。但在实践中，标准必要专利权人却将在先的许可费作为商业秘密保护了起来。虽然标准必要专利许可费可以满足商业秘密的构成要件，成为商业秘密保护的客体，但任何权利的过度保护都可能导致权利的滥用，因此标准必要专利权人使用商业秘密对其在先许可费进行保护时，也应当对其权利进行适当的限制，以防标准必要专利权人利用垄断地位限制竞争的情况发生，[③] 同时，在先许可费作为商业秘密保护时，也不得损害社会公共利益和他人合法权益。[④]

---

① 参见祝建军：《标准必要专利使用费条款：保密抑或公开——华为诉 IDC 标准必要专利案引发的思考》，载《知识产权》2015 年第 5 期，第 28 页。

② 反向劫持（Reverse hold – up）就是标准实施者基于 FRAND 原则的模糊性、策略性的拖延谈判，意图达到少支付甚至不支付标准必要专利许可费的目的，反向劫持标准必要专利权人的行为。参见李扬：《FRAND 劫持及其法律对策》，载《武汉大学学报（哲学社会科学版）》2018 年第 1 期，第 118 页。

③ 参见郑淑凤：《美国商业秘密保护最新立法阐释及其对中国的启示》，载《电子知识产权》2016 年第 10 期，第 51 页。

④ 参见谢焱：《商业秘密刑事保护的理论证成和路径选择——以商业秘密最新相关立法为视角》，载《电子知识产权》2017 年第 11 期，第 17 页。

总体来说，使用商业秘密对标准必要专利许可费进行保护，不利于标准必要专利的正常许可交易，可能造成专利劫持与专利反向劫持，在标准必要专利许可费的认定上将耗费更多的资源，也不利于对社会公共利益的维护，所以标准必要专利许可费应当公开。

（2）FRAND 许可费公开机制探析

根据上述分析，标准必要专利 FRAND 许可费公开是必要的，也是正当的，对标准必要专利 FRAND 许可费的确定以及公共利益的保障都大有裨益。标准必要专利 FRAND 许可费公开机制可以从以下两个方面考虑：

首先，标准制定组织应对专利信息披露政策和专利许可政策进行完善。标准制定组织为了平衡标准必要专利权人与标准实施者双方的利益，一般会在其知识产权政策中包含专利信息披露义务和 FRAND 许可承诺要求。但大多数的专利信息披露义务和 FRAND 许可承诺都是形式化的原则性条款，并没有起到实质性的作用。为了使标准制定组织的专利信息披露义务和 FRAND 许可承诺真止发挥作用，需要对其内容进行细化，并进行更加严格的规定。例如，VITA 在其专利政策中规定了最高许可费事前披露义务以及违反该义务的处罚措施，同时规定了事后达成的许可费条款的披露义务，要求标准必要专利权人定期向标准制定组织披露已经达成的许可费信息。

其次，反垄断执法机构和司法机关应责令标准必要专利权人对在先许可费信息进行公开。目前，标准必要专利 FRAND 许可纠纷主要通过司法审判和反垄断执法机构调查来解决。司法机关和反垄断执法机构在处理标准必要专利 FRAND 许可费问题时，为保证其所作出的裁决或处罚是合理的，应当根据标准必要专利所具有的公共属性，认定标准必要专利权人以商业秘密对其标准必要专利许可费的保护不成立，并依当事人申请，要求标准必要专利权人提交在先的许可费相关信息。若标准必要专利权人拒绝提交在先的许可费相关信息，可以根据双方当事人的举证情况，推定标准实施者对标准必要专利许可费的主张成立。[①] 司法机关和反垄断执法机构在调查标准必要专利权人滥用市场支配地位时，应当强制标准必要专利权人提供其在先的许可费信息，以此来综合分析标准必要专利权人是否存在垄断行为。

建立标准必要专利 FRAND 许可费公开机制，有利于标准必要专利权人及标准实施者双方透明、公平、自愿地达成标准必要专利 FRAND 许可协议，避免专利劫持与反向劫持的发生。在产生纠纷时，司法机关及反垄断执法机构也能通过在先的 FRAND 许可协议进行比较分析，可以有效节约司法资源。通过标准必要专利 FRAND 许可费公开机制最大程度保障标准必要专利许可费符合 FRAND 原则的要求。

（二）完善标准必要专利 FRAND 许可费规制

1. 标准必要专利 FRAND 许可费的立法完善

国际上，规制标准必要专利 FRAND 许可的国际条约主要有：联合国 1980 年 5 月 6 日发布的《国际技术转让行为守则（草案）》[②]、1980 年 12 月 5 日生效的《联合国关于控制限制性商业惯例的公平原则和规则的多边协议》[③]、1980 年世界知识产权组织通过的《商业秘密及技术转让合同登记示范法》、1994 年 WTO 的 TRIPs[④] 等。这些规定虽然可以覆盖到标准必要专利许可费，但实用价值并不高。FRAND 原则是标准必要专利许可的基本原则，被国际社会广泛接受。在国际层面，应当推动《国际技术转让行为守

---

① 《最高人民法院关于民事诉讼证据的若干规定》第 95 条："一方当事人控制证据无正当理由拒不提交，对待证事实负有举证责任的当事人主张该证据的内容不利于控制人的，人民法院可以认定该主张成立。"

② 1980 年《联合国国际技术转让行为守则（草案）》United Nations International Code of Conduct on the Transfer of Technology – Draft（1980）。

③ 1980 年《联合国关于控制限制性商业惯例的公平原则和规则的多边协议》United Nations Multilaterally Equitable Principles and Rules for the Control of Restrictive Business Practices（1980）。

④ 1994 年《TRIPs 协议》Trade – Related Aspects of Intellectual Property Rights（1994）。

则（草案）》正式成为具有法律效力的国际条约，并在该条约中明确FRAND原则的具体内涵，使其具有法律的强制执行力。①

我国涉及规制标准必要专利许可行为的法律文件主要包括《民法典》《专利法》《反垄断法》、2014年国家标准化管理委员会《国家标准涉及专利的管理规定（暂行）》、2015年《禁止滥用知识产权排除、限制竞争行为的规定》、2019年《国务院反垄断委员会关于知识产权领域的反垄断指南》以及最高人民法院发布的相关司法解释等文件。《国家标准涉及专利的管理规定（暂行）》第9条列举了三项专利权人加入标准所要作的许可费选择，第17条对国家标准中涉及专利实施许可及许可费问题进行了规定。2016年《最高人民法院关于审理侵犯专利权纠纷案件应用法律若干问题的解释（二）》第24条第3款对标准所涉专利的实施许可条件进行了规定。《反垄断法》第13条和第17条分别对六种垄断协议和七种滥用市场支配地位的行为进行了规定。2019年《国务院反垄断委员会关于知识产权领域的反垄断指南》第14条对不公平高价构成滥用市场支配地位考虑的因素进行了规定。《禁止滥用知识产权排除、限制竞争行为的规定》第7条规定了具有市场支配地位的经营者拒绝许可其他经营者以合理条件使用该知识产权，排除、限制竞争需考虑的三个因素。

就标准必要专利FRAND许可费规制的现有立法及规定来看，我国目前尚未建立完善的法律体系，现有的规定基本上是不具有实际操作价值的原则性规定，相关指南与规定也没有制定或不够细化。我国需要进一步借鉴国外立法，完善标准必要专利许可费规制的相关立法以及具有可操作性的指南和规定。只有完善的法律体系，才能为司法和执法机构提供有效的法律基础和分析路径，为市场行为提供有效的指导。

① 参见丁亚琦：《标准必要专利的反垄断规制研究》，湖南大学2017年博士学位论文，第77－78页。

2. 标准必要专利FRAND许可费司法及执法的注意要点

通过司法及执法途径确定标准必要专利FRAND许可费应注意以下几个方面：首先，市场调整为先。标准必要专利FRAND许可谈判本质上是商业行为，一般情况下应该通过正常的市场竞争自行调整。司法或执法机构介入标准必要专利FRAND许可费的确定，公权力可能会对市场行为产生不利的影响。双方当事人出于个人利益的考虑，提交的证据会有一定的倾向性和不完整性，这将导致最后的裁决结果可能是在有限的证据基础上作出，存在片面性。所以，在解决标准必要专利FRAND许可费问题时应引导双方公平、诚信地进行协商与谈判，司法与执法的裁判或处罚应当是在双方无法进行公平、诚信的谈判之后采取的措施。即使在司法与执法过程中，也要充分考虑市场竞争各方面的因素，作出尽可能符合市场竞争环境下的FRAND许可费裁决。其次，重视个案处理。标准必要专利FRAND许可费纠纷可能涉及的案件类型多种多样，不同的法院、不同的法官所使用的分析视角与分析方法各不相同。目前，世界范围内就标准必要专利FRAND许可费的确认途径与计算方法标准并不统一，甚至五花八门，不同的案件在案情、当事人情况以及所掌握的证据材料上都会有一定的差异，不能简单地适用同一种分析途径或计算方法，应根据具体的案情以及实际所掌握的证据材料慎重选择所使用的分析路径及方法来确定标准必要专利FRAND许可费。最后，综合判断整体案情。许可费是标准必要专利许可纠纷中重要的一项纠纷焦点，但并不是唯一的纠纷焦点。而一个案件中各种因素总是互相牵连、互相制约的，许可费的确定不能割裂与其他争议内容的关联性，这些关联性都会左右许可费的确定。因此，在标准必要专利FRAND许可费确定时需要综合考虑案件的整体情况，才能得出全面、公正、具有说服力的结论。[①]

---

① 参见赵启杉：《标准必要专利合理许可费的司法确定问题研究》，载《知识产权》2017年第7期，第22－23页。

第五章

标准必要专利反垄断制度完善之中国建议

中国改革开放40多年来取得了长足的进步与发展，科技、生产、制造业都逐步达到了世界领先水平。2008年我国颁布《国家知识产权战略纲要》，将知识产权战略上升到国家战略层面，国际专利申请增速连续16年超过10%，2019年的PCT申请量超过美国，世界排名第一。在制造业方面，2015年我国正式启动《中国制造2025》计划，着力提升核心竞争力和品牌塑造力，促进消费品标准和质量提升。在标准化战略层面，2018年我国正式启动《中国标准2035》项目，力争推动国家标准或行业标准成为国际标准，推动国内外标准接轨。① 目前国际的技术研发和专利布局尚未完成，全球性的技术标准也在不断形成之中，正是我国产业与标准实现反超的良机。我国企业完全可以在具有市场、技术和应用优势的新兴领域大力推动中国标准。通过国内外标准的互认工程，推进国内外标准体系兼容，在更加广阔的平台上促进国际标准协调发展。在反垄断方面，中国大力推进反垄断领域法治建设，2022年新修订了《反垄断法》，出台了《国务院反垄断委员会关于相关市场界定的指南》《国务院反垄断委员会关于知识产权领域的反垄断指南》等一系列部门规章、规范性文件以及办事指南和指导意见，这些制度规范为法律有效实施和依法行政提供了制度保障。反垄断司法和执法方面，办理了如Qualcomm公司案、华为诉IDC案等多件具有国际重要意义的标准必要专利反垄断案件。我国已经成为与美国、欧盟并列的全球三大反垄断司法辖区之一。

虽然我国在标准必要专利反垄断领域已经取得了许多重要的成果和建树，但世界科技更迭迅速，全球贸易摩擦更为频繁，竞争日趋激烈，涉及标准必要专利反垄断的案件频频发生。中国作为全球第二大经济体，对世

① 参见左越：《标准助推产业发展 标准化工作加速信息技术创新——第十届电子信息产业标准推动会在京举行》，载《信息技术与标准化》2018年第Z1期，第17页。

界经济制度已经具有一定的影响力，在反垄断制度全球化时代，我国标准必要专利反垄断的制度建设和司法实践也需要与时俱进，不断更新与完善，为全球标准必要专利反垄断法律规制作出贡献。

第一节　中国标准必要专利反垄断规制的法律实践

本节主要从立法、司法与执法三个层面讨论中国标准必要专利反垄断规制的法律实践。随着 ICT 领域的发展，国际标准化需求不断增加，我国在国际标准化的参与程度也愈加深入，在国际标准制定中拥有了更高的话语权。在相关法律制度建设方面，我国颁布了标准必要专利反垄断规制的相关法律，同时出台了一系列与之配套使用的指南、规章等文件，为标准化参与者公平竞争、维护社会公共利益提供制度保障。在司法领域，我国法院审理了以华为公司诉 IDC 公司案为代表的标准必要专利反垄断诉讼案件，颁布了相关的司法解释，公布了针对性的指导性案例，不断创新我国标准必要专利反垄断司法实践。在执法领域，反垄断执法机构处理了以 Qualcomm 公司案为代表的标准必要专利反垄断处罚案件，在全球范围内产生了较大的影响。2018 年，我国反垄断行政机构作出了重大改革，全面提升标准必要专利反垄断执法的专业性与权威性。虽然我国在立法、司法、执法三个层面都取得了一定经验与成绩，但鉴于标准必要专利本身的特殊性，且我国的经济、科技等领域逐渐取得世界领先地位，在标准必要专利反垄断的制度建设及司法、执法实践备受世界各国关注，因而对标准必要专利反垄断规制仍然需要理论界与实务界进行深入的研究与创新。

一、中国标准必要专利反垄断规制的法律实践现状

《反垄断法》是国家充分发挥市场资源分配、维护市场竞争秩序的重要

法律，又被称为“经济宪法”。2007年我国颁布了反垄断法规制的基本法律——《反垄断法》，并于2022年进行了修正。由于标准必要专利的特殊性，对标准必要专利的反垄断规制不仅涉及反垄断法，还涉及标准化法、专利法等不同部门法的内容。现有立法中，首先在《反垄断法》第68条[①]、《标准化法》第22条[②]、《专利法》第53条[③]等法律条款中分别对涉及知识产权、标准、专利、技术等的反垄断问题进行了原则性的规定。《专利法》第20条体现规制专利权滥用、平衡专利权人利益与社会公共利益的基本立场。[④] 其次相关的行政机关与司法机关也出台了一系列行政法规、规章、政策，对标准必要专利反垄断规制提供制度保障，详见表1。

表1　中国标准必要专利反垄断规制的法律法规、司法解释及相关指导性文件

机构类别	机构名称	法律法规
立法机关	全国人大及其常委会	《反垄断法》（2022年修正） 《标准化法》（2017年修订） 《专利法》（2020年修正）

① 《反垄断法》（2022年修正）第68条：“经营者依照有关知识产权的法律、行政法规规定行使知识产权的行为，不适用本法；但是，经营者滥用知识产权，排除、限制竞争的行为，适用本法。”

② 《标准化法》（2017年修订）第22条：“制定标准应当有利于科学合理利用资源，推广科学技术成果，增强产品的安全性、通用性、可替换性，提高经济效益、社会效益、生态效益，做到技术上先进、经济上合理。禁止利用标准实施妨碍商品、服务自由流通等排除、限制市场竞争的行为。”

③ 《专利法》（2020年修正）第48条：“有下列情形之一的，国务院专利行政部门根据具备实施条件的单位或者个人的申请，可以给予实施发明专利或者实用新型专利的强制许可：（一）专利权人自专利权被授予之日起满三年，且自提出专利申请之日起满四年，无正当理由未实施或者未充分实施其专利的；（二）专利权人行使专利权的行为被依法认定为垄断行为，为消除或者减少该行为对竞争产生的不利影响的。”

④ 《专利法》第20条：“申请专利和行使专利权应当遵循诚实信用原则。不得滥用专利权损害公共利益或者他人合法权益。滥用专利权、排除或者限制竞争、构成垄断行为的，依照《中华人民共和国反垄断法》处理。”

续表

机构类别	机构名称	法律法规
行政机关	国务院	《关于印发〈国家知识产权战略纲要〉的通知》（国发〔2008〕18号）
	国家市场监督管理总局	《市场监督管理行政处罚程序规定》（2021年） 《禁止滥用市场支配地位行为暂行规定》（2022年） 《禁止垄断协议暂行规定》（2022年修改） 《制止滥用行政权力排除、限制竞争行为暂行规定》（2019年） 《关于禁止滥用知识产权排除、限制竞争行为的规定》（2020年修订）
	国务院反垄断委员会	《关于相关市场界定的指南》（2009年） 《国务院反垄断委员会关于知识产权领域的反垄断指南》（2019年）
	国家标准化管理委员会、国家知识产权局	《国家标准涉及专利的管理规定（暂行）》（2014年）
	国家质量监督检验检疫总局（已撤销）、国家标准化管理委员会	《标准制定的特殊程序第1部分：涉及专利的标准》（GB/T 20003.1－2014） 《标准化工作指南 第1部分：标准化和相关活动的通用术语》（GB/T 20000.1－2014）
司法机关	最高人民法院	《关于民事诉讼证据的若干规定》（2019年修正） 《关于审理侵犯专利权纠纷案件应用法律若干问题的解释（二）》（2020年修正） 《关于审理因垄断行为引发的民事纠纷案件应用法律若干问题的规定》（法释〔2020〕19号）
	广东省高级人民法院	《广东省高级人民法院关于审理标准必要专利纠纷案件的工作指引（试行）》（2018年）
	北京市高级人民法院	《专利侵权判定指南（2017）》

从我国在标准必要专利反垄断领域的立法可以看出，该领域已经得到了立法机关、行政机关以及司法机关的高度关注，制定的相应立法规范也从早期原则性规定，发展到更有针对性的具体规范。随着执法与司法实践

的不断增多，在实际案件中总结的经验和教训，为标准必要专利反垄断的法律规范的建立提供了更为明确的方向，也为规范与建立标准必要专利反垄断分析标准与框架提供有效的指引。

随着信息网络技术的发展，我国已经成为国际 ICT 领域重要的商用市场，世界各国关于 ICT 标准必要专利许可谈判及纠纷处理尚未建立完善的规则体系，标准必要专利权人与标准实施者之间因规则的缺失无法顺利达成许可协议，由此频频引发包括垄断纠纷在内的各种标准必要专利纠纷。我国自《反垄断法》颁布实施以来，已经审理了华为公司诉 IDC 公司案①、中兴公司诉 IDC 公司案②、Qualcomm 公司诉魅族公司案③、华为公司诉 PO 公司案、TCL 公司诉 Ericsson 公司案④、Apple 公司诉西电捷通公司案⑤、中兴公司诉 Vringo 公司案⑥、齐鲁制药诉四环制药案⑦等标准必要专利垄断纠纷案。司法机关也出台了相关的司法解释、指导案例、判案指南或工作指引指导标准必要专利反垄断案件的审理。深圳市中级人民法院、广东省高级人民法院、北京知识产权法院、北京市高级人民法院是我国标准必要专利反垄断案件的主要审理法院，与其他法院相比，在标准必要专利权人滥用市场支配地位的认定、FRAND 原则的运用、标准必要专利许可费率的计算等热点及难点问题上，已经积累了较为丰富的审理经验与方法。

为了加强和优化政府反垄断职能，我国对反垄断执法机构进行了重大

---

① 广东省高级人民法院（2013）粤高法民三终字第 306 号民事判决书。

② 深圳市中级人民法院（2014）深中法知民初字第 240 号民事判决书。

③ 2016 年 6 月，Qualcomm 公司向北京知识产权法院起诉魅族公司，要求法院确认其向魅族公司提出的许可条件符合 FRAND 原则，不违反中国的《反垄断法》，并同时要求魅族公司向 Qualcomm 公司支付 5.2 亿元损失赔偿金（主要指的是魅族公司使用其 6 年的标准必要专利许可费），最终，两家公司选择庭外和解。参见徐家力：《标准必要专利许可费之争——以“高通诉魅族”案为切入点》，载《江苏社会科学》2018 年第 1 期，第 167 页。

④ 参见祝建军：《标准必要专利滥用市场支配地位的反垄断法规制》，载《人民司法》2020 年第 13 期，第 50－55 页。

⑤ 北京市高级人民法院（2017）京民辖终 144 号民事判决书。

⑥ 广东省高级人民法院（2014）粤高法立民终字第 1824 号民事判决书。

⑦ 北京知识产权法院（2017）京 73 民初 42 号民事判决书。

的改革。改革之前，我国反垄断执法分别由国家发展和改革委员会负责价格垄断的监管，商务部负责经营者集中的监管，国家工商总局负责除涉及价格垄断以外的协议垄断、滥用市场支配地位和行政垄断的监管。2018 年 3 月，根据《深化党和国家机构改革方案》的要求，国务院组建国家市场监督管理总局，将国家发展和改革委员会、商务部以及国家工商总局的反垄断执法职责进行整合，构建“一元制”反垄断执法模式，以期更好地统一反垄断执法标准和协调反垄断执法行为。

二、中国标准必要专利反垄断规制存在的问题

我国虽然在标准必要专利反垄断规制问题上已经取得了一定的成绩，颁布了一系列相关的法律规范，审理和处罚了多起较为典型的司法与执法案件，也对反垄断执法机构进行了改革。但综观欧美等发达国家和地区的理论和实践研究现状，凸显出我国在标准必要专利反垄断规制的理论、立法、司法、执法等方面都还存在明显的不足，需要进一步系统化的深入研究。

首先，标准必要专利反垄断规制理论研究不足。自 2013 年深圳市中级人民法院审理华为公司诉 IDC 公司标准必要专利垄断纠纷案之后，我国学者开始重点关注标准必要专利反垄断规制的问题，针对该领域具体问题的理论研究成果也越来越多。但这些成果多关注于具体的问题，未能系统化地从标准必要专利整个生命周期进行研究。同时，目前的研究多站在国内法的角度，尤其是对于我国具体问题进行研究。随着全球化的发展，标准必要专利反垄断问题已经不是一个国家、一个地区的问题，需要国际社会共同努力，创建统一的规则来进行规范和指引；而且信息网络技术高速发展，标准必要专利的问题也在不断变化，需要以发展的态度开展理论研究，及时调整研究方向与内容，更好地适应与解决国际层面标准必要专利反垄断问题。

其次，标准必要专利反垄断立法缺乏针对性、明确性、统一性。标准

必要专利反垄断规制的相关内容散见于不同位阶的不同法律规范之中。在我国三大反垄断执法机构没有统一之前，国家发展和改革委员会、商务部、国家工商总局、国务院反垄断委员会、国家知识产权局等部门分别出台了众多的反垄断规范，其中不乏涉及标准必要专利的规定。这些规定分散且相互交叉，适用困难。同时，随着标准必要专利反垄断案件逐步增多，最高人民法院出台了相应的司法解释，各级司法机关也制定了对应的工作指引或审判指南，相关的标准必要专利反垄断立法与这些实践成果存在脱节的情况，对实际审判工作造成一定的束缚。在国家市场监督管理总局成立之后，连续出台了多项规定，也废止了机构合并前出台的部分规范。但对于标准必要专利反垄断问题的规范仍然不够完善，比如，标准制定阶段专利权人违反专利信息披露义务的情形，在 2015 年《专利法修正案（草案）》中作为新增第 82 条进行了规定，被视为专利信息披露的默示许可①，后该条引起广泛的争议，在 2020 年修正的《专利法》中又被删除。至于何时披露专利信息，在《国家标准涉及专利的管理规定（暂行）》中仅规定为"尽早"，关于专利权人违反专利信息披露规则应承担的责任，是否构成欺诈，该欺诈行为是否应受到反垄断法规制等在我国目前的立法中也并无具体规定。又如 FRAND 承诺的法律属性，对"公平""合理""无歧视"的具体含义与判断标准尚未明确，对 FRAND 许可费计算方法也暂未统一。

再次，标准必要专利反垄断司法与执法亟须改革。随着科技的发展，全球知识产权战略与标准化战略的不断推进，标准必要专利反垄断问题已经成为国际热点问题，越来越多的标准必要专利反垄断案件在世界各地法院审理，尤其以欧美为主的发达国家，该类案件更为频发。通过案件的审理，这些国家和地区积累了丰富的实践经验，为其相关法律规范的制定提供了重要的实践支持，取得的成果经常成为其他国家和地区借鉴的依据。

---

① 参见张伟君：《默示许可抑或法定许可——论〈专利法〉修订草案有关标准必要专利披露制度的完善》，载《同济大学学报（社会科学版）》2016 年第 3 期，第 110 页。

由此在标准必要专利国际反垄断领域也具有了更高的话语权。我国近些年审理的最典型的标准必要专利反垄断案件为华为公司诉IDC公司案，最典型的反垄断执法案件为国家发展和改革委员会处理的Qualcomm公司垄断案。这些案件都具有里程碑式的意义，是零的突破也是司法创新的重要实例。但我国审理的标准必要专利反垄断案件多数为管辖权异议案件，标准必要专利反垄断案件在司法实务中还需要更多的创新与突破，通过个案的审理，不断细化与推进相关规则的制定。

最后，标准必要专利反垄断国际协调合作有待加强。标准必要专利反垄断规制在国际制度层面各自独立，且各国法律制度差异较大，目前要达成国际统一的竞争规范困难重重。要推进标准必要专利反垄断规制国际化进程，需要各国在国际层面广泛开展协调与合作，通过各国政府间、各国反垄断执法机构间开展双边、多边协调与合作，逐步形成国际统一的标准必要专利反垄断制度。我国作为世界第二大经济体，科技与经济飞速发展，在国际标准的制定中参与度也越来越高。在标准必要专利反垄断问题的解决上，我国亟待加强与他国的国际反垄断合作，促进国际统一的标准必要专利反垄断制度的形成。

第二节　中国推进标准必要专利反垄断规制应注意的问题

随着我国综合国力的不断提升以及在高新科技等领域的领先地位，对标准必要专利反垄断制度进行设计，不仅应符合我国的基本国情，还要兼顾国际社会的整体规则和规制理念，为适应与构建标准必要专利国际反垄断制度打好基础。因此，在我国推进标准必要专利反垄断规制时，应注意以下几个方面的问题。

一、注重禁止权利的滥用

推进标准必要专利反垄断规制的法理依据首选禁止权利滥用原则。禁止权利滥用原则起源于古罗马自然法理念，称“任何人不得恶用自己的财产，是国家利益之所在”①。标准必要专利垄断问题是知识产权与反垄断法的交叉领域，需要在承认和保护标准必要专利权的同时，防止和控制其被滥用。在标准实施过程中，标准必要专利是标准实施人必须要使用的专利技术，因而，标准必要专利权人在标准必要专利许可谈判中享有较一般专利权人更高的谈判地位，对标准必要专利权人权利的限制是交易双方处于同等谈判地位的重要保障，也是维护市场自由竞争环境、保障社会公共利益和消费者个人利益的重要手段。

禁止标准必要专利权利滥用原则的运用，是禁止标准必要专利权人以其享有的标准必要专利权为手段，获取相关法律并未赋予的其他排他性权利。禁止权利滥用原则依附于传统私法理论，与民法上的诚实信用原则相对应。② 而权利的行使受到何种程度的限制，也关系到私法制度的根基。我国《宪法》第 51 条和《民法典》第 132 条对禁止权利滥用原则进行了规定，如果该原则无法发挥其应有的作用，那么权利的行使也就无法与他人或社会的福祉相协调；如果该原则被滥用，甚至可能会危及私权保护的基本精神。③

在国际层面，从知识产权国际条约制定开始，就已经将其滥用的规范纳入其中。《巴黎公约》第 5 条 A（2）款对授权各成员国针对专利权的滥

① 参见［古罗马］优士丁尼：《法学阶梯》，徐国栋译，中国政法大学出版社 1999 年版，第 37 页。

② 参见易继明：《禁止权利滥用原则在知识产权领域中的适用》，载《中国法学》2013 年第 4 期，第 44 页。

③ 参见彭诚信：《论禁止权利滥用原则的法律适用》，载《中国法学》2018 年第 3 期，第 249 页。

用行为进行了规定，并明确可以采取强制许可的方式予以规制。[①] 《TRIPs 协议》第 8 条对防止知识产权作为一种专有权被滥用进行了原则性的规定。第 40 条明确规定防止知识产权权利人在缔结合同的谈判中滥用自己的专有权。其中第 2 款授权各成员国可以采取适当的措施对知识产权权利人的这种权利滥用行为予以具体规制。[②]

市场经济对个人利益与公共利益一样看重。而权利就是通过法律调动国家强制力保障公民享有的某种利益。在权利人行使权利的过程中，难免为了追求利益的最大化损害个人利益或社会公共利益，使权利滥用变为了现实。禁止权利滥用理论就是要求权利人在行使权利追求利益最大化的过程中，不能对个人或社会的公共利益造成损害。标准必要专利反垄断规制就是权利限制理论在标准必要专利领域的具体应用。2008 年《国家知识产权战略纲要》指出，既要加强知识产权保护，又要防止知识产权滥用。[③] 专利制度是为了鼓励创新，赋予专利权人对其创造性的智力成果享有专有权，而社会的发展与进步又需要将专利技术在全社会范围内尽可能充分的传播和应用。专利制度不仅要对专利权人的合法利益进行充分的维护，还要对社会和公众的合法利益考虑充分，并且需要在这两者之间达到一种合理的平衡。[④] 这种平衡，也是专利制度设计的基本价值取向。为了使专利权人的私有利益与社会公共利益之间达到平衡，遵守禁止权利滥用原则成为必由之路。反垄断法追求对自由竞争的保护，在尊重标准必要专利权人行使专利权的同时，要对严重危害竞争的垄断行为予以规制。

不能滥用标准必要专利权利，这是法律的基本原则，尤其是特殊的标准必要专利权，一旦发生权利的滥用，就会失去其原有的法律保护，转而

---

① Paris Convention for the Protection of Industrial Property.

② 参见易继明：《禁止权利滥用原则在知识产权领域中的适用》，载《中国法学》2013 年第 4 期，第 47 页。

③ 《国务院关于印发〈国家知识产权战略纲要〉的通知》（国发〔2008〕18 号）。

④ 参见尹新天：《中国专利法详解》，知识产权出版社 2011 年版，第 10－11 页。

成为其他法律规制的对象。当然，禁止权利滥用原则会产生多元的法律后果，需要在个案中视具体滥用权利行为的不同而区别对待。

二、实现各方利益的平衡

"利益平衡原则"是知识产权法发展的基石，指的是在一定的体系和利益格局下出现的利益相对均衡的状态，也是知识产权法律价值二元取向的内在要求。[①] 德国法学家耶林（R. Von Jhering）提出，法律的目的是平衡个人利益与社会利益，实现利己主义与利他主义的结合，从而建立起个人和社会的伙伴关系。[②] 个人利益和社会利益都受法律保护，但当其产生纠纷的时候，就需要对利益进行法律价值判断。在对利益的衡量中，法律公平正义的价值观将起到决定性的作用。而利益衡量的最终结果往往是各方利益趋于平衡的状态。

专利法的设计充分体现了利益平衡原则。专利授权的条件就是专利信息的公开，通过公开专利信息，让社会公众包括其竞争对手可以了解、学习其核心技术，进而创造出更好的技术。当然，凭借国家保障实施的专利权，也让专利权人可以通过其智力成果获得经济上的回报。这是一种专利权人的私人利益与社会公共利益之间的平衡机制。尽管专利制度设计了相应的权利控制机制，但由于专利制度自身调整方式及手段的局限性，难以保障社会公共利益不受侵害。当专利权人超出其专利权行使的界限，尤其是在标准必要专利更应兼顾社会公共价值的情况下，实施垄断行为，损害标准实施者合法权益和社会公共利益，所以，需要通过反垄断法从外部对知识产权进行规制，重新达到利益的平衡。

---

① 参见李晓秋：《技术标准化中的专利劫持行为及其法律规制研究》，中国社会科学出版社 2019 年版，第 293 – 294 页。

② 参见宋玉霞：《经济法理念发展需要中国哲学思想的推进》，载《法学论坛》2013 年第 1 期，第 81 页。

标准必要专利是标准与专利的结合，同时具备了标准的公共属性和专利的私权属性，这种结合打破了专利原本已经形成的利益平衡，导致标准必要专利权人、标准实施者、消费者之间需要形成新的平衡。所以，必须将利益平衡原则作为调整利益冲突的指导性原则，才能有效进行各方利益的平衡。

三、坚持合理原则的运用

合理原则是标准必要专利反垄断规制的基本原则。美国在其100多年的反垄断司法实践中，逐步确立了本身违法原则与合理原则这两个基本原则。本身违法原则是指一个行为已经明确被法律认定为违法行为，一旦这种行为再次出现，没有必要再对该行为的合理性进行分析，而应当直接认定该行为违法。在美国，本身违法原则广泛适用于固定价格、搭售、联合抵制等滥用市场支配地位的案件。但是近年来，美国反垄断执法部门认为本身违法原则的适用为市场带来了不确定的因素，造成经营者为了避免遭受本身违法原则的指控而宁愿采取效率更低的市场竞争行为。

相对于本身违法原则，合理原则在标准必要专利反垄断规制中运用地更为广泛。合理原则指的是某一行为被指控涉嫌限制、排除市场竞争，但这一行为并不必然违反反垄断法，还需要对其行为本身及相关因素进行综合的分析判断，并从该行为为市场竞争带来的积极效率和损害市场竞争的反竞争效果的大小判断其是否违法。合理原则采用的是衡量利益、权衡利弊的分析方法，本质就是对某一行为促进经济效率和反竞争效果之间的权衡与比较。标准必要专利垄断行为对竞争限制的效果并不确定，涉及的因素种类繁多，需要利用合理原则综合分析。在利用合理原则对标准必要专利垄断行为进行分析时，不仅需要对被控垄断行为本身进行客观的分析，还需要对垄断行为的意图、方式、产生的后果等要素进行综合考察。合理原则能够充分分析标准的公共属性与专利的私有属性对市场竞争的影响，是标准必要专利反垄断规制的基本模式与手段。

对标准必要专利反垄断规制应当坚持合理原则，标准必要专利既能对市场竞争产生促进作用，也能阻碍市场竞争。从世界范围看，不同国家和地区的反垄断立法及司法实践都表现出了一定的差异，但对标准必要专利反垄断规制基本上采用了合理原则进行分析。我国标准必要专利反垄断规制时同样应当适用合理原则，但还要明确本身违法原则与其的互补性。对于已经通过立法明确禁止的违法行为，如拒绝许可、歧视性许可、不公平定价等行为，可以直接适用本身违法原则。除这些明确的违法行为之外，均需要适用合理原则进行综合分析。

当然，合理原则能否有效运用，与司法机关和反垄断执法机构的调查、审理能力直接相关。而对于合理原则运用的能力需要通过个案不断地积累经验，正如美国合理原则也是经历了数以千计的反垄断案例才逐渐清晰。随着科技的不断发展，标准必要专利作为新兴的领域，需要世界各国反垄断立法、司法及执法机构共同努力，逐步完善合理原则需要考虑的分析要素及方法。合理原则不是一个具体的规则，而是一种分析模式。在我国标准必要专利反垄断理论及实践中，应以合理原则为个案分析模式指导司法及执法实践。

第三节　标准必要专利反垄断规制的完善建议

目前，我国制定的技术标准还是以国家标准为主，而国家标准被用来限制竞争的情形较少，但在某些领域尚未出台国家标准之前，行业标准就发挥了重要作用，尤其是社会经济与科学技术发展迅速，对行业标准化的要求也越来越高，这些行业标准很有可能被用作限制竞争的工具来实现某些个体或团体的利益。另外，一些发达国家的大型跨国公司也通过国际标准，利用其在国际标准中的优势地位，强势侵占我国相关产业利润。因而，要维护市场的公平竞争，维护我国产业利益，需要大力发展我国自主知识产权，在国际标准的制定与竞争中占据更有利的位置。同时，需要从我国基本国情出发，制定相应的法律与制度，在标准与专利技术发展的同时，提供制度保障。在完善标准必要专利反垄断规制时，不仅要考察和借鉴国外先进经验，还应在理论、立法、司法、执法等领域尽可能地进行创新、发展与规范，以期在未来标准必要专利反垄断规制的国际立法中，发出中国声音。

一、加强标准必要专利反垄断规制的理论研究

标准必要专利反垄断理论主要源自知识产权相关理论与反垄断的相关理论，但是标准必要专利又不同于一般的专利，本身还具有标准的公共属性，以至于标准必要专利作为标准实施者无法规避、必须使用的公共产品，不能提出不符合公平、合理、无歧视的许可条件，否则就可能导致限制竞争的后果。所以，标准必要专利通过与技术标准的结合，加强锁闭性与垄断性的同时，必须满足社会公共利益的要求，更容易引发专利权保护与公平、自由竞争之间的冲突。因此，如何在保护标准必要专利权人合法利益、激励研发者继续创新、维护标准制定工作的有序开展的同时，能够兼顾标准实施者、消费者个人利益与社会公共利益，保障标准顺利推广，需要在理论界进行深入的探讨。

对标准必要专利反垄断规制的理论研究应具有发展的态度，这是应对标准必要专利反垄断局势不断发展变化的要求。随着全球标准化战略的推进，标准必要专利已经成为全球科技发展重点关注的核心领域。技术标准在科技突飞猛进的现代社会已经成为市场竞争的主要手段，它不仅能够反映最新的研究成果和管理经验，还能够代表相关利益群体的市场要求。不同的国家、地区、企业都已经开始主动根据世界科技的发展方向调整自己

的标准化战略，甚至可能创造世界标准化的发展方向。法律是在不断变化中发展的，尽管法律的变化往往滞后与社会、经济的变化，但法律规则仍要根据社会、经济的发展做出适时的调整。① 面对如此复杂多变的标准化发展局势，标准必要专利涉及的市场竞争也在不断的变化之中，对其进行反垄断规制同样也必须要具备发展的态度，及时调整以满足对阻碍竞争的有效规制要求，才能符合反垄断法的基本价值追求。②

标准制定中欺诈行为是否应受反垄断法的规制，在反垄断法体系内应属何种行为，在我国法律中尚未进行规定，但在域外其他国家已经存在相关的理论研究及实践案例，应当用发展的态度对其进行研究。笔者认为，关于欺诈行为是否应受反垄断法规制的问题，首先，要厘清《反垄断法》与《反不正当竞争法》的关系。这两部法律都属竞争法范畴，目的都是维护市场的自由竞争秩序，但两者也有着本质的区别，不能因为《反不正当竞争法》已经对欺诈行为进行规制，就不需要《反垄断法》的规制。而欺诈行为是否产生了限制竞争的效果，才是《反垄断法》是否需要规制的真正原因。《反垄断法》对滥用市场支配地位的界定，不需要对经营者主观意愿进行考虑，主要考察其市场地位，具有市场支配地位的经营者，无论其实施滥用行为的原因为何，都可能造成限制、排除市场竞争的后果。因此当实施欺诈行为的经营者具有市场支配地位，其欺诈行为就可以归入反垄断规制范畴。③ 其次，我国《反垄断法》第 22 条是对滥用市场支配地位的规定，与美国《谢尔曼法》第 2 条对应。但我国采用了与欧盟类似的立法模式，通过列举法加兜底条款对其进行规定；而美国是判例法国家，《谢尔曼法》第 2 条仅作了较为宽泛的规定，两者有一定的差别。相较来看，《谢

① 参见［日］大木雅夫：《比较法》，范愉译，法律出版社 2006 年版，第 4 页。

② 参见于连超：《私有标准的竞争法分析》，武汉大学 2013 年博士学位论文，第 137 页。

③ 参见刘进：《反垄断法视野中的欺诈行为》，载《南京大学学报（哲学·人文科学·社会科学）》2018 年第 1 期，第 59－60 页。

尔曼法》第2条规定了非法垄断化和企图垄断两种垄断行为。非法垄断化是核心内容。企图垄断表明欺诈行为的主体并不具备市场支配地位，但企图通过欺诈行为取得市场支配地位，这种欺诈行为就可能构成此处的企图垄断。构成企图垄断的主体市场力量较小，但并不代表其不能构成非法垄断化，只要欺诈行为的主体达到了非法垄断化所要求的市场力量要件，就可能构成非法垄断化。同样，《欧盟运行条约》第102条较为抽象的表述也不只我国《反垄断法》第22条中规定的七种滥用行为。[①] 并且，欧盟委员会通过对《欧盟运行条约》第102条的解释，表明无市场支配地位的欺诈主体，通过欺诈行为获得市场支配地位，且该行为具有反竞争性，则欺诈行为应受到反垄断法规制。对《欧盟运行条约》第102条的扩大解释存在一些风险，我国可以在借鉴欧盟分析方法的基础上，为不具备市场支配地位的专利权人的欺诈行为设置条件，若其在标准实施中实施滥用行为，则可以通过反垄断法进行规制。[②] 综上所述，标准制定中的欺诈行为可以被纳入反垄断法进行规制，但需要更为谨慎细致地进行规则的设计，通过对反垄断相关法律不断进行细化，达到专利刺激技术创新与反垄断维护市场自由竞争的平衡。[③]

反垄断制度产生于100多年前，面对今天的高新技术、经济全球化、社会治理方式现代化以及更为复杂的国际竞争环境，理论界应及时对国际热点与难点问题展开研究。目前，我国在国际标准领域、知识产权领域与反垄断领域的话语权都还不够，理论界可以通过国际热点案例切入，积极参与讨论与研究，在相关国际规则的制定与完善中提出更多中国方案，也为

---

① 参见刘进：《反垄断法视野中的欺诈行为》，载《南京大学学报（哲学·人文科学·社会科学）》2018年第1期，第61－62页。

② 参见钱江：《论标准制定中美欧专利权人诈欺行为的反垄断规制》，载《浙江学刊》2017年第4期，第91－92页。

③ 参见钱江：《对标准化进程中专利权人欺诈行为的反垄断规制——欧盟的经验与启示》，载《价格理论与实践》2017年第2期，第42页。

我国标准必要专利反垄断立法、司法、执法从跟随者向引领者转变提供理论支撑。只有以发展的态度不断地研究，更新、修改原有的制度和规则，才能满足日益变化的现实需求。

二、针对标准必要专利反垄断规制进行专门立法

标准必要专利的反垄断与知识产权与标准化规定密切相关，具有复杂性与不确定性，又与反垄断法相关，具有技术性与专业性。所以，仅凭一部《反垄断法》是无法对标准必要专利复杂的垄断行为进行有效的规制的。通过前面几章对欧美等地标准必要专利反垄断经验的总结，探索我国应采取的标准必要专利反垄断立法模式，即在《反垄断法》中对标准必要专利垄断行为进行原则性的规定，同时，专门为标准必要专利制定明确且具体的反垄断单行法。通过这种立法模式，各种位阶的法律规范均有涉及，其内容也会全部涵盖高位阶的原则性规定到低位阶的具体可操作性规定。

（一）完善反垄断法

反垄断法作为“经济宪法”，在标准必要专利垄断行为的规制方面发挥着重要作用。我国《反垄断法》于2008年正式实施，但是仅在第55条规定了经营者滥用知识产权，排除、限制竞争的行为适用本法。2022年新修订的《反垄断法》对于知识产权的规定仍然未变。这种不够清晰的规定无法对滥用知识产权的行为进行有效的规制，应在《反垄断法》中设置若干条款，明确对知识产权滥用的行为进行规定，增加规制知识产权滥用行为的确定性。在具体规定方面，由于知识产权滥用行为多种多样，并且还可能出现新的类型，所以在条款的设计上，应进行比较原则性的规定，体现法律的指引性。比如采用列举+概括的方法，[①] 对属于反垄断法规制的知识

① 参见舒国滢、王夏昊、梁迎修等：《法学方法论问题研究》，中国政法大学出版社2007年版，第186页。

产权滥用的行为或反垄断法不予规制的知识产权滥用行为进行规范。这样不但使《反垄断法》具有更明确的指导性，而且满足立法灵活性的要求，展示出立法的严谨性。

（二）制定专门性法规指引

各国《反垄断法》的条文普遍具有原则性规定的特性。这些原则性规定是不能有效指导反垄断司法和执法实践的。美国和欧盟通过具体判例来统一司法和执法的标准，再通过这些具体判例的经验总结形成一定的规章或指南，为更多的司法和执法实践提供指引。我国《反垄断法》也具有相似的立法特点，所以，需要在对《反垄断法》进行完善的基础上，制定一系列各种立法层级的单行法或者专门性法规。通过这些针对标准必要专利反垄断的专门性规定，明确什么行为是权利的正当行使，什么行为是排除、限制竞争的滥用行为，经营者对自身行为合法性可以作出明确的判断，也对我国司法及执法实践提供有效的指导。

标准必要专利的反垄断规制具有一定的特殊性，表现在标准制定阶段与标准实施阶段均会出现不同的滥用市场支配地位的行为或垄断协议行为。涉及的内容和要素非常复杂，所以需要分别对标准必要专利涉及的垄断行为进行规定，包括但不限于标准制定中的专利信息披露行为、垄断协议行为、FRAND 许可行为、FRAND 许可费的确定等问题。应对这些问题进行单独的、全面的反垄断规制。例如，关于标准必要专利滥用市场支配地位引发的反垄断问题，《反垄断法》中已经进行了相关的规定，尤其是第三章对禁止滥用市场支配地位的行为作了较为详细的规定。国家市场监督管理总局还制定了《禁止滥用市场支配地位行为暂行规定》等部门规章，作为《反垄断法》的配套实施措施，对滥用市场支配地位的行为进行了更具可操作性的规定。可以看出，在滥用市场支配地位的反垄断规制方面，我国已经搭建好了基本的规制框架，但具体涉及标准必要专利的滥用市场支配地位的行为规制，还要区分标准制定过程和标准实施过程中的不同规制方向，还需要进一步细化规定。

2019 年 1 月 4 日，国务院反垄断委员会印发《关于知识产权领域的反垄断指南》，其中第 11 条①、第 14 条②、第 27 条③是直接涉及标准必要专利的相关条款，对标准制定的界定以及标准制定中排除、标准必要专利的界定以及限制竞争所考虑的因素、认定拥有标准必要专利的经营者是否具有市场支配地位的因素，以及具体分析拥有市场支配地位的标准必要专利权人可能排除限制竞争的因素等进行了明确的规定。④《国务院反垄断委员会关于知识产权领域的反垄断指南》第 11 条虽然已经提及了涉及知识产权的

---

① 《关于知识产权领域的反垄断指南》(2019) 第 11 条【标准制定】："本指南所称标准制定，是指经营者共同制定或参与制定在一定范围内统一实施的涉及知识产权的标准。标准制定有助于实现不同产品之间的通用性，降低成本，提高效率，保证产品质量。但是，具有竞争关系的经营者共同参与标准制定可能排除、限制竞争，具体分析时可以考虑以下因素：（一）是否没有正当理由，排除其他特定经营者；（二）是否没有正当理由，排斥特定经营者的相关方案；（三）是否约定不实施其他竞争性标准；（四）对行使标准中所包含的知识产权是否有必要、合理的约束机制。"

② 《关于知识产权领域的反垄断指南》(2019) 第 14 条【知识产权与市场支配地位的认定】："经营者拥有知识产权，并不意味着其必然具有市场支配地位。认定拥有知识产权的经营者在相关市场上是否具有支配地位，应依据《反垄断法》第十八条、第十九条规定的认定或者推定经营者具有市场支配地位的因素和情形进行分析，结合知识产权的特点，还可具体考虑以下因素：（一）交易相对人转向具有替代关系的技术或者商品等的可能性及转换成本；（二）下游市场对利用知识产权所提供的商品的依赖程度；（三）交易相对人对经营者的制衡能力。"

③ 《关于知识产权领域的反垄断指南》(2019) 第 27 条【标准必要专利涉及的特殊问题】："标准必要专利是指实施某项标准必不可少的专利。认定拥有标准必要专利的经营者是否具有市场支配地位，应依据本指南第十四条进行分析，同时还可以考虑以下因素：（一）标准的市场价值、应用范围和程度；（二）是否存在具有替代关系的标准或者技术，包括使用具有替代关系标准或者技术的可能性和转换成本；（三）行业对相关标准的依赖程度；（四）相关标准的演进情况与兼容性；（五）纳入标准的相关技术被替换的可能性。拥有市场支配地位的标准必要专利权人通过请求法院或者相关部门作出或者颁发禁止使用相关知识产权的判决、裁定或者决定，迫使被许可人接受其提出的不公平高价许可费或者其他不合理的许可条件，可能排除、限制竞争。具体分析时，可以考虑以下因素：（一）谈判双方在谈判过程中的行为表现及其体现出的真实意愿；（二）相关标准必要专利所负担的有关承诺；（三）谈判双方在谈判过程中所提出的许可条件；（四）请求法院或者相关部门作出或者颁发禁止使用相关知识产权的判决、裁定或者决定对许可谈判的影响；（五）请求法院或者相关部门作出或者颁发禁止使用相关知识产权的判决、裁定或者决定对下游市场竞争和消费者利益的影响。"

④ 参见李煜：《标准必要专利滥用的反垄断法规制研究》，南京大学出版社 2018 年版，第 166－167 页。

标准，但未明确具有市场支配地位的标准必要专利权人实施的垄断行为，对此，《国家市场监督管理总局关于禁止滥用知识产权排除、限制竞争行为的规定》第13条[①]进行了规定。该条款为专门立法规制全面的垄断行为提供了思路及指引，奠定了初步的法律基础，在后续的立法过程中应对其进行借鉴与扩充，为内容分散的标准必要专利反垄断规定进行专章立法。

2017年美国发布《知识产权许可的反托拉斯指南》[②]，充分地考虑到标准必要专利许可将越来越多地发生在不同国别的当事人之间，因而设置了反垄断执法时应考虑国际礼让或外国政府意见的相关规定。《国务院反垄断委员会关于知识产权领域的反垄断指南》也可以借鉴这一规定，同时，《知识产权许可的反托拉斯指南》中运用了大量的经济学分析方法，对市场支配力与知识产权、竞争与创新的关系进行科学、有效的分析。《国务院反垄断委员会关于知识产权领域的反垄断指南》中对于经济学工具运用不足，可能导致在具体案件中无法有力支撑说理及分析的过程，因而需要适当引入类似于《知识产权许可的反托拉斯指南》中的经济学分析工具，进一步借鉴其经济学分析方法，强化知识产权许可对竞争作用的经济学论证。[③]

目前我国的立法局限于国内标准必要专利反垄断需求，针对的主体也主要是国内标准必要专利权人，还需要用发展的态度在制度设计的时候考虑国际因素。一方面，发达国家跨国公司通过国际标准侵吞我国相关产业

---

① 《关于禁止滥用知识产权排除、限制竞争行为的规定》（2021）第13条："经营者不得在行使知识产权的过程中，利用标准（含国家技术规范的强制性要求，下同）的制定和实施从事排除、限制竞争的行为。具有市场支配地位的经营者没有正当理由，不得在标准的制定和实施过程中实施下列排除、限制竞争行为：（一）在参与标准制定的过程中，故意不向标准制定组织披露其权利信息，或者明确放弃其权利，但是在某项标准涉及该专利后却对该标准的实施者主张其专利权。（二）在其专利成为标准必要专利后，违背公平、合理和无歧视原则，实施拒绝许可、搭售商品或者在交易时附加其他的不合理交易条件等排除、限制竞争的行为。本规定所称标准必要专利，是指实施该项标准所必不可少的专利。"

② U. S. Department of Justice, Federal Trade Commission Antitrust, Guidelines for the Licensing of Intellectual Property (2017).

③ 参见李煜：《标准必要专利滥用的反垄断法规制研究》，南京大学出版社2018年版，第167－168页。

的利益；另一方面，我国科技发展迅速，国际影响力也逐渐变大，很多企业也已具有相当大的国际影响力，参与了国际标准化组织相关标准的制定，所以，我国在设计标准必要专利反垄断制度时，需要站在更高的层面进行考虑。对于FRAND原则也需要进行明确的立法。FRAND原则是标准必要专利反垄断规制中与其他反垄断案件区别最为明显的地方，贯穿于标准必要专利始终，对于FRAND原则的具体含义、性质以及判定要素，均需要在相关立法中一一细化，对反垄断实践的有序开展有重要意义。

包含《反垄断法》以及制定反垄断单行法的立法模式，不但能够更为全面地覆盖标准必要专利垄断情形，从原则性规定到具体操作的规制，防止出现立法空白或漏洞，而且能够保持立法的灵活性，可以更便捷、快速地做出调整，也能为今后完善反垄断体系保留空间。①

三、创新标准必要专利反垄断司法与执法实践

随着经济全球化的不断推进，跨国企业在我国以及我国企业在他国都可能遭遇标准必要专利反垄断司法及执法审查。我国司法和执法部门在处理标准必要专利反垄断案件时，可能会面对他国、跨国企业以及世界各地专家学者的质疑与异议。对于这些可能出现的质疑与异议，一方面，需要我国在该领域的研究处于领先地位、相关制度更为具体，国家在国际上的影响力更大；另一方面，要求我们在司法与执法中表现出更充足的自信与更强的执法能力。在标准必要专利反垄断司法和执法层面的完善可以从以下几个方面考虑。

第一，推进个案司法创新。反垄断法产生于100多年前的资本主义社会，随着时代的发展，社会的进步，反垄断法所调整的反竞争行为也不断发生着变化。如今，科技飞速发展，知识产权战略与标准化战略在全球迅

---

① 参见朱远建：《从美国反垄断实践看反垄断法的灵活性》，载《江西社会科学》2004年第10期，第199页。

速布局，标准必要专利反垄断问题层出不穷，曾经的反垄断制度已经不能完全适应如今快速变化的标准必要专利垄断行为，需要通过不断地进行研究，在具体个案的审理中勇于创新。面对标准必要专利在标准制定与实施阶段可能出现的不同的垄断行为导致的反竞争案件，需要开展具有突破性的司法审判，并逐步总结审判创新经验，丰富我国反垄断制度。不仅在我国，欧美等主要司法辖区的法院面对不断发展变化的科技、经济水平与国际局势，对出现的新案件也在不断突破与创新，如 2019 年 FTC 诉 Qualcomm 公司案，[①] 该案是 Qualcomm 公司的行为在美国本土首次被认定为垄断行为，2014 年，FTC 对 Qualcomm 公司展开调查，2017 年就 Qualcomm 公司的垄断行为向加州北区地方法院提起诉讼，法院认为 Qualcomm 公司"无许可、无芯片"的商业模式违反了专利权用尽（Patent Exhausation）原则。我国尚未出现专利权用尽的案件，但随着我国专利量的快速增长，未来也可能出现类似的纠纷，在专利权用尽的司法裁判上，可以做出一些创新的探索。美国国防部、能源部及司法部均明确反对该案判决，使用的理由均为危害国家安全，可能动摇美国在 5G 技术和标准制定方面的领导地位，并且该案已经上诉到美国联邦第九巡回上诉法院，迫于压力上诉法院批准了 Qualcomm 公司暂停执行此前加州北区法院颁发的反垄断禁令的动议。行政部门的举动是基于国家政治博弈的考虑，在法律及学理层面，该案充分表明对现有司法判例的突破，值得进一步研究。[②] 在 Ericsson 公司诉 D－Link 公司案[③]中，地区法院在计算赔偿金时采用了 Georgia－Pacific 因素法，并根据案情对其进行了调整，增加了第 16 项因素。但巡回法院仍然指

---

① Federal Trade Commission, Plaintiff－Appellee, v. Qualcomm Incorporated, Defendant－Appellant, District Court No. 5：17－cv－00220－LHK.

② 参见仲春：《标准必要专利与反垄断法的最新国际实践——美国 FTC 诉高通公司垄断一审案研究》，载《知识产权》2019 年第 11 期，第 17－30 页。

③ Ericsson, Inc. v. D－Link Sys. Inc., et al., Case. NO. 6：10－CV－473,（States District, Aug. 6, 2013）. Ericsson, Inc. v. D－Link Sys. Inc., et al., Case. Nos. 13－1625, －1631, －1632, －1633（Fed. Cir., Dec. 4, 2014）.

出，没有一种方法可以适用在任何 RAND 费率的计算中，虽然 Georgia - Pacific 因素法可以作为计算 RAND 许可费的一种工具，但 15 个因素并非都适用于该案，要避免机械地套用其他案件的计算方法。同时，巡回法院认为地区法院应向陪审团提出新的 RAND 许可费计算方式。由此可见，对于先例的借鉴是必须的，但标准必要专利具有特殊性，对不断变化的标准必要专利反垄断案件，需要用不断的创新来适应新的案情。[①]

第二，建立惩罚与救济相结合的处理机制。标准必要专利涉及的垄断行为的受害者通常是我国经营者和消费者，所以可以坚持从严处罚的标准。但仅依靠惩罚并不能完全使市场竞争恢复到应有的状态，而且无法完全实现反垄断的立法目的。通常情况下，标准必要专利垄断行为的受害者提起反垄断诉讼的成本和风险非常大，所以需要考虑在原告胜诉之后给予适当的补偿。我国《反垄断法》对此并没有作出具体的规定，所以原告在诉讼中仅能就自己的实际损失进行提出赔偿请求，而无法得到补偿。因此，可以建立相应的激励机制，对原告进行一些补偿性的判决。为了更有效地对标准必要专利垄断行为进行规制，应当更为妥善地思考裁量权的尺度，给予案件最合理的判决，给予当事人最适当的救济。

第三，反垄断执法机构统一。目前国际上对于反垄断执法机构的设置主要有两种模式。第一种是大部分国家采取的反垄断行政执法机构一元制模式，如欧盟。欧盟委员会作为被授权进行反垄断案件调查的法定机构，可以进行反垄断调查并进行处罚。若相对人对欧盟委员会的处罚决定持有异议，可以向欧洲初审法院起诉。第二种是反垄断执法机构多元制模式，如美国。美国司法部反托拉斯局、联邦贸易委员会都是美国的反垄断执法机构，两者都可以作为公诉人向法院提起反垄断诉讼，不同的是，联邦贸易委员会作为不属于任何部门的、独立的反垄断执法机构，可以对相关主

---

① 参见刘扬、任建生：《浅谈标准必要专利案件中合理许可费的计算——简析爱立信 v. D - Link 案》，载《中国发明与专利》2016 年第 6 期，第 90 - 93 页。

体的垄断行为作出行政裁决，但不能向法院提出刑事诉讼。而司法部可以就相关主体的垄断行为向法院提起反垄断民事或刑事诉讼。两机构的职责有重复也有不同，这种分立的反垄断执法机构可能会造成一些不可避免的摩擦与推诿。美国解决机构分立造成管辖权冲突的问题时，在司法部与联邦贸易委员会之间达成了一个备忘录，要求任何一方在进行反垄断调查或者涉及的其他行动前，必须通知另一方。在管辖权出现冲突时，需要两机构进行协商来确定具体由哪个机构管辖。

一元制模式的好处是制度、政策以及执法尺度等方面可以保持相对一致。在反垄断执法中，都倾向于运用经济分析、依据合理原则进行审查。一元制有助于在方法及裁判上保持一致。多元制模式的好处是竞争会促进发展。多个反垄断机构具有相似的执法权力，会促进其产生竞争的动力，使规则得到优化，执法能力得到加强，从而寻找更为专业化的解决方案。

名正则言顺。多个机构分别执法必然造成管辖冲突、执法标准不一的具体问题。每个机构各自制定本机构的行动指南，不仅是执法资源的浪费，更会造成执法标准混乱，严重的会对执法权威造成恶劣的影响。笔者认为，在我国采取反垄断执法机构一元制模式更为恰当。将目前分散的执法机构整合到一起，由一家进行集中执法。之前，我国反垄断执法部门包括国家发展和改革委员会、商务部和国家工商行政管理总局，[①] 这三个部门分别负责审查与价格相关的市场支配地位、行政垄断、垄断协议；指导中国企业海外反垄断应诉、经营者集中；垄断协议、行政垄断行为、非价格滥用市场支配地位等。2018 年 3 月，根据国家《深化党和国家机构改革方案》和《国务院机构改革方案》，国务院组建国家市场监督管理总局，将反垄断执

① 参见林远、孙韶华、刘子溪：《反垄断机构“三合一”全面提速》，载《经济参考报》2018 年 5 月 25 日，第 A01 版。

法职责整合至一个部门。[①]

虽然之前三部门在权限上存在分工，在执法上秉持的原则、方法和理念也不完全相同，但部门间会相互模仿、借鉴和学习，而且《反垄断法》也设置了协调的委员会。在执法实践中，三部门之间的协调并不是大的问题。本次机构改革，将三部门统一到一个部门，形式上略好一些，但实际效果还需要进一步观察。形式的合并仅是低层次的改进，执法能力和水平的提高才是改革的最终目的。所以，不能仅停留在机构合并的外部层面，还需要对内部机制进行改变和融合。要进一步在资金流动、奖赏分配和职责确立等方面进行重大且细致的改革，将过去分权经验下的各自不同知识积累进行内部融合、传播，成为统一后的共同的机构能力，并通过知识的总结、传承和培训将其固化，加强研究并进一步提升。

未来我国反垄断工作的重心将围绕“加强”与“优化”两方面展开。一方面，继续整合此前三家已有的反垄断执法力量，理顺执法体制机制；另一方面，继续加强执法力度和统一性，从整体上推进我国竞争政策实施。在新的格局下，还可以考虑在新的反垄断机构中设置专门的竞争政策部门，吸纳相关的专业人才，针对不同的反垄断类型进行更为专业的机构建设。[②]统一、独立、权威、高效的反垄断机构是我国深化经济体制改革的需要，也是我国应对日趋激烈的国际竞争的必然要求。

第四节 标准必要专利反垄断规制的国际协调与合作

经济全球化深入发展，各种跨国集团的经济势力日渐强大，标准必要

① 参见张辉：《论中国对外经济制裁法律制度的构建——不可靠实体清单引发的思考》，载《比较法研究》2019 年第 5 期，第 143 页。

② 参见林远、孙韶华、刘子溪：《反垄断机构“三合一”全面提速》，载《经济参考报》2018 年 5 月 25 日，第 A01 版。

专利垄断行为的影响早已不再局限于某一国或某一个地区，已经变成了一个全球化的问题，但标准必要专利反垄断领域的国际协调与合作仍然有限，其主要原因还在于各国单边主义反垄断思想人为地将大量已经客观存在的跨国经济活动进行割裂。现行的反垄断法律体系以及国际反垄断制度无力解决日益增多的标准必要专利反垄断国际冲突。在这一国际局势下，标准必要专利反垄断法国际协调与合作的难题已无从回避。本节尝试对标准必要专利反垄断国际协调与合作进行分析，以期对标准必要专利国际反垄断制度的发展有所裨益。

一、标准必要专利国际反垄断制度的趋同化

国际反垄断法与各国的国内反垄断法不同，也不是各国国内反垄断法的简单综合。国际反垄断法是在国家间反垄断领域的合作中逐渐产生的，是以竞争关系和反垄断法为研究对象的法学学科，是调整国际反垄断关系的各种法律规范的总和，而各国为规范国际竞争秩序而缔结的条约是其得以存在的坚实基础。①

随着知识经济以及全球标准化战略的推进，标准必要专利垄断行为的影响已经从对单一国家的影响演变到了对国际整体竞争秩序的影响。标准必要专利的国际反垄断需求也日益突出。在国际反垄断领域主要有两个法律渊源，分别为国内法渊源和国际法渊源。国际反垄断法的国内法渊源立足于各国的反垄断法中的涉外规定，这些涉外规定为国际反垄断法奠定了基础。例如，有些国家在其反垄断法中明确规定，垄断行为虽然发生在境外，但对境内市场竞争产生了排除、限制影响的，都予以适用。而国际反垄断法的国际法渊源立足于各国在反垄断法领域的协调合作以及国际组织的努力。

---

① 参见刘宁元、司平平、林燕萍：《国际反垄断法》，上海人民出版社2009年版，第40页。

100 年来，各国陆续构建了各自的反垄断法律体系，但从反垄断法的发展来看，各国的反垄断制度却明显表现出了趋同化的倾向。究其缘由，应为以下几点：首先，构建反垄断制度的根本目标相同。不论是哪个国家的反垄断制度，构建的主要目标都是保障公平、自由的竞争，维护消费者的个人利益和社会的公共利益，并且提升社会整体经济效率，优化社会资源分配等。其次，反垄断法的制度体系雷同。各国涉及垄断行为的情形总是相似的，如滥用市场支配地位的行为、限制竞争协议的行为以及经营者集中的行为等。所以在对反垄断制度的设计上，各国表现出了高度的一致性。当然，法律移植也是一个很重要的原因，各国之间的法律相互借鉴，也直接导致了各国反垄断制度的趋同性。最后，反垄断法的域外适用趋同，原因与上述相同。

在标准必要专利反垄断制度具体趋同化内容方面，主要包括两个方面：一方面是 FRAND 承诺的反垄断规制，FRAND 承诺已经成为贯穿标准必要专利整个生命周期最重要的原则。在标准制定阶段，几乎所有的标准制定组织都将 FRAND 承诺作为专利权人的专利被纳入标准的前提条件。在标准实施阶段，通过 FRAND 条件来许可标准必要专利。在标准必要专利权人许可行为中引入 FRAND 原则，并用反垄断法对其进行规制。在美国、欧盟已经出现多起涉及标准必要专利 FRAND 许可反垄断司法或执法案件，在我国也已经出现诸如华为公司诉 IDC 公司以及 Qualcomm 公司垄断案等案件。这些已经出现的实际案例以及各国采用的裁判策略，均充分反映出标准必要专利反垄断制度以及个案分析方式在不同的国家间相互学习、借鉴、运用，最后趋同，成为国际反垄断法建立的重要基础。另一方面就是标准必要专利权人滥用市场支配地位的反垄断规制。对标准必要专利权人滥用市场支配地位的判断，需要依次完成对标准必要专利相关市场、市场支配地位以及滥用市场支配地位的认定。目前来看，各国对于这些内容的界定也在不断的趋同。各国对于相关市场的界定，基本上是从相关商品市场与相关地理市场两个方面进行分析，同时鉴于标准必要专利的特殊性，还需要增加对相关技术市场创新程度的分析。对于滥用市场支配地位的行为，也均包括过高定价、拒绝许可、搭售等内容。

标准必要专利国际反垄断制度涉及知识产权制度、反垄断制度以及国际标准化组织的相关政策，在国际反垄断制度趋同的过程中，需要这些制度与政策保持同样的趋同性，以达到三者之间的平衡。在标准必要专利国际反垄断法律实践趋同中，欧盟的贡献最为突出。2017 年 11 月 29 日，欧盟委员会公布的《关于制定标准必要专利的欧盟方法》是目前国际层面较为翔实的标准必要专利反垄断规制指南。[①] 一方面，该文件使专利权人可以获得公平且充足的回报，以鼓励其将先进技术融入标准并推动技术发展；另一方面，该文件使标准实施者获得公平的许可条件，保障标准的顺利、广泛传播。虽然该文件不具有法律强制力，但该文件对欧盟各成员国，乃至全球其他国家开展标准必要专利反垄规制具有重要的指引作用。这种文件在一定程度上促进了标准必要专利国际反垄断规制的趋同化。

二、标准必要专利反垄断规制国际协调与合作的原则

各国能够在标准必要专利反垄断领域进行国际协调与合作主要基于以下几方面原因：首先，经济全球化导致资本、技术与人力资源等生产要素跨国流动，知识产权战略与标准化战略全球化趋势明显，各国要求建立标准必要专利国际反垄断制度的呼声很高。其次，各国反垄断制度趋同，并且也认同建立标准必要专利国际反垄断制度，由此具备了国际协调与合作的前提和基础。最后，各国逐渐意识到标准必要专利反垄断规制的差异无助于国际竞争秩序的建立，反垄断法域外适用所导致的冲突也只有通过反

---

① European Commission, Communication From The Commission to The European Parliament, The Council and The European Economic and Social Committee Setting out the EU approach to Standard Essential Patents (2017).

垄断领域的国际协调与合作才能从根本上彻底解决。

从 20 世纪中期开始，各个国家之间逐步开始尝试在反垄断领域进行合作。国际组织也开始为建立统一的竞争秩序不断努力。如今，标准必要专利国际反垄断规制在双边、区域、多边的协调与合作需要在遵守以下几个原则的前提下继续开展。

第一，充分考虑各国国情。标准必要专利反垄断国际协调与合作应在充分考虑各国国情的基础上开展。每个国家的经济、社会、科技的发展水平均不相同，甚至差异巨大，在反垄断执法理念与执法方式上也各有千秋。国际协调与合作的基础是尊重各国的实际情况，在其反垄断体系、知识产权保护以及相关产业的发展上尽量寻找平衡点，平衡好各方利益，求同存异，才能顺利开展国际协调与合作。

第二，避免孤立决策。各国国内的反垄断制度是开展国际协调与合作的基础，相关的国际规则是对其重要的补充。所以，在开展标准必要专利反垄断国际协调与合作时，必须考虑国与国之间的相互影响，明确己方与对方国家的国际合作底线，在协调与协商的基础上，实现各方利益的平衡，共同作出合作的具体内容。

第三，实现效率与福利的最大化。标准必要专利反垄断国际协调与合作既会为各国带来促进竞争的效率与福利，也会遭到因制度、理念的不同而发生的冲突与挑战。所以，在开展标准必要专利反垄断国际协调与合作时，应在保护国际市场公平、自由竞争的前提下，以实现效率与福利最大化为原则，对协调与合作带来的正向价值与负向效果求同存异，实现共赢。

第四，适当礼让。大多数国家对涉外反垄断案件采用域外适用制度，[①] 但域外适用制度可能会引发管辖权的冲突，在开展标准必要专利反垄断国际协调与合作时，需要遵循适当礼让原则，协调管辖权冲突，不干涉其他

① 虽然垄断行为发生在国外，但对本国境内市场竞争产生影响，本国具有管辖权。

辖区的执法行为,[①] 保障各国消费者福利的共同提高。

三、标准必要专利反垄断规制国际协调与合作的路径建议

通过国际协调与合作可以有效遏制标准必要专利跨国垄断行为，世界范围内反垄断法的国际协调与合作已经多层次开展。有以欧盟和美国竞争机构之间的合作为代表的双边反垄断执法合作模式，也有以欧盟反垄断体系为代表的区域反垄断合作模式，还有以 UNCTAD 框架下及国际竞争网络为主的国际层面的多边合作模式。21 世纪以来，许多发展中国家也参与到原本属于发达国家的游戏中，以建立共同市场体系为目标，积极参与标准必要专利反垄断的国际协调与合作，建立相对统一的标准必要专利反垄断立法和执行框架。[②]

（一）双边合作

为了建立和维护标准必要专利反垄断执法过程中的合作关系，越来越多的国家通过双边协议的方式实现国际协作。涉及国际反垄断的双边协议的主要关注焦点在于反垄断案件的信息交换及域外取证，同时，双边协议也是长期获得国际礼让的一种有效方式。与单边主义做法相比，双边协议可以算是国际协作形式的质的飞跃。按内容划分，反垄断领域的双边协议可以分为专门处理反垄断法实施协作问题的双边协议、包含反垄断案件相互协作内容的其他双边协议两种类型。[③]

专门处理反垄断法实施协作问题的双边协议被许多国家采用，如美国 1995 年与欧盟签订的《美国与欧共体委员会关于其竞争法适用的协议》、我

---

① 参见 Andrew Heimert：《合作、礼让与跨国垄断行为》，载《竞争政策研究》2017 年第 5 期，第 23 页。

② 参见于馨淼：《我国反垄断法国际合作的模式选择》，法律出版社 2012 年版，第 235 页。

③ 参见程璐：《反垄断法的国际冲突与协作》，西南交通大学出版社 2017 年版，第 119－120 页。

国1996年与俄罗斯签订的《在反不正当竞争和反垄断领域开展合作的协定》。早期的反垄断双边协定是为了缓解域外管辖权与反域外管辖权之间的矛盾。随着反垄断立法和实践经验的积累，反垄断双边协议中开始涉及更为深入的问题，如礼让原则与管辖权问题。美国1991年与欧盟达成的《美国政府与欧共体委员会关于实施各自竞争法的协定》是验证礼让原则的典型案例。20世纪末以来，美国与多个国家签订了跨国调查及相关技术援助的双边协议。包含反垄断案件相互协作内容的其他双边协议最典型的就是广泛存在的双边司法协助协议。但大多数双边司法协助协议并不能解决管辖权冲突的问题，其最大的意义还是在技术层面。不论是专门的反垄断双边协议还是涉及反垄断内容的双边协议，都已经成为反垄断国际协调与合作的常用选择。但是，这些双边协议之间的融合还不够充分，要在全球范围内推开双边协议还需要进一步努力。

目前，我国反垄断执法机构与其他国家展开的双边合作，主要还是对各自反垄断经验的交流和总结，以及相关案件中机密信息的交流，还没有作出国际礼让的承诺。随着我国社会、经济的快速发展，我国反垄断机构有必要与相关国家反垄断当局开展更深层次的双边合作，有必要扩大反垄断双边合作的形式和内容。①

（二）区域合作

区域合作是指在某一个区域范围内，国家之间本着协调与合作的目的，为涉及它们各自利益的事务提供处理的途径和规则。区域协调与合作中涉及的国家可能有很多，也可能只有几个（三个以上）。但不论是从协调与合作的范围还是难度层面来讲，区域协调与合作与双边和多边的协调与合作都不相同。区域反垄断协调与合作对于全球反垄断多边合作有正面的推动

---

① 参见戴龙：《反垄断法域外适用制度》，中国人民大学出版社2015年版，第331－332页。

效应。区域反垄断协调与合作对于该地区内各国反垄断法制的建立和完善有积极的推动作用。所以，区域反垄断协调与合作是一种互动，它提供示范，建立信任，相互借鉴，求同存异，推动着国际反垄断法制的形成和发展。①

在标准必要专利国际反垄断协调与合作中，欧盟反垄断法与欧盟成员国反垄断法之间的协作关系对国际反垄断法发展的影响力巨大，也是区域反垄断的典型例证。2011 年欧盟委员会通过了《2011 年指南》对标准必要专利进行了更为详尽的规范，进一步明晰了标准化协议的范畴，还将标准条款纳入讨论。同时，对欧盟与标准制定组织协调与合作的路径进行规定。2017 年，欧盟委员会发布的《关于制定标准必要专利的欧盟方法》在对标准必要专利进行规制的同时，明确该文件对《欧盟运行条约》第 101 条与第 102 条没有直接约束力，且不妨碍欧盟法院对欧盟法律的解释，有效地协调了该文件与欧盟的反垄断法律的具体适用。

（三）多边合作

多边合作特指为了协调、合作的目的，来自不同地区的众多国家，在一个国际组织的平台上，通过缔结多边协议或条约，为涉及它们各自利益的事务提供处理的途径和规则。多边合作与单边、双边和区域合作相比，涉及的国家更多，超出区域的范围，且往往建立在一个国际组织的平台上。②

根据经济全球化的需求，各国的反垄断制度正向着趋同化的方向发展。而在趋同化的过程中，国际上最为强大的两个反垄断模式，即美国反垄断

---

① 参见刘宁元：《反垄断法域外管辖冲突及其国际协调机制研究》，北京大学出版社 2013 年版，第 209 页。

② 参见刘宁元：《反垄断法域外管辖冲突及其国际协调机制研究》，北京大学出版社 2013 年版，第 274 页。

制度和欧盟反垄断制度的地位越来越重要。欧盟和美国作为反垄断国内体系外溢泛化的中心，一直尝试与国际组织开展合作，利用国际组织平台实现反垄断法的国际化协调与合作。例如，美国国际竞争政策顾问委员会（The International Competition Policy Advisory Committee，ICPAC）在2000年2月最后报告（ICPAC Final Report）中建议美国应多关注反垄断机构的多边合作，还推动建立国际竞争网络（International Competition Network，ICN）。欧盟随后也加入了ICN，并鼓励中国也加入ICN中。[①] 反垄断多边协调与合作最可取的还是在WTO、UNCTAD和OECD等国际组织已经开展的工作的基础上，进一步深化反垄断政策的国际化。

反垄断法多边协调与合作的路径主要依靠国内反垄断法的自身发展以及国际组织的推动。其中，国内反垄断模式的泛化存在现实的基础和发展的趋势，但暂时还不能解决当前存在的反垄断法国际冲突问题。而在接纳反垄断法多边协调与合作机制的方式上，以WTO和OECD为代表的传统反垄断法国际组织在体制上又存在难以逾越的障碍。因此，在构建反垄断多边协调与合作机制的路径选择上，新兴的ICN优势明显。

① 参见程璐：《反垄断法的国际冲突与协作》，西南交通大学出版社2017年版，第149-152页。

结　　语

这是一个既想实现“垄断”又需严防被“垄断”的时代。在经济全球化以及知识产权战略和标准化战略全球化共同推进下，科技飞速发展，知识产权跨国许可频繁，国家以及企业之间的竞争已经急剧转变为知识产权领域的角逐。技术专利化、专利标准化、标准国际化已经成为企业间竞争的主要规则。发达国家的跨国企业利用其绝对优势，可能实施限制竞争的行为，对各国的危害都不可小觑。由此，标准必要专利反垄断问题，已然成为困扰各国的难题。自 2008 年《反垄断法》实施以来，我国出台了一系列与之配套使用的指南、规章等文件，这些反垄断领域的法律法规为市场经济健康发展和保护市场公平竞争、提高经济运行效率、维护社会公共利益发挥了重要作用。我国法院及反垄断执法机构也相继处理了一批在全球范围内具有较大影响力的涉及标准必要专利的反垄断案件，如深圳市中级人民法院和广东省高级人民法院审理的华为公司诉 IDC 公司案以及国家发展和改革委员会处理的 Qualcomm 公司垄断案等。虽然在标准必要专利反垄断理论层面与实践层面我国都已经取得了一定的经验与成绩，但鉴于标准必要专利本身的特殊性、反垄断执法的专业性以及市场经济的复杂性，对于标准必要专利反垄断规制理论及实践的探索仍然是我国亟须解决的难题，而且随着全球化的推进，标准必要专利反垄断问题已经不是一国的单一问题，而成为全球关注的焦点与难点。欧洲和美国在标准必要专利反垄断理论和实践领域已经颇有建树，引领标准必要专利反垄断国际研究的方向。我国经济、科技、知识产权等逐渐跻身世界顶尖行列，对涉及标准必要专利反垄断的制度建设以及司法及执法实践也备受世界各国关注。

本书立足于国内外标准必要专利反垄断理论与实践研究现状，紧密结合时代特点，通过对世界主流国家和地区标准必要专利反垄断理论及实践研究的比较分析，力图厘清该领域的相关理论问题，并从标准制定以及标准实施两个阶段对标准必要专利垄断行为进行分析，最后就标准必要专利反垄断制度完善以及国际反垄断制度的发展提出中国建议，以期对我国乃至国际标准必要专利反垄断领域的理论研究、立法、司法以及执法提供有益的帮助。标准必要专利反垄断规制涉及的问题众多且复杂，很多问题都具有重要的研究价值，限于本人研究领域以及知识储备，本书无法一一对其进行深入研究，期望今后能够持续对本书中未探讨的问题进行研究与学习。

参 考 文 献

一、中文著作和论文集

1. 程璐：《反垄断法的国际冲突与协作》，西南交通大学出版社 2017 年版。

2. 戴龙：《反垄断法域外适用制度》，中国人民大学出版社 2015 年版。

3. 《微软罪状：美国法院政府诉微软一案事实认定》，方兴东译，中国友谊出版公司 2000 年版。

4. 冯江：《中国知识产权滥用之反垄断反制实务》，法律出版社 2018 年版。

5. 孔祥俊：《反垄断法原理》，中国法制出版社 2001 年版。

6. 李晓秋：《技术标准化中的专利劫持行为及其法律规制研究》，中国社会科学出版社 2019 年版。

7. 刘筠筠：《知识产权许可限制性条款反垄断规制研究》，知识产权出版社 2016 年版。

8. 刘宁元：《反垄断法域外管辖冲突及其国际协调机制研究》，北京大学出版社 2013 年版。

9. 李虹：《相关市场理论与实践——反垄断中相关市场界定的经济学分析》，商务印书馆 2011 年版。

10. 李小明：《滥用市场支配地位法律规制研究》，知识产权出版社 2008 年版。

11. 李煜：《标准必要专利滥用的反垄断法规制研究》，南京大学出版社 2018 年版。

12. 彭志刚：《知识产权拒绝许可反垄断法律问题研究》，法律出版社 2011 年版。

13. 舒国滢、王夏昊、梁迎修等：《法学方法论问题研究》，中国政法大学出版社 2007 年版。

14. 谭袁：《标准必要专利核心争议：探究及制度建构》，中国社会科学出版社 2019 年版。

15. 万江：《中国反垄断法：理论、实践与国际比较》（第 2 版），中国法制出版社 2017 年版。

16. 王传辉：《反垄断的经济学分析》，中国人民大学出版社 2004 年版。

17. 王传辉、葛菲等：《外资并购的反垄断管制——可口可乐收购汇源案的拓展研究》，经济管理出版社 2011 年版。

18. 王磊：《市场支配地位的认定与反垄断法规制》，中国工商出版社 2006 年版。

19. 王利明：《合同法研究》（第 1 卷）（第 3 版），中国人民大学出版社 2015 年版。

20. 王迁：《知识产权法教程》（第 4 版），中国人民大学出版社 2014 年版。

21. 王先林：《知识产权与反垄断法：知识产权滥用的反垄断问题研究》，法律出版社 2008 年版。

22. 王晓晔：《中华人民共和国反垄断法详解》，知识产权出版社 2008 年版。

23. 王晓晔：《反垄断法中的相关市场界定》，社会科学文献出版社 2014 年版。

24. 王玉辉：《垄断协议规制研究》，法律出版社 2010 年版。

25. 王中美：《美国反托拉斯法精解》，上海交通大学出版社 2011 年版。

26. 吴太轩：《技术标准化的反垄断法规制》，法律出版社 2011 年版。

27. 许光耀：《欧共体竞争立法》，武汉大学出版社 2006 年版。

28. 薛波：《元照英美法词典》，法律出版社 2003 年版。

29. 闫娜：《标准与标准必要专利研究》，知识产权出版社 2019 年版。

30. 尹新天：《中国专利法详解》，知识产权出版社 2011 年版。

31. 于馨淼：《我国反垄断法国际合作的模式选择》，法律出版社 2012 年版。

32. 种明钊：《竞争法学》，高等教育出版社 2012 年版。

二、中文论文

1. Andrew Heimert：《合作、礼让与跨国垄断行为》，载《竞争政策研究》2017 年第 5 期。

2. David. J. Kappos、Paul R. Michel：《最小可销售专利实施单元的起源、沿革及走向》，载《竞争政策研究》2017 年第 2 期。

3. 畅君元：《ICT 领域涉及标准的专利许可谈判中标准必要专利认定的困境及其解决对策》，载《企业科技与发展》2020 年第 4 期。

4. 陈林林、何雪锋：《司法过程中的经验推定与认知偏差》，载《浙江社会科学》2015 年第 8 期。

5. 陈卓：《新制度主义视野下的美国大学校际体育竞赛研究》，载《北京体育大学学报》2016 年第 8 期。

6. 丁道勤：《从 Rambus 案看标准化中专利权滥用的法律规制》，载《法律适用》2012 年第 4 期。

7. 丁茂中：《论专利高价许可的反垄断规制》，载《知识产权》2016 年第 3 期。

8. 冯钢、王芳：《美国消费者隐私保护政策》，载《网络安全技术与应用》2013 年第 6 期。

9. 韩伟、尹锋林：《标准必要专利持有人的市场地位认定》，载《电子知识产权》2014 年第 3 期。

10. 韩伟：《标准必要专利许可费的反垄断规制——原则、方法与要素》，载《中国社会科学院研究生院学报》2015 年第 3 期。

11. 何培育等：《论技术标准专利权滥用行为的法律规制——兼评华为与交互数字集团案》，载《科技管理研究》2014 年第 4 期。

12. 侯利阳：《垄断行为类型化中的跨界行为 以联合抵制为视角》，载《中外法学》2016 年第 4 期。

13. 焦海涛：《论互联网行业反垄断执法的谦抑性——以市场支配地位滥用行为规制为中心》，载《交大法学》2013 年第 2 期。

14. 李成明：《欧盟对保险业的竞争法种类豁免及其启示》，载《上海保险》2008 年第 4 期。

15. 李剑：《反垄断法核心设施理论的存在基础——纵向一体化与提高竞争对手成本理论的解读》，载《经济法研究》2008 年第 0 期。

16. 李剑：《反垄断法下核心设施的界定标准——相关市场的视角》，载《现代法学》2009 年第 3 期。

17. 李剑：《标准必要专利许可费确认与事后之明偏见 反思华为诉 IDC 案》，载《中外法学》2017 年第 2 期。

18. 李剑：《市场支配地位认定、标准必要专利与抗衡力量》，载《法学评论》2018 年第 2 期。

19. 厉潇逸：《核心设施理论在标准必要专利案中的适用困境及解决》，载《法大研究生》2015 年第 2 期。

20. 李晓颖：《垄断协议的反垄断理论与政策》，载《中国物价》2013 年第 6 期。

21. 李扬：《FRAND 劫持及其法律对策》，载《武汉大学学报（哲学社会科学版）》2018 年第 1 期。

22. 李煜：《标准必要专利联营的反垄断法规制》，载《竞争政策研究》2017 年第 3 期。

23. 李增刚：《全球公共产品：定义、分类及其供给》，载《经济评论》2006 年第 1 期。

24. 刘进：《反垄断法视野中的欺诈行为》，载《南京大学学报（哲学·人文科学·社会科学）》2018 年第 1 期。

25. 刘颖：《后 TRIPS 时代国际知识产权法律制度的“碎片化”》，载《学术研究》2019 年第 7 期。

26. 刘运华、曾闻：《国外标准必要专利许可费计算方法对中国专利开放许可制度设计的启示》，载《中国科技论坛》2019 年第 12 期。

27. 龙柯宇：《滥用版权、商标权市场支配地位的美国反托拉斯考察》，载《重庆理工大学学报（社会科学）》2013 年第 5 期。

28. 龙柯宇：《知识产权相关市场的 SSNIP 适用研究》，载《现代商业》2017 年第 32 期。

29. 鲁篱：《标准化与反垄断问题研究》，载《中国法学》2003 年第 1 期。

30. 罗娇：《论标准必要专利诉讼的“公平、合理、无歧视”许可——内涵、费率与适用》，载《法学家》2015 年第 3 期。

31. 吕明瑜：《技术标准垄断的法律控制》，载《法学家》2009 年第 1 期。

32. 马海生：《标准化组织的专利披露政策实证分析》，载《电子知识产权》2009 年第 6 期。

33. 孟雁北：《标准制定与实施中 FRAND 承诺问题研究》，载《电子知识产权》2014 年第 11 期。

34. 孟雁北、姜姿含：《标准必要专利定价行为的反垄断法规制研究》，载《价格理论与实践》2015 年第 2 期。

35. 穆颖：《垄断协议与专利许可交叉问题研究》，载《科技与法律》2013 年第 4 期。

36. 彭诚信：《论禁止权利滥用原则的法律适用》，载《中国法学》2018 年第 3 期。

37. 钱江：《对标准化进程中专利权人欺诈行为的反垄断规制——欧盟的经验与启示》，载《价格理论与实践》2017 年第 2 期。

38. 钱江：《论标准制定中美欧专利权人诈欺行为的反垄断规制》，载《浙江学刊》2017 年第 4 期。

39. 秦天雄：《标准必要专利许可费率问题研究》，载《电子知识产权》2015 年第 3 期。

40. 秦元明：《美国反垄断法理论变革和司法制度介绍》，载《山东审判》2012 年第 6 期。

41. 饶爱民：《美国专利联营反托拉斯审查的实践及其借鉴意义》，载《中国工商管理研究》2009 年第 5 期。

42. 阮开欣：《解读美国专利侵权损害赔偿计算中的合理许可费方法》，载《中国发明与专利》2012 年第 7 期。

43. 单麟：《浅析标准必要专利信息披露义务》，载《中国发明与专利》2017 年第 2 期。

44. 邵静程：《论专利联营的反垄断法规制》，载《南京理工大学学报（社会科学版）》2012 年第 5 期。

45. 石彩云：《全球最佳实践地区一瞥》，载《经营者（汽车商业评论）》2019 年第 5 期。

46. 史少华：《披露与许可——困扰标准化工作的两大难题》，载《信息技术与标准化》2007 年第 Z1 期。

47. 盛立强：《家族制的历史特性分析——基于演化经济学的分析》，载《生产力研究》2012 年第 4 期。

48. 宋玉霞：《经济法理念发展需要中国哲学思想的推进》，载《法学论坛》2013 年第 1 期。

49. 孙灿：《粮食安全与国际关系——一种基于区域性公共产品视角的分析》，载《经济界》2013 年第 6 期。

50. 孙晋、钟原：《大数据时代下数据构成必要设施的反垄断法分析》，载《电子知识产权》2018 年第 5 期。

51. 谭袁：《论标准制定组织披露规则的完善》，载《北方法学》2017 年第 5 期。

52. 谭袁：《论 FRAND 承诺的性质及其价值》，载《电子知识产权》2017 年第 7 期。

53. 王佳佳：《论标准必要专利许可定价行为的反垄断规制》，载《经济法论丛》2019 年第 1 期。

54. 王先林：《论联合限制竞争行为的法律规制——〈中华人民共和国反垄断法（草拟稿）〉的相关部分评析》，载《法商研究》2004 年第 5 期。

55. 王先林、潘志成：《反垄断执法与知识产权保护之间的平衡——美国〈反托拉斯执法与知识产权：促进创新和竞争〉报告述评》，载《知识产权》2007 年第 6 期。

56. 王先林：《超高定价反垄断规制的难点与经营者承诺制度的适用》，载《价格理论与实践》2014 年第 1 期。

57. 王先林：《涉及专利的标准制定和实施中的反垄断问题》，载《法学家》2015 年第 4 期。

58. 王先林：《论我国垄断协议规制制度的实施与完善——以〈反垄断法〉修订为视角》，载《安徽大学学报（哲学社会科学版）》2020 年第 1 期。

59. 王晓晔：《标准必要专利反垄断诉讼问题研究》，载《中国法学》2015 年第 6 期。

60. 王晓晔：《论标准必要专利的特殊性》，载《中国价格监管与反垄断》2015 年第 10 期。

61. 肖江平：《滥用市场支配地位行为认定中的“正当理由”》，载《法商研究》2009 年第 5 期。

62. 肖延高、邹亚、唐苗：《标准必要专利许可费困境及其形成机制研究》，载《中国科学院院刊》2018 年第 3 期。

63. 谢晖：《“应当参照”否议》，载《现代法学》2014 年第 2 期。

64. 谢玲：《标准必要专利许可费中 Top – Down 方法探析》，载《标准科学》2020 年第 2 期。

65. 谢焱：《商业秘密刑事保护的理论证成和路径选择——以商业秘密最新相关立法为视角》，载《电子知识产权》2017 年第 11 期。

66. 徐家力：《标准必要专利许可费之争——以“高通诉魅族”案为切入点》，载《江苏社会科学》2018 年第 1 期。

67. 杨越、刘昊波：《对买方滥用市场支配地位拒绝交易的反垄断法规制》，载《人民司法》2019 年第 20 期。

68. 姚建军：《限定交易与搭售行为的认定》，载《人民司法》2015 年第 5 期。

69. 叶若思、祝建军、陈文全：《标准必要专利权人滥用市场支配地位构成垄断的认定 评华为公司诉美国 IDC 公司垄断纠纷案》，载《电子知识产权》2013 年第 3 期。

70. 易继明：《禁止权利滥用原则在知识产权领域中的适用》，载《中国法学》2013 年第 4 期。

71. 尹雪萍：《论〈欧盟运行条约〉第 102 条在知识产权领域的扩大适用——以阿斯利康公司诉欧盟委员会一案为视角》，载《法学论坛》2012 年第 3 期。

72. 于连超：《欧盟横向合作协议指南“标准化协议”条款介评》，载《标准科学》2012 年第 3 期。

73. 袁真富：《标准涉及的专利默示许可问题研究》，载《知识产权》2016 年第 9 期。

74. 张波：《论以反垄断法规制标准化进程中的专利联营》，载《山东大学法律评论》2006 年总第 3 辑。

75. 张辉：《论中国对外经济制裁法律制度的构建——不可靠实体清单引发的思考》，载《比较法研究》2019 年第 5 期。

76. 张吉豫：《标准必要专利“合理无歧视”许可费计算的原则与方法——美国“Microsoft Corp. v. Motorola Inc.”案的启示》，载《知识产权》2013 年第 8 期。

77. 张平：《论涉及技术标准专利侵权救济的限制》，载《科技与法律》2013 年第 5 期。

78. 张平涉：《涉及技术标准 FRAND 专利许可使用费率的计算》，载《人民司法》2014 年第 4 期。

79. 张哲：《析“关键设施”原则在知识产权许可领域的应用》，载《电子知识产权》2011 年第 5 期。

80. 赵启杉：《标准必要专利合理许可费的司法确定问题研究》，载《知识产权》2017 年第 7 期。

81. 郑淑凤：《美国商业秘密保护最新立法阐释及其对中国的启示》，载《电子知识产权》2016 年第 10 期。

82. 国家发展和改革委员会：《行政处罚决定书（发改办价监处罚〔2015〕1 号)》，载《中国价格监管与反垄断》2015 年第 3 期。

83. 仲春：《互联网行业反垄断执法中相关市场界定》，载《法律科学（西北政法大学学报)》2012 年第 4 期。

84. 仲春：《标准必要专利与反垄断法的最新国际实践——美国 FTC 诉高通公司垄断一审案研究》，载《知识产权》2019 年第 11 期。

85. 仲春、关佩仪：《国际标准必要专利热点案件介评》，载《中国应用法学》2020 年第 2 期。

86. 祝建军：《标准必要专利滥用市场支配地位的反垄断法规制》，载《人民司法》2020 年第 13 期。

87. 朱远建：《从美国反垄断实践看反垄断法的灵活性》，载《江西社会科学》2004 年第 10 期。

88. 左越：《标准助推产业发展　标准化工作加速信息技术创新——第十届电子信息产业标准推动会在京举行》，载《信息技术与标准化》2018 年第 Z1 期。

三、翻译著作和译文集

1. ［古罗马］优士丁尼：《法学阶梯》，徐国栋译，中国政法大学出版社 1999 年版。

2. ［美］Jay Drawer：《知识产权许可》，王春燕译，清华大学出版社 2003 年版。

3. ［美］哈罗德 · J. 伯尔曼：《法律与革命——西方法律传统的形成》，苗文龙、袁瑜琤译，法律出版社 2008 年版。

4. ［美］赫伯特 · 霍温坎普：《联邦反托拉斯政策：竞争法律及其实践》，许光耀、江山、王晨译，法律出版社 2009 年版。

5. ［美］理查德 · A. 波斯纳：《反托拉斯法》（第 2 版），孙秋宁译，中国政法大学出版社 2003 年版。

6. ［美］罗纳德 · H. 科斯：《企业、市场与法律》，盛洪、陈郁译，格致出版社、上海三联书店、上海人民出版社 2014 年版。

7. ［美］欧内斯特 · 盖尔霍恩、威廉姆 · 科瓦契奇、斯蒂芬 · 卡尔金斯：《反垄断法与经济学》（第 5 版），任勇、邓志松、尹建平译，法律出版社 2009 年版。

8. ［美］威廉 · M. 兰德斯、理查德 · A. 波斯纳：《知识产权法的经济结构》，金海军译，北京大学出版社 2005 年版。

9. [日] 大木雅夫:《比较法》,范愉译,法律出版社2006年版。

10. [英] 桑德斯:《标准化的目的与原理》,科学技术文献出版社1974年版。

四、学位论文

1. 戴欣欣:《标准必要专利权人滥用市场支配地位的行为认定研究》,安徽大学2016年博士学位论文。

2. 丁亚琦:《标准必要专利的反垄断规制研究》,湖南大学2017年博士学位论文。

3. 郭济环:《标准与专利的融合、冲突与协调——基于国家标准化战略之考察》,中国政法大学2011年博士学位论文。

4. 何荣华:《标准必要专利公平合理无歧视原则研究》,中南财经政法大学2018年博士学位论文。

5. 李嘉:《国际贸易中专利标准化问题及其法律规制》,华东政法大学2009年博士学位论文。

6. 李霞:《欧盟竞争法对知识产权滥用市场支配地位的规制》,华东政法大学2014年博士学位论文。

7. 龙柯宇:《滥用知识产权市场支配地位的反垄断规制》,西南财经大学2012年博士学位论文。

8. 吴太轩:《技术标准化的反垄断法规制》,西南政法大学2010年博士学位论文。

9. 谢银玲:《上市公司对外资敌意并购之反收购对策研究——以发展中国家可持续发展为视角》,华东政法大学2010年博士学位论文。

10. 于连超:《私有标准的竞争法分析》,武汉大学2013年博士学位论文。

五、中文报刊文章和电子文献

1. 白舒婕:《反垄断执法开创国际合作新格局》,载《国际商报》2018

年 8 月 3 日。

2. 林远、孙韶华、刘子溪：《反垄断机构“三合一”全面提速》，载《经济参考报》2018 年 5 月 25 日。

3. 驻美国经商参处：《美联邦机构反垄断执法体系》，载中华人民共和国驻美利坚合众国大使馆经济商务参赞处官网 2017 年 10 月 30 日，http：//us. mofcom. gov. cn/article/ztdy/201710/20171002662087. shtml。

4. 墨夫：《未履行反垄断承诺欧盟开天价罚单微软认罚》，载《法制日报》2013 年 3 月 12 日。

5. 石飞月：《爱立信被调查　电信设备商的垄断反噬》，载《北京商报》2019 年 4 月 15 日。

6. 韦大乐：《价格垄断问题的经济法学思考》，载《中国企业报》2004 年 1 月 5 日。

7. 周浩：《世纪末的审判——美国司法部诉微软公司垄断案》，载《人民法院报》2011 年 1 月 21 日。

8. 祝建军：《标准必要专利使用费率的司法裁量规则——评华为公司诉交互数字集团标准必要专利使用费纠纷案》，载《中国知识产权报》2014 年 1 月 8 日。

9. 21 世纪经济报道：《中国反垄断第一大案：高通认罚 60 亿》，载凤凰网 2015 年 2 月 11 日，http：//finance. ifeng. com/a/20150211/13496194_0. shtml。

六、外文论文

1. Beach J. M. , *Transatlantic（F）RANDs and Converging Standards：Finding Balance Between Jurisdictions in International Standard Setting*, Columbia Journal of Transnational Law, Vol. 54, 2016.

2. Brett Frischmann, Spencer Weber Waller, *Revitalizing Essential Facilities*, Antitrust Law Journal, Vol. 75, 2008.

3. Damien Geradin, *Pricing Abuses by Essential Patent Holders in A Standard-Setting Context: A View From Europe*, Antitrust Law Journal, Vol. 76, 2009.

4. Erik Hovenkamp, *Tying, Exclusivity, and Standard – Essential Patents*, Colum. Sci. & Tech. L. Rev, Vol. 19, 2017.

5. Frank H. Easterbrook, *Intellectual property is still property*, Harv. JL & Pub. Pol'y, Vol. 13, 1990.

6. J. Gregory Sidak, *The Meaning of FRAND, Part* 1: *Royalties*, Journal of Competition Law & Economics, Vol. 9, 2013.

7. J. Gregory Sidak, *The Meaning of FRAND, Part* 2: *Injunctions*, Journal of Competition Law & Economics, Vol. 11, 2015.

8. J. Gregory Sidak, *Bargaining Power and Patent Damages*, Stanford Technology Law Review, Vol. 19, 2015.

9. Jay Pil Choi, *FRAND Royalties and Injunctions for Standard Essential Patents*, Global Economic Review, Vol. 45, 2016.

10. Layne – Farrar, Anne, Padilla, A. Jorge, Schmalensee, Richard, *Pricing patents for licensing in standard setting organisations: Making sense of FRAND commitments*, Antitrust Law Journal, Vol. 74, 2007.

11. Jianwei Dang, Byeongwoo Kang, Ke Ding, *International protection of standard essential patents*, Technological Forecasting and Social Change, Vol. 139, 2019.

12. Joel M. Wallace, *RAMBUS V. F. T. C, In the Context of Standard – Setting Organizations, Antitrust, and the Patent Hold – Up Problem*, Berkeley Technology Law Journal, Vol. 24, 2009.

13. Jorge L. Contreras, *Fixing FRAND: A Pseudo – Pool Approach to Standards – Based Patent Licensing*, Antitrust Law Journal. Vol. 79, 2014.

14. Jorge L. Contreras, *A Brief History of FRAND: Analyzing Current Debates in Standard Setting and Antitrust Through a Historical Lens*, Antitrust Law Journal, Vol. 80, 2015.

15. Justus Barona, Tim Pohlmannb, Knut Blind, *Essential patents and standard dynamics*, Research Policy, Vol. 45, 2016.

16. Kassandra Maldonado, *Breaching RAND and Reaching for Reasonable: Microsoft v. Motorola and Standard - Essential Patent Litigation*, Berkeley Technology Law Journal, Vol. 29, 2014.

17. Kirti Gupta, *FRAND in India: Emerging developments*, IIMB Management Review, Vol. 30, 2018.

18. Knut Blind, Nikolaus Thumm, *Interrelation between patenting and standardisation strategies: empirical evidence and policy implications*, Research Policy, Vol. 33, 2004.

19. Kyle L. Greene, *Standard Essential Patents and Antitrust Law: Balancing Innovationand Competition*, Columbia Business Law Review, Vol. 2019, 2019.

20. Mark A. Lemley, *Intellectual Property Rights and Standard - Setting Organizations*, California Law Review, Vol. 90, 2002.

21. Mark A. Lemley, *A New Balance between IP and Antitrust*, Southwestern Journal of Law and Trade in the Americas, Vol. 13, 2007.

22. Mark A. Lemley, Carl Shapiro, *A Simple Approach to Setting Reasonable Royalties for Standard - Essential Patents*, Berkeley Technology Law Journal, Vol. 28, 2013.

23. Rudi Bekkers, René Bongard, Alessandro Nuvolari, *An empirical study on the determinants of essential patent claims in compatibility standards*, Research Policy, Vol. 40, 2011.

24. Samuelson, Paul, *The Pure Theory of Public Expenditure*, Review of Economics and Statistics, Vol. 36, 1954.

25. Thomas A. Hemphill, *Technology standards development, patent ambush, and US antitrust policy*, Technology in Society, Vol. 27, 2005.

26. Thomas F. Cotter, *Comparative Law and Economics of Standard - Essential Patents and FRAND Royalties*, Texas Intellectual Property Law Journal, Vol. 22, 2014.